编委会

主　　编：李俊清
执行主编：李培广
副 主 编：施巍巍　孙　婷
编　　委：宋婷婷　张永光　贾　倩　段　钰
　　　　　杨力苈　周　弘　赵文清

中央民族大学管理学评论

中央民族大学"985"、"211"工程项目成果

公共管理与公共事务评论

Review on Public Administration and Public Affairs

主编◎李俊清　执行主编◎李培广

第2辑

中央民族大学出版社
China Minzu University Press

图书在版编目(CIP)数据

公共管理与公共事务评论(第2辑)/李俊清主编. —北京:中央民族大学出版社,2013.4
 ISBN 978-7-5660-0395-9

Ⅰ.公… Ⅱ.①李… Ⅲ.①公共管理-文集 Ⅳ.①D035-53

中国版本图书馆 CIP 数据核字(2013)第 055963 号

公共管理与公共事务评论(第2辑)

主　　编	李俊清
执行主编	李培广
责任编辑	杨爱新
封面设计	汤建军
出 版 者	中央民族大学出版社
	北京市海淀区中关村南大街27号　邮编:100081
	电话:68472815(发行部)　传真:68933757(发行部)
	68932218(总编室)　　　68932447(办公室)
发 行 者	全国各地新华书店
印 刷 者	北京宏伟双华印刷有限公司
开　　本	787×1092(毫米) 1/16 印张:14.25
字　　数	295 千字
版　　次	2013年4月第1版　2013年4月第1次印刷
书　　号	ISBN 978-7-5660-0395-9
定　　价	36.00元

版权所有　翻印必究

前　言

李俊清

为实现既定目标而进行有组织的群体活动，是人类社会的根本属性之一。因而，管理思想及其实践，已经有着漫长的发展历史。但把管理作为一门学科进行系统的研究，却还只是近百年来的事。上世纪初叶，弗雷德里克·温斯洛·泰勒（Frederick Winslow Taylot）的名著《科学管理原理》（1911年）以及法约尔（H. Fay01）的名著《工业管理和一般管理》（1916年）相继问世，标志着现代意义上的管理学时代的开启。

今天，人类社会正在经历着前所未有的变革，科技创新与制度变迁产生一系列的重要成果，正在迅速改变着我们的生产和生活方式。全球化浪潮惊涛拍岸，冲击着世界每一个偏僻的角落；日新月异的信息技术把原来彼此隔绝的个体编织成为同一网络中密切关联、频繁互动的节点；航天科技前所未有地拓展了人类的视野；而基因工程则使生命形态更加完善……然而，人类在享受着文明进步成果的同时，也面临着全球气候变暖、资源短缺甚至枯竭、持续不断的冲突与战乱等共同的威胁。

管理的本质在于通过使群体活动协调有序而使人类生活更加美好，因而，全球治理、国家管理、企业管理、社会各领域的管理是否有效与科学，就成为关乎人类命运、国家兴亡、企业盛衰、民众福祉的重要问题。正是在这个意义上，管理学大师彼得·德鲁克（Peter F. Drueker）认为："在人类历史上，还很少有什么事比管理学的出现和发展更为迅猛，对人类具有更为重大和更为激烈的影响。"

改革开放30多年来，中国经济社会发展取得了举世瞩目的成绩。2010年，中国以近5.8万亿美元的GDP总量跃居世界第二大经济体，进出口总额、外汇储备，原煤、粗钢、汽车、电脑、手机等产量均居世界第一，快速崛起的东方巨人正以全新的风貌跻身于世界民族之林。

然而，中国地域辽阔，区域发展不均衡，始终是困扰我们的诸多问题之一。155个民族自治地方，占到了国土面积的64%，却由于诸多因素的限制，依然处于相对落后的状态。2009年，民族地区人均地区生产总值仅为全国平均水平的65.2%，城镇居民人均可支配收入仅为全国平均水平的82.9%，农民人均纯收入仅为全国平均水平的72.4%。尚有1955万农村贫困人口，占全国农村贫困人口总数的54.3%。

民族地区在整个国家的发展格局中有着极为重要的战略意义。没有占西部地区总面积90%以上的民族地区的有效开发，就谈不上西部大开发的成功；没有占国土总面积64%的民族地区的发展，就谈不上全国的发展；没有55个少数民族的小康，就没有国家的全面小康。

而改变民族地区的落后状况，实现经济社会的跨越式发展，需要政府、市场、社会等诸多方面协同努力。

市场是推动经济发展的最重要的动力，但民族地区市场主体发育依然不够健全。首先，民族自治地方企业数量相对较少。截止2008年，我国少数民族分布最集中的八个省区（五大自治区加上青海、贵州、云南三省）全部国有及规模以上非国有工业企业总数18779家，占全国的4.41%。其次，企业规模小、产值低。八民族省区规模以上工业企业总产值29861.67亿元，只占全国规模以上工业企业总产值的5.88%，仅相当于广东一省的45%。再次，企业竞争力不强。在每年一度的全国科技企业100强和《福布斯》中国企业创新100强评选中，民族自治地方一直没有企业能够入选。在2010年全国企业500强中，八个民族省区一共只有25家，只占总数的5%，其中宁夏、西藏两个自治区均没有企业入选。同时，由于人才资源大量外流，民族自治地方企业的经营管理缺乏优秀人力资源支撑，运营效率也相对低下。企业作为市场中商品的供应者和重要的消费者，是支撑一个地方市场经济运行的基础，民族自治地方企业的弱势地位，使得民族自治地方市场主体竞争力很弱。而另一个重要的市场主体——作为消费者的社会成员，在民族地区也存在着消费能力有限的问题。2008年，民族自治地方人均GDP 15457元，城镇居民人均可支配收入12890元，农牧民人均纯收入3369元，分别仅相当于全国平均水平的68.38%、81.68%、70.77%，民族自治地方社会消费能力明显偏低，又进一步制约了当地企业的发展空间。

民族地区市场发育程度不足。第一，民族地区市场化程度偏低。在中国经济改革研究基金会国民经济研究所2007年中国各省区市场化程度指数的排名中，八民族省区排名最靠前的内蒙古自治区也仅排名第20位，其他省区依次是广西第21位，云南第24位，宁夏第25位，贵州第26位，新疆第28位，青海第30位，西藏排名最后。八民族省区都有大量农牧区，目前大多还处于自然经济状态，不论是政府力量还是市场力量，在经济领域的作用都还非常薄弱。第二，民族自治地方市场的产业选择与企业成长促进作用相对较弱。由于市场化程度不高，民族自治地方市场机制对于本地产业选择和企业成长的促进作用明显不足。目前完全依照市场机制调节而进入民族自治地方发展的外部资本，大多集中于资源开发领域，资本密集度高、环境友好程度低、吸纳就业能力不强。虽然这些资本的涌入对于民族自治地方GDP总量的增长有显著的拉动作用，在一定程度上也使一部分人的收入有所提高，但其负面作用也非常严重，甚至从长远来看可能有损民族自治地方的核心竞争力。有不少民族自治地方目前已经出现经济畸形发展的倾向，特别是在一些资源富集地区，高污染、高耗能、高排放企业扎堆，在为地方推高GDP数值的同时，却使得当地居民的生活受到严重损害。相反，那些对于民族自治地方市场环境改善和民生状况改良作用显著的企业，多为由国家兴办的国有企业或由集体组织兴办的集体企业，这些企业在民族自治地方的活动其实并不完全遵照市场机制的要求运行。

民族地区支撑市场运行的社会基础薄弱。第一，民族自治地方区域竞争力相对偏低。2010年中国社会科学院发布的《中国省域经济综合竞争力发展报告（2008～2009）》蓝皮书显示，八民族省区的经济综合竞争力排名，除内蒙古最高为第10位，处于上游区外，其他7个省区都处于下游区，排名先后依次是新疆第24位、宁夏第25位、广西第26位、云南第27位、青海第28位、贵州第29位、西藏第31位。省域经济综合竞争力是指一个省（市、区）域在全国范围内对资源的吸引力及对市场的争夺力和对周边地区的辐射力、带动力，其具体衡量指标包含1个省域经济综合竞争力一级指标，9个二级指标即宏观经济、产业经济、财政金融、知识经济、可持续发展、发展环境、政府作用、发展水平、科学和谐发展，每个二级指标之下再设置25个三级指标，分别由经济实力竞争力、经济结构竞争力、经济外向度竞争力等组成。在综合竞争力偏低的情况下，如果完全由市场机制进行资源配置，那么民族自治地方无疑将成为资源外流区域和经济附庸，根本难以自主决定本地方的发展。第二，民族自治地方公共物品和公共服务缺失较为严重，难以为市场运行提供良好的平台。即使是最彻底的"自由放任"思想的拥护者，都不能否认要使"看不见的手"充分发挥作用，需要政府为社会提供一定的公共物品和公共服务，并且随着社会发展进程的加快，这些公共物品和公共服务的内容也会不断增加。然而，民族自治地方目前在一些关键的公共物品和公共服务供应方面，存在着较为严重的缺失，进而使市场机制的有效运行受到诸多限制。例如在交通基础设施领域，民族自治地方公路、铁路密度不到全国平均水平的1/2，且主要公路、铁路干线的等级较低，运力很弱，这导致了民族自治地方常常出现内部人员、资源出不去，外部人员、资源进不来的状况。在基础教育、通讯基础设施、公共文化服务等领域，民族自治地方也与全国平均水平存在很大差距，民族自治地方人均受教育年限比全国平均水平低接近1年，在就业人口中受教育情况中，八民族省区除了广西和新疆外，其他省区未受教育人口的比例都高于全国平均水平，其中贵州、云南、青海、宁夏的比例相当于全国平均水平的2—2.5倍，西藏的比例相当于全国平均水平的6倍，有44%左右的劳动人口未接受过正式教育。而接受过大学以上教育的劳动力人口，八民族省区则普遍低于全国平均水平。劳动人口受教育程度低，再加上通讯基础设施覆盖率、公共文化设施覆盖率也都远远低于全国平均水平，导致民族自治地方各族群众在获取信息、提升自我发展能力等方面都处于弱势地位。因而，市场机制有效发挥作用所要求的"充分信息"条件也很难具备。

要有效发挥政府、市场、社会各个主体的作用，关键在于提高管理能力。因此，民族地区政府管理、企业管理、社会管理的研究，不仅具有拓展学科体系的理论功能，更担负着指导民族地区实践的重要使命。20 世纪以来的 100 多年，是管理学发展的黄金阶段，古典学派、行为学派、社会系统学派、决策理论学派、系统管理学派、经验主义学派、权变理论学派、管理科学学派、组织行为学派、社会技术系统学派、经营管理学派等，异彩纷呈、争奇斗艳，管理学研究已经步入了"理论丛林"时代。但是，要判别一种理论的有效性及其适用范围，最根本的标准，还在于其与所指导的实践状况是否契合。中国民族地区的经济与社会发展，有其自身的规律和特点。因此，结合实践，创新理论，是当代中国管理学的使命和职责。

中央民族大学管理学院始创于 2002 年 12 月，经过了近 10 年的发展，目前已成为一个学科门类较为齐全、层次结构合理的综合性教学、研究单位。学院现有在读学生 1640 人，其中本科生 914 人，学术型硕士博士研究生 359 人，专业学位硕士研究生 367 人。专业设置横跨管理学和法学两大学科门类，分属于工商管理、公共管理、政治学三个一级学科；设有中国少数民族公共管理与公共政策研究中心、北京城市民族工作研究基地、管理学案例研究中心。

在本科教育层次，学院设有工商管理、市场营销、会计学、财务管理、人力资源管理、旅游管理、行政管理、公共事业管理、政治学与行政学九个本科专业。在硕士研究生教育层次，设有工商管理、公共管理、政治学三个硕士一级学科共十四个学位点，还有公共管理（MPA）和工商管理（MBA）两个专业硕士学位点。在博士研究生教育层次，有民族地区行政管理和民族政治学两个博士学位点。

学院拥有一支朝气蓬勃的优秀教职工团队，现有教职工 62 人，在专职教师队伍中，有教授 14 人，占 27%；副教授 19 人，占 37%；讲师 18 人，占 35%；90%的教师拥有博士学位；50%以上的教师有过留学或国外学习交流的经历；多位教师获得北京市教学名师、北京市优秀教师、国家民委突出贡献专家、校十佳教师等荣誉称号。在教学研究方面，目前承担国家级特色专业建设项目、北京市优秀教学团队建设项目、北京市高等教育精品教材建设项目和多项校级精品课程与特色专业等教改项目。

近年来，学院发挥专业结构交叉互补的优势，借助"985 工程"和"211 工程"建设平台，在人才培养和科学研究方面取得了一系列重要成绩。先后承担国家社科基金重大招标课题、国家社科基金规划项目、教育部人文社会科学研究项目、国家民委科研项目、国务院侨办项目、北京市哲学社会科学规划项目、福特基金项目等重要课题50多项；仅近五年就发表学术论文480多篇，出版专著和教材130部，多项成果获得表彰和奖励。

学科的发展需要沟通和交流，而有效的交流必须构筑良好的平台。为了推动民族地区管理学科的发展进步，加强与国内、国际学术界的交流，特别是加强与民族地区高校和民族类高校的学术联系，我们汇聚了学院教师近期研究的部分成果，编辑出版《中央民族大学管理学评论》，包括《民族地区工商管理评论》和《民族地区公共管理与公共事务评论》两个专题；近期还将推出《中央民族大学管理学论丛》，出版系列学术专著；并定期组织召开"中国民族地区管理学论坛"。

创新理论，关注现实，为促进民族地区经济与社会发展贡献我们的一己之力，是学院始终秉持的宗旨。使命神圣、任务艰巨，让我们携手前行，共同努力。

目 录

热点聚焦

关于吸引国际组织落户北京若干问题研究 李培广 李中洲 贾文杰 ……… (3)

世界城市建设中的文化创意思考 齐文霞 李梦星 林怡婷 ……………… (15)

世界城市建设中北京形象的变化研究 牛金玲 伍琼 李争光 陈梓瑜 张琦 … (32)

公共治理

新制度经济学与混合制管理模式 王智慧 …………………………………… (61)

试论雷锋精神与政府责任 张为波 …………………………………………… (70)

试论西欧文官制度的创制 傅景亮 孟志敏 ………………………………… (80)

公共政策

西方国家就业服务经验对我国民族地区就业服务体系建设的启示 王丽平 ……… (91)

从政府管理的角度看农村中小学布局调整 宋婷 …………………………… (98)

领导科学与艺术

浅谈公务员对突发性事件的防范和应对 赵巍泽 ………………………… (107)

社会保障

新型农村社会养老保险制度实施中的困境及其对策研究 金红磊 周冰灵 …… (117)

农村公共卫生管理现状调查 杜宇 华雪 谭方钧 李银雪 钟镭 ……… (128)

社会管理

转变基层管理方式，探索创新社会管理新路径 李冈 ……………………… (145)

社区幼儿园模式简析 贾倩 …………………………………………………… (150)

新媒体时代下政府公共沟通艺术 段钰 ……………………………………… (157)

人力资源管理

少数民族干部社会资本增加的阻碍与对策 陈丽琳 任婷 ………………… (169)

高校为新疆跨越式发展提供人才保障相关政策研究 樊亚利 ……………… (178)

教育经济与管理

楚雄师范学院公共事业管理专业建设探索　谭斌　胡东 …………………（187）

借鉴与比较

企业财务管理目标的精神裂变与认祖归宗　周喜革 …………………（199）
试论主权与人权的关系及国际人权保护　刘旖旎 ……………………（205）
欧洲债务危机产生的原因、影响及我国应采取的对策分析　王志超 ………（212）

热点聚焦

关于吸引国际组织落户北京若干问题研究

世界城市建设中的文化创意思考

世界城市建设中北京形象的变化研究

关于吸引国际组织落户北京若干问题研究[1]

李培广　李中洲　贾文杰[2]

改革开放 30 多年以来，中国发生了举世瞩目的变化，在国际社会中的地位不断提高。在国力不断提升的同时，中国与世界的联系也日趋紧密。在国际舞台，中国开始全方位地参与国际社会活动，签署了一系列重要的国际条约，加入多个主要的国际组织。中国正日益显示出负责任的大国的地位和作用，在国际社会中扮演着越来越重要的角色。作为在当今世界上拥有巨大影响力的发展中大国，中国迄今为止还没有任何一家联合国系统的国际组织总部落户，其他类型的国际组织也很少将主要机构建立在中国，这与中国的大国地位是不相称的。随着中国国际地位和国际影响力的提升，吸引一些重要国际组织在中国设立总部或地区总部显得尤为迫切。而北京作为中国的首都，更担负着吸引国际组织落户的重任。2010 年 8 月，习近平副主席在京调研时指出，要努力把北京打造成国际活动聚集之都、世界高端企业总部聚集之都、世界高端人才聚集之都、中国特色社会主义先进文化之都、和谐宜居之都，特别提出了"从国际惯例看，国际性组织落户的数量和规模、召开国际会议的数量和规模，是一个城市能不能跻身世界城市的重要条件"。《中共北京市委关于制定北京市国民经济和社会发展第十二五规划的建议》中明确提出："加强与国际组织的合作，积极争取更多国际会展、国际演出和体育赛事在京举办，吸引国际组织落户北京"。北京建设中国特色世界城市，应当全力集聚国际高端资源，不断提升国际化功能和水平。2010 年北京市的"两会"上，北京市委、市政府正式将建设世界城市作为北京未来的发展方向。吸引国际组织总部落户北京是落实市委、市政府主要领导关于推进世界城市建设、全面提高我市国际影响力指示的重要举措。目前在北京市落户的联合国机构和国际组织总部共有 5 个，同驻在纽约、伦

---

[1] 本课题为北京市国际科技合作研究项目（项目编号为 Z101108002410008），由市政府外办政策法规处牵头，市政府外办各业务处室及中央部委、研究机构、相关高校及市科委等市属单位均积极参与，项目组调研历时两年，政策法规处同志先后进行课题走访、召开座谈会近 30 次，上报分报告 5 份，市主要领导批示 4 份。

[2] 作者简介：李培广，博士，中央民族大学管理学院副院长，2010 年挂职于北京市人民政府外事办政策法规处，任副处长，主要研究方向：公共管理与社会治理。李中洲，博士，北京市人民政府外事办政策法规处副处长，主要研究方向：国际关系与国际事务。贾文杰，北京市人民政府外事办政策法规处主任科员，主要研究方向：国际政治。

敦、巴黎、东京等世界城市的国际组织总部相比，在数量、质量和国际影响力方面均差距较大。通过近期系统走访和密集调研，中央部委相关司局和有关专家一致认为，国际组织的落户有利于提高北京的国际影响力，有利于北京树立良好的国际形象，而且有利于加快北京转变经济发展方式，有利于促进北京的国际化程度，也有利于中国树立良好的国际形象，控制全球产业链的高端环节和高端要素市场，为北京的经济发展提供新的增长点和新的市场。

因此，科学分析国际组织的发展趋势及其在未来国际事务中的作用，客观比较其他世界城市在政策保障、统筹协调、涉外服务建设等方面的成功经验，准确定位未来开展工作的重点方向，提出切实可行的政策建议，对于北京实现建设中国特色世界城市、加快经济发展方式向创新驱动型转变的总体目标有重大的战略及现实意义。

一、常驻北京的国际组织基本情况及相关规定

（一）常驻北京的政府间国际组织情况

1. 总部

目前在京设立总部的政府间国际组织有以下5个：国际竹藤组织、亚太空间合作组织、亚太农业工程与机械中心、上海合作组织。此外，2010年10月，国际马铃薯中心在京成立了亚太中心。

2. 代表机构

目前，共有国际组织在京设立的代表机构24个[①]（见表1）。其中联合国的21个机构在京共设立了14个代表机构，部分派生机构由联合国开发计划署等综合性机构一并代表。目前联合国有资金、有能力在外设立分支机构的组织基本上都在我市设立了代表处或类似机构。

表1 在京常驻的政府间国际组织代表机构统计

序号	国际组织代表处（按字母顺序排列）	英文缩写
1	亚洲开发银行驻华代表处	ADB
2	欧洲联盟欧洲委员会驻华代表团	EU

---

① 目前，外交部数据显示，有24个国际组织在京设立分支机构。通过外交部网站及其他资料共查询到23个国际组织驻京代表处的名称。

续表

序号	国际组织代表处（按字母顺序排列）	英文缩写
3	联合国粮食及农业组织驻华代表处	FAO
4	红十字国际委员会东亚地区代表处	ICRC
5	国际金融公司驻华代表处	IFC
6	红十字会与红新月会国际联合会东亚地区代表处	IFRC
7	国际劳工组织北京局	ILO
8	国际货币基金组织驻华代表处	IMF
9	阿拉伯国家联盟驻华代表处	LAS
10	太平洋岛国论坛驻华贸易代表处	PIF
11	联合国开发计划署驻华代表处	UNDP
12	联合国环境规划署驻华代表处	UNEP
13	联合国教科文组织驻华代表处	UNESCO
14	联合国人口基金驻华代表处	UNFPA
15	联合国难民事务高级专员署驻华代表处	UNHCR
16	联合国儿童基金会驻华办事处	UNICEF
17	联合国工发组织中国投资促进处	UNIDO IPS
18	联合国工业发展组织驻华代表处	UNIDO
19	联合国世界粮食计划署中国办公室	UNWFP
20	世界银行驻华代表处	WBOB
21	世界卫生组织驻华代表处	WHO
22	国际海事卫星组织驻华代表处	INMARSAT

（二）非政府间国际组织在京设立机构的规定和情况

按照主导力量不同，非政府间国际组织可分为中方主导的非政府间国际组织和外方主导的非政府间国际组织。

1. 中方主导的非政府间国际组织

中方主导的国际社团，是由我方（主要是中央各部委）主导发起并在国内注册，名称冠以"世界"、"国际"、"亚洲"等字样、会员覆盖国内外，主要面向国际开展活动的非政府组织，由民政部民间组织管理局负责管理登记。目前，已有

23个国际社团在民政部登记（16家总部设在北京，见表2）。其中，较有影响力的有外交部主导成立的博鳌亚洲论坛、国家汉办主导成立的世界汉语教学学会、最高检主导成立的国际反贪局联合会、中医药管理局主导成立的世界中医药学会联合会、教育部主导成立的世界汉语教学学会、国家体育总局主导成立的国际武术联合会等。

表2 已在华注册的非政府间国际组织统计

序号	社团名称	业务主管单位	总部
1	世界针灸学会联合会	国家中医药管理局	北京
2	国际风筝联合会	国家体育总局	山东
3	世界医学气功学会	国家中医药管理局	北京
4	国际武术联合会	国家体育总局	北京
5	世界中国烹饪联合会	国务院国有资产监督管理委员会	北京
6	博鳌亚洲论坛	外交部	海南
7	世界珠算心算联合会	财政部	北京
8	世界中医药学会联合会	国家中医药管理局	北京
9	国际烟花协会	商务部	湖南
10	国际易学联合会	中国社会科学院	北京
11	国际数字地球协会	中国科学技术协会	北京
12	亚洲排球联合会	国家体育总局	北京
13	世界汉语教学学会	教育部	北京
14	中国东盟农资商会	中华供销合作总社	广西
15	中俄机电商会	商务部	北京
16	国际反贪局联合会	最高人民检察院	北京
17	亚洲大学生体育联合会	教育部	北京
18	国际儒学联合会	文化部	北京
19	国际粉体检测与控制联合会	中国科学技术协会	辽宁
20	国际动物学会	中国科学技术协会	北京
21	国际小水电联合会	水利部	浙江

续表

序号	社团名称	业务主管单位	总部
22	世界泥沙研究学会	水利部	北京
23	世界运河历史文化城市合作组织	文化部	江苏

中方主导的非政府间国际组织是北京吸引国际组织和国际会议、聚集国际活动的可以开发的重要力量。他们得到中央的支持力度较大，国际影响范围广泛，国际合作项目较多，有固定的国际会议机制，聚集大量国际前沿信息和高端人才。与中方主导的非政府间国际组织加强合作，有利于提升北京的国际影响力，开展国际务实合作。

2. 非中方主导的非政府间国际组织

主要指境外非政府组织。近年来，境外非政府组织在国际舞台上日趋活跃，广泛参与政治、经济、环境、人权、扶贫、人道援助等诸多领域，对世界政治、经济、文化、社会发展具有重大影响。据统计，2010年在京活动的境外非政府组织有170家（占在华活动的境外非政府组织总数的5.7%），来自27个国家或地区。其中开展经贸类合作的组织有67家，约占总数的39.4%。由于目前对境外非政府组织进行登记管理的法规体系尚不健全，只有96家境外非政府组织在国家相关部门进行注册登记。其中，在国家民政部注册登记的有16家基金会、20家外国商会；在工商部门注册登记的组织有60家。在京活动的境外非政府组织中，国际行业协会最有利于推动经济发展，对相关产业的发展能够产生重要影响，在制定相关产业国际标准，促进产业内技术创新、信息共享，为会员企业提供专业服务和法律咨询、协调仲裁纠纷等方面发挥了重要作用。这种国际行业协会的国际组织应成为北京市吸引落户的重要对象。

（三）国际组织落户北京的一般程序

1. 政府间国际组织落户北京的一般程序

我国政府同国际组织或外国政府通过签订条约（东道国协议）成立政府间国际组织，由外交部负责归口管理。外交部报请国务院批准后，告知条约中涉及城市，由其负责接纳该国际组织的常设机构，并提供必要的服务保障。

2. 非政府间国际组织落户北京的一般程序

（1）成立中方为主导的国际性社团的程序。成立我方主导的国际性社团需经国务院特批，由民政部登记。目前，成立此类组织有三个审批环节：一是外交部依据《参加国际组织的审批及经费管理规定》进行审核。二是民政部从是否具备社团法人资格条件的角度进行把关。三是国务院最终决定是否同意成立。

（2）非中方主导的国际组织在华登记管理的相关规定。参照国内社会组织管理办法，可将境外非政府组织分为社会团体、基金会、民办非企业单位三类。目前，我国尚未形成对其进行管理的系统政策法规体系。在《社会团体登记管理条例》、《基金会管理条例》和《民办非企业单位登记管理暂行条例》这三部行政法规中，只有《基金会管理条例》允许境外基金会在华设立代表机构，允许在华成立由外国人或港澳台居民担任法定代表人的基金会。成立此类基金会须经业务主管单位审查同意后，再向民政部门申请登记。业务主管单位负责业务指导和日常管理，登记管理机关负责登记管理、年度检查和行政执法。

二、北京吸引国际组织落户面临的形势

（一）机遇和优势

1. 国家国际影响力快速提升，多边外交更加积极活跃

当前，中国综合国力大幅提升，国际影响力显著增强，未来20年中国处于成为全球性强国的快速崛起期，也是国际资源与国际活动主体关注中国、集聚中国的战略机遇期。中国将更加主动参与多边外交活动，并成为多边外交的积极倡议国和主持国，在未来一段时间内还会进入一个快速增长的时期。越来越多的国际组织希望到中国落户，寻找合作机会。这给北京吸引国际组织提供了非常有利的大环境。

2. 北京国际影响力大幅提升，国际化水平显著提高，确立了建设"中国特色世界城市"的奋斗目标

近年来，北京先后圆满完成了北京奥运会、残奥会和新中国成立60周年庆祝活动等大型活动，向世界全面展示了中国风貌和首都风采，促进了北京经济社会发展和城市管理水平的提高。同时，通过举办科博会、诺贝尔奖获得者北京论坛等大型国际活动，切实提升了北京的国际影响力。北京市委、市政府确立了建设中国特色世界城市的战略目标。这为国际组织落户北京奠定了良好的政策和环境基础。

3. "国家首都"的地位决定了北京是国际组织在华落户的首选地

作为首都，北京不仅是中国的政治中心，经济政策的研究、制定和决策中心，科教和人才资源最丰富的城市，还云集了163家大使馆、24家国际组织驻华代表机构、18家外国驻京商会、363家外国新闻机构等，为国际组织开展活动提供了极为便利的条件。

4. 北京"大开放、大发展"的思路有利于吸引相关领域的国际组织前来落户

北京市提出了"人文北京、科技北京、绿色北京"和"中国特色世界城市"的发展战略和奋斗目标。同时，北京积极谋划创新驱动，明确了新一代信息技术、生物医药、新材料、高端装备制造等八大战略性新兴产业。这种"大开放、大发展"的思路有利于聚焦工作目标，吸引符合我市功能定位和发展需求的某些领域的国际组织落户，从而真正发挥国际组织强大的资源统筹能力及国际影响力，服务

我市经济发展。

（二）挑战和弱势

1. 国际、国内竞争非常严峻

一方面，国外很多城市都在通过吸引国际组织落户提高国际影响力，发展地区经济。目前，德国正争取联合国"生物多样性和生态系统服务政府间科学政策平台"落户波恩。德国政府不仅保证承担其全部搬迁费用、免收今后的租金、负担建筑物的维护费用，还承诺从 2011 年起对该组织的人员和工作计划给予财政支持，并为其招聘高素质人才提供帮助。另一方面，国内城市间的竞争也相当激烈。上海市、重庆市、深圳市近期均已致函外交部，请求外交部就吸引国际组织落户三市给予政策指导和工作支持。上海市已经与外交部建立部市联系机制并组团赴瑞士日内瓦调研，计划通过引进国际组织来吸引更多、更为重要的大型国际会议和展览在上海举办，以期获得更大的国际影响和经济效益。今后，我市必将面临激烈竞争。

2. 缺乏专门机构和专门经费统筹协调此项工作

一方面，吸引国际组织落户工作具有特殊性、复杂性和敏感性，必须有专门机构、专业部门进行规划并推动实施。以德国波恩为例，波恩市政府设立了国际事务办公室，直接向市长负责，并配合联邦政府的相关工作。波恩市国际事务办公室在吸引国际组织落户、统筹协调波恩市的多部门合作、为国际组织提供人、财、物等服务保障、支持国际组织召开大型国际会议、开展波恩国际城市形象的城市品牌推介等方面都发挥了重要的作用。另一方面，吸引国际组织落户需要对其提供办公用地、办公设施、人力资源等方面的保障，许多城市在吸引国际组织落户时都开出了非常丰厚的条件。例如，为了吸引国际疫苗研究所入驻，首尔于 2003 年在首尔大学校园内建成了一座价值 1.5 亿美元的总部大楼，并于 2004 年起正式向其提供研究所运营费用。东京在日本政府支持下，成功吸引了联合国大学的进驻，日本无偿提供用地及设施，并担负 70% 的运营费用。因此，我市有必要对建立专门机构和专项资金，开展吸引国际组织工作进行综合考虑。

3. 涉外服务体系仍需努力改善

综合其他国际城市在吸引国际组织落户工作中的有益经验，并结合课题组对驻华使馆官员、国际组织负责人、世界高端企业高管、外国专家等外籍高端人才的调研，北京涉外服务体系的不足主要体现在以下三个方面：一是涉外信息的渠道方面。目前我市已初步形成了外语媒体、固定咨询点、互联网、热线等多层次的涉外信息服务网络，但仍然在某些方面有待进一步提高，例如，涉外综合信息服务平台质量有待提升。eBeijing 是目前全市唯一官方综合信息服务平台，得到越来越多在京外籍人士的欢迎。但同时存在着服务信息不够细致，内容更新速度有待提高等问题。此外，机场、出租车等重点服务场所的外语服务覆盖率亟待加强；多语言服务热线知晓度不够高，使用率较低。二是涉外服务不尽完善。医疗方面：一方面普通医院的医生医疗水平较高,但是语言沟通较为困难,就医环境不够方便,就医程序较为复杂;另一方面,专门国际医院服务环境好,但是医生的医疗水平有限。教育方面:专门的国际学校较少,且就学费用过高,涉外优质教育资源布局不够合理,课程设置需要进一步同国际接轨。医疗和教育的涉外服务都存在信息发布不足的问题。许多外籍人士都是通过口口相传的方式获取信息,官方途径获得信息的渠道非常有限。三是涉外人力资源供给不足。保障充分的人力资源是吸引国际组织落户的重要条件。首先,吸引国际组织落户可以创造就业岗位,因此需要大量有外语优势的专业人才充当国际组织的本地职员。其次,吸引国际组织落户可以提升所在城市和所在国在相关领域的国际影响力,因此需要培养今后能在国际组织任高级管理人员、在国际活动中有所作为的专业高级人才后备队伍,充当国际组织的国际职员。而在这些人才的培训方面,我市尚未实施国际化人才培养计划,也缺乏充足的人才储备。

4. 国际化大都市魅力有待进一步提升

纵观西方城市的发展、转型历程,市政当局都十分重视城市形象的打造和推广,普遍树立"像经营品牌一样经营一座城市"的理念。以"文化、魅力、特色"为核心的城市形象能够在普通民众、公司和各类组织心目中产生强大的吸引力,成为世界聚焦中心,从而引领世界经济、文化潮流。目前我市的对外推介缺少整体的形象设计和整体的品牌推广设计,表现形式单一,城市品牌有待全面提升,城市特色和魅力展示有待加强。

三、北京市吸引国际组织落户的政策建议

根据中央和北京市委、市政府要求以及北京市的实际情况,我们应统一认识,明确思路,聚焦目标,加强保障,统筹协调中央及我市各种资源,按照确定的工作思路有方向、有计划、有重点地开展工作,不仅能够"引进来",还要"留得住、有实效"。

(一)工作思路

吸引国际组织落户,需要通过短期及中长期计划,从以下三个方面建立完善的制度体系:一是要建立与中央部委对接的合作机制;二是要建立统筹全市资源的工作协调机制;三是要实现对国际组织的高效服务和有效管理。

1. 建立与中央部委对接的合作机制

吸引国际组织落户事关中央外交全局,需要中央外交外事主管部门的首肯。按照中央规定的报批流程要求,无论是政府间国际组织,还是非政府间国际组织,均需要外交部、民政部和中央主管部门的审核以及国务院的最终审批。更为重要的是,中央部委掌握了大量与国际组织合作的第一手信息,是我市有重点、有选择地

引进国际组织的最直接、最可靠的信息来源。因此,全面加强与中央部委的合作,建立与中央部委的对接合作机制是我市开展此项工作的重中之重。

2. 建立统筹全市资源的工作协调机制

北京市的最终目的不仅仅是吸引国际组织落户,还要通过吸引国际组织落户和进驻,推进我市建设中国特色世界城市,促进我市经济发展方式加速转变,提高我市的国际影响力和在全球经济分工中的地位和话语权。为此,我们应确立追求"质量"、不求"数量"的工作思路,要统筹全市资源,制定工作规划,按照我市发展需要有计划、有重点、有选择地吸引国际组织落户,避免与国内相关省市的恶性竞争和盲目引进。因此,如何选择并利用好已经和即将进驻的国际组织事关此项工作的最终效果,是此项工作的核心和关键。借鉴国外众多城市成功经验并结合我国及本市实际,建立统筹协调的工作体制,由专门的政府机构牵头负责是推进这项工作的重要保障。

3. 实现对国际组织的高效服务和有效管理

服务主要包括人力资源服务和涉外环境服务。国际组织需要的人力资源可分为两类:一类是吸引国际组织落户过程中所需要的专业人才;另一类是能够在国际组织中工作的人才。涉外环境主要包括国际语言环境、交通环境、信息环境、公众的国际意识、教育医疗保障等内容。这些因素决定了国际组织在落户我市后是否能够"留得住"。有效管理包括对吸引国际组织负面效应的控制和对其优势资源的充分调动。通过对其体系化的日常管理,鼓励国际组织举办国际会议及国际活动,吸引更多的国际组织和企业进驻,服务建设我市中国特色世界城市和加快经济发展方式的转变。对国际组织进行高效服务和有效管理,确保此项工作可持续发展。

(二) 工作目标

结合外交部等中央部门和研究机构的意见,建议我市可以确定"以促进我市经济发展方式转变的非政府间国际组织为核心、以联合国系统科教文卫体领域组织分支机构为重点,以服务好在京国际组织为基础和保障"的工作方向。

1. 符合促进经济发展方式转变的非政府间国际组织

可针对8大战略性新兴产业(新一代信息技术、生物医药、新能源、节能环保、新能源汽车、新材料、高端装备制造、航空航天)以及科技、教育、文化、金融、体育、旅游等产业引进相关国际产业联盟或联合会。

2. 联合国系统科教文卫体领域的各层级分支机构

除秘书处、专门机构、下属机构和独立机构外,联合国还包括为数众多的涵盖各领域的一类中心、二类中心等机构。这些机构因为其具备联合国系统的重要影响力也可以成为我市关注重点。

3. 服务好已驻京的国际组织，积极支持这些组织的升级和壮大

当前，已有5家国际组织在京设立总部，联合国及其附属机构和其他国际组织已在京设立24家代表处。我市可进一步加强与这些外交机构和国际组织的联系与沟通，积极开展服务工作，做好东道主，吸引相关组织在京落户，支持有关机构升级为地区代表处。

（三）工作举措

1. 同中央部委保持密切联系，努力争取中央层面的支持

一方面，国家层面的出面游说和政策支持是吸引国际组织落户必不可缺的条件。正是在日本政府的强力支持下，东京才吸引到联合国大学（UNU）的进驻。目前首尔也有吸引联合国大学相关研究所进驻的计划。另一方面，国家部委掌握大量有意来华发展的国际组织的第一手信息和资源。

2. 完善涉外服务体系，重点加强国际语言环境建设

针对国际组织的涉外服务系统是否完善也是国际组织常设机构选址的考虑内容。德国外交部联合国司会同波恩市政府为各个国际组织设立了联络处，协助国际组织的工作人员及其家属、代表和专家们解决困难问题。波恩政府还为各个国际组织的外国雇员提供免费的德语语言班培训课程，在外国驾照认证、家属就业许可等问题上也给予便利。我市有必要在优化涉外环境方面加大工作力度、增加经费投入，完善涉外信息服务、涉外医疗教育、涉外人力资源供给等工作。

3. 通过公共外交推介城市品牌，提升国际化大都市魅力

在2001年香港"财富"论坛闭幕式上，香港特区政府隆重推出了"香港品牌——飞龙标志"，启动了向全球推广香港的新策略。此后，大规模的公关宣传活动就遍及了香港各大商业中心和广场。政府组织的有关活动和国际场合更是宣传香港品牌的好时机。通过持续性地推广香港品牌，香港的国际地位得到大幅提升。我市有必要从建设世界城市的战略高度对全市相关工作进行统筹协调，将"人文北京、科技北京、绿色北京"的发展理念贯穿始终，做好受众调研和传播方式研究，制定长期规划，优化资源配置，发动全社会广泛参与、制定反馈机制和成果检验标准，使我市的城市品牌构建工作保持整体性、连续性和一致性，最大限度地提升北京城市品牌的知名度、美誉度、信任度。

4. 要做好国际组织落户北京的宣传工作

在全球化的今天，世界城市意味着这个城市广泛的国际影响力以及城市市民开阔的国际视野。目前，北京在吸引国际组织落户方面缺乏开阔的国际视野，不能认识到中国目前的发展与世界发展的紧密关系，无法与世界发展的新潮流、新事物达到有效地结合。缺乏足够的国际视野，必然不利于众多国际组织落户北京。纽约是国际移民城市，民族的多样性与文化的包容性造就纽约市民开阔的国际视野，这为国际组织落户提供了重要的外部环境。此外，纽约是世界媒体之都，众多广播、电

视和网络等媒体大力宣传纽约的城市建设,有力地提升了纽约城市形象,也为国际组织落户提供了媒体宣传支持。[①] 因此,要着眼于宽广的国际视野,把坚持以人为本,吸引国际组织落户北京提升到宽广的国际视野平台上,借鉴纽约、伦敦和东京等世界城市在国际组织落户方面的宣传经验,打造北京城市新形象。要结合世界城市建设,组织专家学者论证吸引国际组织落户的可行性,争取广大市民和市有关部门的理解和支持。以报纸、广播、电视、网络等为载体,定期发布《世界城市与国际组织》和《国际组织》宣传读物。

5. 完善相关国际组织落户的法律法规制定和修改

美国纽约的经验告诉我们,强有力的法律法规是吸引国际组织落户发展的基础。北京市政府要建立国际组织落户发展的法律和组织框架,加强法律法规的透明度,以促进国际组织及非政府组织的发展壮大。当前,吸引国际组织落户北京,最紧迫的是加快城市社会团体管理方面的立法工作,为下一步吸引国际组织落户构建长效机制。要从法律上保证政府对包括国际组织在内的各类社会团体的支持,确保近期吸引国际组织发展的优先地位。要依据法规研究制定城市社会团体的职责,扩大并稳定各类社会团体的资金来源渠道。

6. 创造一个适合国际组织发展的城市环境

北京要继续加强基础设施建设和环境治理,提高城市的组织、运转、监督和管理水平,各项服务标准向国际城市看齐,吸引更多的国际会议来京举办。要充分利用国际组织落户所带来的"溢出效应",使国际组织落户同相关城市基础设施、产业发展、文明提升以及城市的国际化程度提高相联系,形成良性互动的格局。

7. 做好吸引国际组织落户北京的配套工作

在决定吸引国际组织落户的同时还应为塑造和展现良好的首都形象做好配套工作。比如,要学习纽约的城市包容性,开阔市民国际视野,提升市民素质,特别是民众国际交往能力的提升是一项紧迫的任务,应当全力推进。同时,政府可合理配置好落户的国际组织资源,给予其更多的政策支持,甚至是实质性的支持,可以专门给予财政补贴用于其设立办事处和跨国搬迁费用。根据国际社会的惯常做法,东道国往往在资产购置、税收缴纳、人员出入境等方面给予落户的国际组织及其工作人员优惠的待遇。同时,具有外交身份的国际组织工作人员还可以享受相应的外交特权与豁免。在吸引国际组织落户时,我们应根据国际惯常做法制定相关的优惠政策。

8. 大力推行北京城市品牌战略,促使北京获得更多国际组织认可

成功的城市品牌推广必然为城市带来良好的声誉,吸引更多国际组织落户,并帮助城市抵御各种负面影响。纽约自 20 世纪 70 年代就推出了"我爱纽约"的营

---

① 金元浦:《北京:走向世界城市——北京建设世界城市发展战略研究》,北京科学技术出版社,2010 年第 1 版,第 69-73 页。

销推广活动，它从城市发展战略的高度对城市进行营销管理以塑造全球顶尖的城市品牌，它以独特吸引力满足了国际组织的多样化需求，并与众多国际组织建立长期合作伙伴关系。北京的城市品牌推广目前正处于向专业化转型的阶段，要学习纽约通过营销吸引国际组织落户的经验，成立专门的城市品牌管理机构，在城市品牌战略的执行过程中要聘请专业力量负责操作层面的工作，引入民间资本，变政府单一主体塑造城市品牌，为政府、企业、市民等多主体塑造城市品牌，从而吸引国际组织落户。

9. 鼓励社会团体参与城市建设以弥补公共供给不足

纽约、伦敦、巴黎、日内瓦等国际组织分布众多的城市，无一不是社会组织发达的城市。[①] 非政府组织健全，公民社会发达，在提升城市国际影响力、推动城市经济发展、促进城市科学管理和文化多样性等方面发挥着独特作用。纽约以建设世界城市所具有的包容性来面对非政府组织等第三方声音，形成政府与非政府共建城市治理的新模式。北京要大力鼓励发展社会团体，为社会力量的发展拓展空间，提供机会，支持社会团体参与城市治理。这种城市治理新模式将在极大程度上促进非政府组织的数量增长、能力提升和全面发展，也将有效弥补当前公共服务供给不足的欠缺。应鼓励社会团体的发展，支持各类社会团体参与社会服务、行业服务、调查研究，尤其是私立学校和医院等公共治理领域，利用社会力量的公共服务和政策倡导两大功能，减轻政府的执行负担，加强政府政策的执行力，提升本市的公共服务水平。

[参考文献]

[1] Clyde Haberman, "Act Globally, Get Stuck Locally", New York Times, February 25, 2005.
[2] http://baike.baidu.com/view/87938.htm#sub87938.
[3] Clyde Haberman, "Act Globally, Get Stuck Locally", New York Times, February 25, 2005.
[4] http://www.ccgov.net.cn/cityforum/sjcslt/sechtm.aspx?cateid=3&id=6.
[5] 周汉民：《吸引国际组织落户中国》，中青网，2006年3月。
[6] 蔡寒松：《纽约市与联合国总部翻新计划：国际组织与东道城市相互关系的个案研究》，《国际观察》，2008（6）。
[7] 金元浦：《北京：走向世界城市——北京建设世界城市发展战略研究》，北京科学技术出版社，2010年第1版，第69-73页。
[8] 奚洁人：《世界城市精神文化论》，学林出版社，2010年3月第1版，第93-95页。

---

① 奚洁人：《世界城市精神文化论》，学林出版社，2010，第93-95页。

世界城市建设中的文化创意思考[①]

——以北京少数民族文化创意产业的建设为例

齐文霞 李梦星 林怡婷[②]

[**摘要**] 北京建设世界城市,离不开文化软实力的提升。本文提出发展少数民族文化创意产业,意在打造北京市多元文化,丰富北京市的文化创意产业。本研究对北京城市的现状进行了简要陈述,运用SWOT分析方法,就在北京大力发展少数民族文化创意产业的优势、劣势、机遇、威胁4个方面进行详细地陈述和可行性分析,并主要从政府主导的角度提出相关建议,以求为北京世界城市的文化建设提供新的思路。

[**关键词**] 北京;世界城市建设;少数民族文化创意产业

一、研究背景及意义

(一) 研究背景

21世纪是城市的世纪,尤其是世界城市,在全球的经济发展中扮演着日益重要的角色,建设世界城市是当今世界共同关注的重大主题。与此同时,建设中国的世界城市,是关乎中华民族伟大复兴的重要战略,是我国参与全球竞争的必要方式。日前,中国社会科学院在北京发布的《全球城市竞争力报告(2009—2010)》显示,在全球经济增长最快的前十位城市中,中国占据9席[③],这说明全球城市竞争力格局已发生明显变化,以中国为代表的新兴工业化国家的城市竞争力正迅速提升,中国城市竞争力已接近世界中等水平。而北京作为我国的首都,自进入新世纪

---

① 本文系北京市优秀教学团队"公共管理核心"课程、国家特色专业"行政管理"建设点项目"本科生公共管理专题研究训练"成果,指导老师为李培广。

② 作者简介:齐文霞(1990.7—),女,河北衡水人,中央民族大学行政管理2009级本科生,主要研究方向:公共管理;李梦星(1990.6—),女,湖北黄石人,中央民族大学公共事业管理专业2009级本科生,主要研究方向:公共政策与社会保障;林怡婷(1990.9—),女,福建漳州人,中央民族大学政治学与行政学2009级本科生,主要研究方向:中国政治。

③ 资料来源:新华日报A01版(2010年6月26日)网址:http://xh.xhby.net/mp2/html/2010-06/26/content_248234.htm。

以来获得了前所未有的高速发展，不论在政治、经济，还是文化交流方面，都已是中国城市中最领先的大都市，因此，北京建设世界城市是顺应时代的要求，是回应全民族的期盼，也是使北京自身更好地发展的需要。

2010年1月，在北京市十三届人民代表大会第三次会议上，市长郭金龙在所做的政府工作报告中明确提出北京要着眼于世界城市建设。作为世界城市，其标准之一除去政治经济影响力外，还有一条也是非常重要的，即对世界文化的影响力。因此，发展文化创意产业成为北京市建设世界城市的主要任务，而少数民族文化创意产业作为文化创意产业的一个分支或者创新领域，创意概念的引进对其具有更加重要的意义。因此，北京市民委根据刘淇书记"关于做好民族文化创意产业"的指示，初步制定了发展规划，正在为发展民族文化创意产业进行着有益探索。

北京世界城市的建设，既非北京一城之事，也非北京一市之功，而是全国各民族人民的期盼。北京构建世界城市才刚刚起步，北京的文化创意产业也起步很晚，需要借鉴各个世界城市和新兴国际城市的民族文化创意产业发展的经验和教训，但又不能简单地复制现成模式，而是应该在已有的经验和路径的基础上，在遵守共性和规律的同时，发掘本国资源，挖掘中国元素，在文化建设的构思上突出中华特色、中华风格和中华气派。丰富的少数民族文化正是我国所特有的文化资源，就我国的资源优势而言，其扩展空间很大。

然而，自新中国成立以来，由于少数民族地区的地理、人文优势，国家把少数民族文化事业和文化产业的建设更多地放在了民族地区，北京的少数民族文化产业并不繁荣，并且大都局限在民族饮食文化上，缺乏文化的创新，北京的少数民族文化创意产业有待推进。2009年国务院第29号文件"国务院关于进一步繁荣发展少数民族文化事业的若干意见"中提到，要努力推进少数民族文化对外交流，切实增加少数民族文化在国家对外文化交流中的比重，因此，在北京建设世界城市之时，加强北京少数民族文化创意产业建设，还有利于世界了解我国少数民族文化，对推进民族文化的创新发展和对外交流具有重要作用。

（二）研究意义

首先，我国拥有13亿人口，由56个民族组成，是世界上唯一一个由几十个不同民族组成的泱泱大国，各民族又都有着悠久的历史和独特的文化。全国56个民族中，都有成员在北京生活，而在北京常住人口中，各少数民族人口达80.1[①]万人。北京作为国际上其他国家了解我国的窗口，理应彰显出我们文化多元、共存共赏、美美与共、和而不同的民族文化风貌，加强少数民族文化创意产业的开发，以加深国外友人对我国团结、平等的民族政策和多姿多彩的少数民族文化的了解，体现大国开阔的胸襟、和谐的民族氛围，提升中国在国际上的良好形象。

---

① 数据来源：全国第六次人口普查统计数据。

其次，从国家安全的角度看，面对西方发达国家文化产品的疯狂涌入，我国本土文化有被排挤之忧，在一部分人群中，对西方国家文化的了解和热衷程度甚至超过了对我国少数民族文化的热爱。对此，我国的应对策略至关重要。融入各民族文化特色，发展中国特色的文化创意产业是变被动为主动的重要武器。少数民族文化创意产业的开发对弘扬和保护我国民族文化，增强民族自豪感，具有重要作用。

再次，发展少数民族文化创意产业可以盘活资源存量，将潜在的少数民族文化资源优势切实转化为产业发展的优势，使文化潜能在产业化的过程中得到最大限度的释放。发展少数民族文化创意产业对丰富北京的文化创意产业，提高文化创意产业的国际知名度，推动北京文化建设具有重要意义。

最后，将民族文化资源与文化创意产业的发展结合起来，能推动文化向经济的广泛渗透，是实现资源的合理利用、实现优秀传统文化价值转换和价值增值的重要途径。发展少数民族文化创意产业，可以增加北京文化创意产业在 GDP 中的比重，推动北京的经济增长，优化产业结构，同时还可开辟新的就业途径，缓解北京高校毕业生的就业压力。

二、北京城市概况简述

日前，中国社会科学院在《全球城市竞争力报告（2009—2010）》中公布世界主要城市综合竞争力排名结果，在中国入围世界百强的城市中，北京列第 59 位，处于中等水平[①]。虽然，与此前相比，北京的城市竞争力已有明显提升，但距离世界级城市的标准还有一段差距。与欧美大城市相比，北京城市劳动力和其他国内城市一样，成本优势明显，人力资源素质提升显著，但城市发展不均衡，创新能力、高端文化产业等发展滞后。同时，由于城市功能配置不合理，在资源配置方面也存在体制障碍。

单就北京的文化创意产业来说，由于文化创意产业概念的提出不过 10 年，国内提出发展文化创意产业并列入中央正式文件也不过 5 年的时间，因此北京文化创意产业相对来说仍然处于起步阶段，尚未形成完整、顺畅、高效的产业链，且存在创意不足、资源优势未转化为产业优势、创意人才缺乏等问题。但就这几年北京文化创意产业发展的速度来看，显然呈快速发展态势，并且已经被列为北京发展的支柱型产业。

北京文化创意产业体系的逐渐完善，产业集聚效应的逐步加强，标志着一个文化创意产业蓬勃发展的时代已经来临。在 2006 年首届北京国际文化创意产业博览会上，显示出中国文化创意产业起步虽晚却欣欣向荣。然而，在这次盛会上，却找

---

① 资料来源：新华日报 A01 版（2010 年 6 月 26 日）。http：//xh. xhby. net/mp2/html/2010 - 06/26/content_ 248234.

不到少数民族文化的踪影。这与我国丰富的少数民族民间文学艺术作品如故事、诗歌、歌曲、乐曲、舞蹈、杂技等，传统手工制品、造型艺术如绘画、雕刻、陶艺、服饰、乐器、建筑等，以及传统少数民族剧种、仪式表演等的存量显然不成正比。随着北京文化创意产业文化资源的开发，取材的文化元素日益广泛，然而其中少数民族文化元素所占比例仍然很小，北京现存的少数民族文化资源集中在民族餐饮上，尚未得到创意性开发。

三、在北京发展少数民族文化创意产业的 SWOT 分析

（一）优势

少数民族文化要在北京开发出有发展前景的文化创意产业，除了要具备必要的外部开发条件和环境外，其自身还需具备一定的资源和利用优势。

1. 少数民族文化资源自身特性优势

民族文化是一种重要的资源，是某一民族群体在特定的自然环境、共同的生产、生活过程中形成的行为、思维、价值方式的总和，是饮食、衣着、行为、宗教、风俗、节日的集中体现，是一个民族的重要特征。我国拥有 55 个少数民族，其丰富的民族文化资源储量及各自独特稀有的民族风格决定了它拥有旺盛的生命力和产业化发展的原动力。自 2006 年国务院批准公布第一批国家级非物质文化遗产以来，2008 年、2011 年相继公布了第二、第三批国家级非遗名录，三批国家级非物质文化遗产名录共计 1119 项，其中少数民族项目 391 项，占全部项目的 35%[①]，我国 55 个少数民族都有项目列入国家级非物质文化遗产保护名录（见表1）。由此可见我国少数民族优秀文化之丰富。

表1 《国家非物质文化遗产名录》中少数民族项目所占比例（三批总计）

序号	类型	总项目	少数民族项目	百分比（%）
1	民间文学	125	55	44
2	民间音乐	155	60	39
3	民间舞蹈	111	68	61
4	传统戏剧	158	14	9
5	曲艺	114	14	12
6	杂技与竞技	70	13	19

① 数据来源：中国非物质文化遗产网：http://www.ihchina.cn/main.jsp。

续表

序号	类型	总项目	少数民族项目	百分比（%）
7	民间美术	109	25	23
8	传统手工技艺	212	52	25
9	传统医药	21	11	52
10	民俗	144	79	55
	总计	1119	391	35

具体来说，丰富的少数民族文化还具有以下两点优势特征：

（1）少数民族文化的独特性和不可复制性。

民族文化、民俗风情是在民族的自身形成和发展过程中逐渐自发形成的，体现并代表了各个民族的文化特色，很少与其他文化雷同，是不可被复制的。因此，各种民族文化都会在众多的文化盛宴中独树一帜，立异标新，而不会因为缺乏特色而丧失发展前景。

（2）少数民族文化的艺术性和魅力。

文化的价值在于它的历史悠久、风格独特、艺术品位高，这是确保文化产业开发成功的一个重要因素，例如，韩国的济州岛风俗、澳大利亚的毛利人文化、古埃及的建筑艺术。而我国现存的少数民族文化之所以能够源源不断，生生不息，延续至今而无中断地保存下来，就在于它们内在的艺术价值和魅力，并且这些艺术价值能够被深层次地挖掘和提炼。比如，贵州的蜡染、藏族的锅庄舞和唐卡、云南的纳西古乐等，这些少数民族文化无不具有独特的艺术魅力。

2. 北京作为国家首都的地位优势

首先，就国际地位而言，北京是中国的首都，有着无法比拟的地位优势，它是中国与世界联系的窗口，这是北京的民族文化创意产业与国际接轨、"走出去"的先天优势条件。在北京，各国的使馆、文化参赞都是北京发展少数民族文化创意产业，使民族文化创意产业走向世界的潜在推动者，对其与国外先进的、有特色的文化创意产业的交流和沟通，对我国的少数民族文化走向世界可能有重要的促进作用，并且只有经过世界了解和认可的少数民族文化，才能为北京世界城市的文化建设增彩。

其次，就国内地位而言，北京作为全国的文化中心和对外交往中心，文化消费市场具有很强的示范效应和辐射带动作用，往往引导着全国的文化消费观念的转变和文化消费潮流的革新。因此，在北京大力发展少数民族文化创意产业必然会带动民族地区的文化创意产业的发展，从而使民族地区和北京在少数民族文化创意产业的建设中形成互动，相互促进，进而使北京的文化产业得到丰富与快速发展。

3. 北京独特的文化产业资源优势

北京作为我国的经济、文化中心，产业资源异常丰富，出版业、影视业、演艺业、广告业、旅游业、数字娱乐业都处于全国的领先地位，有着丰富的资源和发展优势，为少数民族文化产业的发展提供了平台。少数民族题材的影视、刊物、剧种、歌舞、文学作品等便能以此为跳板，得到较快、较好的开发。

至2010年底，北京相继认定了30个文化创意产业集聚区，涉及文艺演出、新闻出版、广播影视、动漫网游、广告会展、古玩艺术、设计服务、旅游休闲等各大产业门类。目前，北京从事文化创意产业的人口达11.51万人，而纽约有12万人，伦敦有14万人，东京有15万人，就业人口已接近世界城市水平[①]。

4. 北京的人才和科研优势

北京发展少数民族文化创意产业离不开人才的供给和理论的支持，北京众多的高校和科研机构必然为北京文化创意产业的开发和发展源源不断地输送新鲜的血液。在北京众多的高校中，文化、艺术类高校在全国乃至世界高校中都处于领先地位。如中央民族大学，作为国家一流的民族类院校，其在少数民族文化的研究和保护中发挥着重要的作用。中央民族大学舞蹈学院、美术学院、音乐学院都开设有少数民族艺术研究方向的相关专业，中央民族大学少数民族文化研究中心更是将全部精力倾注于少数民族传统文化与艺术的研究和发扬上，为少数民族文化的发展提供理论支持。

此外，一些高校中的广告、动漫、电视制作、影视等相关专业，甚至成为文化创意产业的重点培养和研发机构，除了向市场输出专业人才外，在校的学生和老师也在从事着北京文化创意产业的内容研究和生产。国家一流的科研机构也为北京文化创意产业的长远发展提供了理论支持，对业内情况的分析和未来走向进行研究，为北京文化创意产业的发展提供宝贵的理论财富。

如果将这两种优势相互结合，以文化创意产业的思路保护少数民族文化，把少数民族文化的元素吸收到北京的文化创意产业上，那么保护少数民族文化和发展北京文化创意产业便能相互促进，达成双赢。

5. 少数民族文化艺术事业逐步繁荣

近年来，在国家政策支持下，少数民族文化得到了蓬勃的发展。国家和相关部门通过组建少数民族文艺团体、艺术院校、群众文化和艺术馆，培养了许多少数民族文艺人才，繁荣了少数民族文艺创作。1952年，我国在北京建立了第一个由各民族演员组成的国家级中央民族歌舞团，创作各少数民族歌舞节目，并到全国各地演出，此后，各地民族文化艺术团体相继崛起。近十多年来，各地的少数民族文化艺术团体也扩大了对外交流，活跃在国际舞台上，从中央到地方已有100[②]多个少数民族艺术团体走向了世界。曾经濒于灭绝的纳西古乐，由20世纪40年代末仅有

---

① 资料来源：北京文化创意产业网：http://www.bjci.gov.cn/.
② 数据来源：国家民族事务委员会网站：http://www.scac.gov.cn/gjmw/zwgk/2009-09-18/1253195552261549.htm.

几位高龄艺人能够较完整地演唱发展到成立大研纳西古乐会，使古老的纳西族音乐得到发扬和传承。已有500多年历史的藏戏不仅得到保护和传扬，而且在每年的雪顿节期间与其他歌舞、话剧相映生辉，使雪顿节成为藏民族欢乐喜庆的综合艺术节。国家定期举办少数民族音乐、舞蹈、戏剧的"孔雀奖"评比和少数民族题材的电影、电视、文学的"骏马奖"评选。此外，少数民族工艺美术也异彩纷呈：藏族壁画艺术不断充实；藏族卷轴画唐卡艺术得到保护；维吾尔族的地毯、壁挂，从民族地区风行到全国，甚至外销世界；贵州的民族蜡染、侗族的织锦技艺，已从过去的一家一户的小型制作发展到产业规模化制作。

蓬勃发展的少数民族文化艺术事业为少数民族文化创意产业的发展提供了丰富的题材，奠定了扎实的基础。

6. 民族地区少数民族文化创意产业为其提供范例

近年来，在开发民族文化资源，实现民族文化价值转换的实践中，少数民族地区有过很多尝试。民族地区通过民族文化刺激当地旅游，不可避免地把少数民族文化传播到全国各地。如广西的"印象刘三姐"、南宁民歌节，云南的"印象丽江"、民族影视剧《茶马古道》，还有杨丽萍的"云南印象"等，将少数民族文化与旅游产品结合在一起，在对实体经济产生影响的同时，继承和发扬了少数民族优秀文化。此外，《我们新疆好地方》、《青藏高原》、《五朵金花》一类民族歌曲，对原有民歌进行了加工、提炼，使之成为有文化品味、有民族特色又有时代特征的"文化精品"。这些都成为民族文化在继承基础上发展的典范，成为民族文化创意产业发展的成功范例，为北京发展少数民族文化创意产业提供了经验和参考。

（二）劣势

1. "文化折扣"现象可能降低大众的认同感

"文化折扣"[①] 是指根植于某一文化以及在该文化地区受欢迎的特定节目，移植至其他地区时，因为观众可能无法认同节目中所呈现的风格、价值、信仰、结构以及行为模式，吸引力降低的现象。"文化折扣"直接影响视听人的接受、产品市场效益的实现，它随生产者和消费者的接近性的变化而变化，各种文化之间越接近，文化理解上的差距就越小。而少数民族文化植根于民族地区，具有浓厚的民族性、地域性，要将民族文化资源从其发源地移植至非民族聚集区——北京，甚至形成一种对外交流的文化产业，则不可不考虑"文化折扣"这一因素。

北京作为首都，是一个政治文化中心，虽然其文化色彩浓厚，但毕竟不是少数民族聚集区，在此发展少数民族文化产业必须首先考虑到观众对这一文化所呈现的

---

① "文化折扣"亦称"文化贴现"，这一概念首次出现于霍斯金斯（Colin Hoskins）和米卢斯（R. Mirus）在1988年发表的论文《美国主导电视节目国际市场的原因》（"Reasons for the U. S. Dominance of the International Trade in Television Programmes"）中。

风格、价值以及信仰的接受程度,也就是说,必须弄清少数民族文化创意产业对北京和国外消费者的吸引力到底有多大。其次,由于大众消费者远离民族聚集区,其在语言、地理、心理等因素上与民族地区的观众接近性较小,导致其对少数民族文化不够了解,民族文化很可能难以提起观众的兴趣。即人们对少数民族文化及其价值的认可需要一个过程,而这一过程就会存在一定的风险。因此,在北京发展民族文化产业必须考虑"文化折扣"这一现象的存在,通过宣传和给少数民族文化融入现代元素等多种手段,激发大众对少数民族文化的兴趣,增进对民族文化、风俗的了解,以降低"文化折扣"产生的负面影响。

2. 脱离民族土壤可能导致民族文化内涵的扭曲

由于少数民族文化是在民族地区长期的自然发展过程中形成的,具有鲜明的地域性,少数民族文化的保鲜和发展离不开民族土壤的孕育。而在北京发展少数民族文化创意产业,虽然更有利于少数民族文化被世人了解和认可,从而有利于民族文化的传承和保护,但也很可能会被过度市场化、庸俗化,从而扭曲了文化的真正内涵,使其失去原有的文化价值。因此,在北京大力发展少数民族文化必须与民族地区民族文化产业同步发展,保证当地为其民族文化源源不断地输送新鲜血液,保证北京少数民族文化纯正的精神价值和文化内涵。

3. 北京的文化创意产业并未成熟

北京的文化创意产业虽呈现快速发展态势,但在某些方面仍然不够完善,存在一些问题,具体表现在以下几个方面。

(1) 北京文化体制改革滞后,导致文化创意产业的市场化程度不高。北京虽是全国文化体制改革试点地区之一,但是北京文化体制改革还相对滞后于文化创意产业的发展,导致文化创意产业和文化事业的管理职能没有完全分离,相当数量的国有文化经营单位未能成为真正的市场主体,政企不分、政事不分现象依然存在。文化市场按部门、行业和区域条块分割,使本应完整的文化产业链条发生断裂,造成经营管理上的诸多困难,市场配置资源的基础性作用没有得到充分的发挥,导致文化创意产业的市场化程度不高,阻碍了文化创意产业发展的步伐。

(2) 非公有制经济在北京文化创意产业发展中相对薄弱。目前,北京文化创意产业的企业主体结构中,国有资本比重占据多数,这将从两个方面影响北京文化创意产业的发展。一方面,个体、私营等民营企业的机制灵活、成长性好等优势不能在文化创意产业中充分发挥出来。另一方面,经过了20多年的发展,北京民营经济的实力已经非常强大了,存在着大量的民间资本,国有资本比重过高,民间资本比重低,不利于北京文化创意产业的发展。

(3) 北京文化创意产业尚未形成完整、顺畅、高效的产业链。首先,企业在融资方面存在困难,资本成为制约企业发展的重要因素。尤其对于产业链长、投资回收慢、启动资金多、风险大的文化创意产业,民间资本和金融资本为规避风险而较少介入。其次,企业间在开发、生产和营销等环节上缺乏密切的协同和合作,企业自身的产品和服务很难融入客户的价值链中运行,产品的有效差异性小,提高产业链的整体竞争能力差,难以获得较高的利润回报和竞争优势。

(4) 创意不足,北京的文化资源优势未转化为产业优势。北京文化资源丰富,拥有璀璨的历史文化遗产,融合了我国不同历史时期、众多民族的优秀文化,聚集了一大批享誉全国的文化名人、艺术家和文学家。但是,北京文化创意产业发展中创意水平相对较低,文化资源优势尚未转化为产业优势。

(5) 缺乏品牌,龙头企业带动作用有待加强。北京虽然已经涌现出一批全国知名的文化创意产业企业,但整体数量、规模和效益等方面,都与发达国家和地区存在着较大的差距,缺乏具有较强竞争力的大型跨国企业集团,难以带动整个行业的发展和国际化整体水平的提升。

(6) 创意人才不足,知识产权保护力度不够。文化创意产业的发展需要聚集一批具有国际知名度的高层次、高素质的文化创意人才,但是北京文化创意产业人才不足已成为制约产业发展的重要因素。以动漫游戏产业为例,尽管国内开设动漫游戏专业的高校有近百个,但培养的人才以低端制作人员和高端纯研究人员为主,人才结构失衡,创意、创作人才缺口非常大。且我国知识产权尚处于构建时期,还未上升到战略高度,在社会中还没形成保护和尊重个人作品、个人创造力的氛围。

由于北京文化创意产业自身存在的诸多问题尚未解决,在北京大力发展少数民族文化创意产业必然也会受到这些问题的制约。要想让北京少数民族文化创意产业健康地起步,平稳地发展,除了加大北京文化创意产业的改革力度外,还需政府给予少数民族文化产业特殊的优惠政策,大力扶持民族文化创意产业。

(三) 机遇

1. 全球文化创意产业逐渐兴起,呈蓬勃发展态势

20世纪末,英国伦敦面对世界全球化、信息化、网络化的发展,适时地提出调整产业结构、发展文化创意产业的战略决策。十几年来,随着各国文化产业和创意经济的兴起,文化日益成为城市经济的支柱产业,成为城市发展的驱动力。而独特的富于魅力的文化品格、城市形象,正在成为全球关注的中心。21世纪是城市的世纪,而文化创意产业的发展程度也逐步成为衡量一个城市、一个国家先进程度的指标。20世纪50年代的法国巴黎、70年代的美国纽约、90年代的日本东京都曾被誉为世界艺术之都。随着世界文化中心的东移,21世纪则应是中国的世纪,世界艺术已经在北京集中,北京已成为一个巨大的国际化艺术馆,一个世界各国艺术进行交流对话的平台逐渐形成。

基于国家发展文化创意产业的大潮流,以及全球文化重心东移的趋势,我国应该抓住机遇,推进北京世界城市进程中的文化创意产业发展。

2. 中华民族文化的吸引力和影响力逐渐上升

自改革开放以来,随着世界对中国的了解,中国形象逐渐得到世界的认可,我国各民族文化的软实力和竞争力也逐渐进入世界前列。2008 年，我国以举办奥运会为契机，大力宣传中国形象，向来自世界各地的运动员、游客、商界精英、政府要员展现了历史悠久、各具特色、活力四射的各民族文化，积淀了巨大的民族文化品牌资产。加之奥运会期间北京充分发挥宣传优势，借助各种媒体和专业推广机构，使中国各民族的优秀文化通过奥运会传遍世界每一个角落，为北京世界城市建设中文化创意产业的民族文化品牌的塑造积累了全球的人气。

3. 北京市民的文化消费需求与日俱增

据 2011 年北京统计年鉴资料显示，2010 年，北京市常住人口为 1961.2 万，人均地区生产总值已达 11218 美元。根据北京市统计局公布的数据，北京市城乡居民人均现金收入 33360 元，人均消费支出 25015 元，此外，城镇居民消费结构也发生了很大的变化，2010 年，北京城镇居民的恩格尔系数为 32.1%，这说明城镇居民已经达到富裕水平①。北京市居民的文化娱乐消费支出每年都在增长，且高于人均消费支出年均增长率，北京消费状况呈现出居民收入迅速增长、消费水平与消费能级大幅提高、消费结构不断改善、消费内容日益丰富等新的特点。

随着北京经济的迅速发展，人们在收入水平不断提高、基本的物质需要得到满足的基础上，精神文化方面的需求不断上升，文化消费急剧增长的同时还伴随着需求的多样化和复杂化。人们不再满足于一般传统文化产品，而是追求新型的、体验式的文化消费。总之，随着生活水平的日益提高，人的更高级需求便会优先增长，新颖的精神性产品需求在总体上日益增长。因而少数民族文化创意产业为满足北京居民多样性的文化需求提供了新的素材，使其为人们提供富于娱乐性和满足心理体验的产品成为可能。

4. 政策机遇

文化是民族的重要特征，是民族生命力、创造力和凝聚力的重要源泉。少数民族文化是中华文化的重要组成部分，是中华民族的共有精神财富。中国宪法明确规定，国家要根据少数民族的特点和需要，帮助少数民族加快各项文化事业的发展。中国政府应通过各种政策措施，尊重和保护少数民族文化，支持少数民族文化的传承、发展和创新，繁荣发展少数民族文化事业和产业，弘扬主旋律，提倡多样化，使精神文化产品和社会文化生活更加丰富多彩。因此，在 2011 年正式发布的"十二五"规划中，明确提出了推动少数民族文化创新，繁荣和发展少数民族文化事业和文化产业的口号。规划指出，我国应立足当代中国实践，传承优秀民族文化，反映我国各族人民主体地位和现实生活，创作生产更多思想深刻、艺术精湛、群众喜闻乐见的文化精品，鼓励扶持少数民族文化产品创作生产，让少数民族创新文化"走出去"，增强中华文化国际竞争力和影响力，提升中国的软实力。

---

① 根据联合国粮农组织的标准，一个国际或地区人们的生活水平恩格尔系数在 40%—50% 为小康，在 30%—40% 为富裕。

此外，在 2011 年 10 月 15—18 日召开的中共第十七届中央委员会第六次全体会议上通过的《中共中央关于深化文化体制改革推动社会主义文化大发展大繁荣若干重大问题的决定》指出，优秀传统文化凝聚着中华民族自强不息的精神追求和历久弥新的精神财富，要加强对优秀传统文化思想价值的挖掘和阐发，维护民族文化基本元素，使优秀传统文化成为新时代鼓舞人民前进的精神力量。同时要深入挖掘民族传统节日文化内涵，广泛开展优秀传统文化教育普及活动，繁荣发展少数民族文化事业，开展少数民族特色文化保护工作，加强少数民族语言文字党报党刊、广播影视节目、出版物等译制产品的播出和出版工作。

因此，利用我国大力支持和推进少数民族文化传承和创新的政策机遇，根据"十二五"规划的畅想，抓住机遇，发展北京少数民族文化创意产业，将具有很大的可行性。

（四）威胁

1. 北京众多国内外文化竞争激烈

2000 年中国加入世贸组织以来，我国逐步放宽了外国文化产品和企业进入中国市场的限制，美、日、韩等发达国家凭借资源、人才、创意、技术等优势携带大量文化产品来到中国，大规模占领中国市场。迪尼斯动漫、好莱坞电影、日剧、韩剧、欧美剧以及国外众多服装品牌、艺术品等在国内市场颇受欢迎，占据着相当大的市场份额。另外北京本土文化资源非常丰富，老北京的历史文化底蕴吸引着众多的顾客前来消费。北京大力扶持文化创意产业，相互之间必然会因为争夺文化消费者而形成激烈的市场竞争，随着文化创意产业的不断发展，市场不断成熟，新进入者的逐渐增加，导致文化竞争将不断加剧。在这样一种多样文化激烈竞争的的市场背景下，作为一种文化消费品，少数民族文化创意产品的发展必然面临一定的威胁和挑战。

在这种背景和环境之下，少数民族文化创意产业要想在北京站稳脚跟并占领一定市场，必须综合各方面因素，统筹规划，保证高质高量，避免粗制滥造，对少数民族传统文化进行挖掘和创作的同时，避免恶俗文化元素的进入。

2. 少数民族文化创意产业融资面临难题

与其他生活用品相比，文化消费品毕竟不是必需品，具有很大的主观随意性，能否吸引消费者是决定其能否盈利的关键。此外，文化创意公司的价值由其拥有的文化创意产品及团队决定，而影响文化创意产品价值的因素众多，不确定性很大，这就使得文化创意产业虽是高收益，但存在高风险。正是由于其具有风险性，才导致"融资难"成为其行业瓶颈。

资金是企业发展之本，而文化创意产业长期处于融资困境中，融资难必定制约这一产业的快速发展。少数民族文化创意产业才刚刚起步，发展道路充满未知，由于少数民族文化本身的特性，其文化价值被大部分人认同需要一定的时间和过程，少数民族文化创意产业相较于其他文化创意产业风险性更高，尤其是对于私营企业。因此，北京少数民族文化创意产业要想有一个很好的起步，必须有政府政策的大力扶持和鼓励，推动少数民族文化创意产业与金融资本的结合，从而促进北京文化创意产业持续、快速、健康发展。

四、北京少数民族文化创意产业发展构想

我国的文化创意产业起步不过短短数年，少数民族文化创意产业概念的提出也不过两年，因此，利用世界城市建设的契机在北京大力发展少数民族文化创意产业必须注重产业发展规划，提高创意产业发展的前瞻性和整体性水平。国家应该在深入细致调研的基础上，就我国可利用的少数民族文化资源及北京地区的人文、自然、产业等资源进行综合性分析，从宏观上对北京少数民族文化创意产业的发展战略、文化竞争比较优势、综合效益和可持续发展等作出长远规划并确立发展的近期目标，把发展少数民族文化创意产业同优化北京地区文化产业结构、贯彻世界城市建设的文化创新战略联系起来，制定具体的少数民族文化创意产业发展政策和保护措施，合理规划文化产业集聚区，发挥产业发展的集聚效应，从空间上使产业形象和城市形象相互烘托，产生系统效应。在政府作用方面，除了制定统一的文化创意产业指导性政策外，还要加大对少数民族文化创意产业的扶持力度，注意因地制宜、因势利导，注意营造软环境。

具体展开，有如下规划：

（一）制定整体规划和扶持性政策

少数民族文化创意产业生产的精神产品属于特殊的文化产品，不同于一般的精神产品，需要政府在发挥市场资源配置的基础上给予积极的政策干预和支持。中国有很多优秀的少数民族文化资源，但是有了这么多文化资源并不等于有了金饭碗，只有盘活这些有效资源，使其走进市场，才能创造出经济效益。

少数民族文化创意产业在北京有着潜在的文化市场，但要走向市场需要一个创新的实践过程，这就需要政府进行积极的引导，积极构建少数民族文化创意产业发展的管理体制和公共服务平台。一个产业要形成国家竞争优势往往需要很长的时间，基于此，北京市政府首先要针对少数民族文化创意产业制定特殊的文化产业政策，制定促进其发展的战略规划和行动计划，从法律和文化制度方面营造有利其发展的环境，并且在少数民族文化企业融资方面给予一定的放宽性政策和相应的税费倾斜，鼓励并吸引外地少数民族文化企业的进入，开拓市场，培养市场主体，将丰富多彩的民族文化资源调动起来，吸引更多的企业加入其中，并让一些弱小的少数民族文化企业在市场上站稳脚跟，实现自我造血功能。

少数民族文化创意产业的发展离不开少数民族文化的开发与繁荣，因此，国家

在对少数民族文化创意产业进行扶持的同时应营造一个民族多元文化的氛围,使少数民族文化最大限度地进入人们视野,融入社会生活,为少数民族文化创意产业的开发营造软性文化环境,从而为民族文化的创意性开发源源不断地输送血液。另外,应进一步发展和完善北京的文化创意产业,保证其良性的发展方向,以便为少数民族文化创意产业的发展提供硬性平台。因此,政府应从这"一软一硬"两个方面制定利于少数民族文化创意产业发展的扶持政策和规划。具体包括:

1. 打造软件环境

(1) 重视少数民族文化资源的开发。不只是要在北京地区,更要在全国范围内结合民族地区文化原生地的实际情况进行有步骤、有秩序的科学开发规划,避免重复开发和滥用资源。重视少数民族文化资源的开发,一是要加强民族文化产品的市场化建设,依托少数民族文化的魅力和不可复制性将民族文化转化为市场产品,并通过建立促销和市场营销并重机制,利用现代传媒和互联网,通过投放广告、采播专题片、登载图片等形式大力宣传少数民族文化产品。二是要突出不同民族文化的不同特色,实现各种民族风情与民族文化建设的有机结合,如满族的饮食文化和建筑风格;藏族的唐卡;贵州的蜡染等,避免不同民族文化之间的雷同和重复。三是要增强人们的参与意识,通过举办大型民族文化活动或民族知识比赛等活动,让人们亲身体会、参与到活动中去,避免人们因为仅能欣赏、观光而产生乏味感,不能真正地融入少数民族文化氛围,不能了解其文化内涵和价值。

(2) 建立科学完善的少数民族文化保护机制。政府可制定相关政策支持和保护,对文化资源开发进行有效的管理和监督,避免信息网络普遍化和大规模开发破坏少数民族文化的纯洁性。一是要加大对少数民族非物质文化遗产的保护,制定和完善少数民族文化遗产专门保护法。二是除了按国家统一要求进行教育以外,把优秀的少数民族民族文化、民族歌舞、戏剧及美术工艺品引入课堂,并设立相关专业,使民族文化的研究和保护后继有人。

(3) 大力支持少数民族文化艺术事业的发展。一是要加大对少数民族文艺院团建设的扶持力度,重点扶持体现民族特色和国家水准的少数民族文艺院团建设,积极鼓励少数民族文艺院团发展。二是鼓励少数民族艺术团体开展规模较大、有水准的少数民族文艺表演活动。三是加大国家舞台艺术精品工程向地方的倾斜力度,设立国家各级文化艺术类奖项,促进少数民族文化艺术事业的繁荣和发展。四是要加大少数民族文化艺术精品的创作力度,打造一批有影响的少数民族文学、戏曲、影视、音乐、书画等文化艺术品牌,丰富少数民族文化艺术事业的内容。

(4) 加大少数民族文化的宣传力度。利用广播电视、报纸、杂志等媒体加强民众对民族文化的了解程度,并通过每年安排一定数量的少数民族文化活动,举办少数民族文化周、文化节、艺术周、博览会等形式来达到宣传少数民族文化的目的,增强人们对民族文化的了解和兴趣。

2. 打造硬性平台

虽然北京文化创意产业发展迅速,已经成为北京的支柱性产业之一,但其发展仍然存在不足。而在北京发展少数民族文化创意产业,就必须保证北京整体的文化创意产业处于一个健康、高速的发展轨道上。因此,完善北京的文化创意产业、优化其产业结构才能为北京少数民族文化创意产业的发展提供一个硬性的平台。完善北京文化创意产业,具体展开如下:

(1) 加快文化体制改革,激发文化创意产业的发展活力。一是要将文化创意产业和文化事业完全分离,成立专门管理文化创意产业的部门,形成独立有效的文化创意产业管理监督体制。二是要优化社会环境,完善文化创意领导小组的统筹协调作用,建立和完善北京文化创意产业促进中心和综合服务体系。

(2) 加大对文化创意产业中的民营企业的扶持力度。一是要完善市场准入机制,降低民间文化创意企业的进入门槛。二是要为民营企业提供系列配套的优惠政策和激励措施。三是为民营企业提供新的融资途径和市场信息,以解决文化创意产业市场化不足、民营化不足的现象,促进文化创意民营企业的发展。

(3) 推动北京文化创意产业的国际化进程。一是要利用全球文化创意产业大繁荣的机遇,借鉴国际上世界城市的发展经验和教训,寻找与伦敦、纽约、东京等国际文化创意大都市合作共赢的机会。二是利用近年来举办奥运会、世博会积累的人气和中国文化的吸引力等优势,打造中国特色文化创意品牌,增强文化创意产业的品牌建设。三是要在国际市场上开拓资金渠道,鼓励文化创意产业开展境外承包活动,承接国际服务外包业务,制定奖励文化创意产品、服务出口的措施。

(4) 引进文化创意产业人才,以改善国内产业化创意不足的现状。一是要支持在高校内创办文化创意相关专业,培养文化创意研发设计、营销管理和经纪人才。二是要鼓励企业引进海内外高级文化创意人才,并给予一定奖励。三是对在文化创意领域做出突出贡献的集体和个人予以表彰和奖励,以改善文化创意不足的现状。

(二) 加大政府科研资金投入

政府资金的投入对一个刚刚起步的产业来说是至关重要的因素,无论是技术进步、人才培训还是创新研发都离不开充足的资金支持。因此,北京市政府应该在制定宏观政策制度的同时,设立少数民族传统文化产业创意性研发专项经费,加大对少数民族文化产业发展的各个方面的资金投入,包括相关的产业区域的规划、民族文化创意龙头企业的资助以及少数民族文化科研项目的开发,遴选少数民族文化创意产业重点资助项目,统筹安排专项资金,发挥政府的主导作用。

(三) 构建少数民族文化创意产业集聚区

少数民族文化创意产业起步较晚,在北京大力发展少数民族文化创意产业更是首次提出，因此要想让少数民族文化创意产业快速崛起并保持健康的发展，必须从布局上规划好其产业发展的区域，开发少数民族文化集聚区，打造少数民族文化创意园区。只有这样，才有利于发挥产业发展的集聚效应，搭建产业发展的资源平台，充分利用要素市场和产品市场，形成少数民族文化产业的规模效应，才能弥补北京少数民族文化创意产业"起步晚"的缺憾。

通过成熟化的运作和科学合理的布局，构建集民俗文学、民族歌舞、民间艺术等众多少数民族优秀文化的创意、外包、展示、交易、人才培养、创业孵化等功能于一体，覆盖北京整个少数民族文化创意产业链，以步行街、艺术馆、文化产品交易市场、文化创意企业为外在表现形式的文化创意产业集群园区，继而增强少数民族文化创意产业园区的品牌影响力，促进少数民族文化价值资源向创意产业转化，提高民族人才和资本的运作效率，使区内少数民族文化创意产业共同发展，优势互补，使北京市少数民族文化创意产业向着规模化、集约化的方向发展，将少数民族文化创意产业构建成一个以创意为核心，以文化为灵魂，以科技为支撑，以知识产权的开发与运用为主体的知识密集型、智慧主导型战略产业，才能进一步增强北京文化创意产业的整体实力和竞争力，实现文化创意产业的跨越式发展，使风格各异的特色文化创意园遍地开花，才能打造具有中国多民族文化特色的世界城市。

另外，通过在北京打造少数民族文化创意园区，能更多地吸引少数民族文化企业入驻，从而更加方便政府为少数民族文化企业提供各项后勤服务、保障和支撑。

（四）完善整个民族文化创意产业链

少数民族文化鲜活的生命力离不开民族土壤的孕育，少数民族文化创意产业在京发展，也必须保证民族地区源源不断地为其输送新鲜的血液和营养，从而保证其纯正的文化价值和内涵，支撑其在北京健康、快速的发展。

因此，北京的少数民族文化创意产业必须同民族地区文化创意产业共同开发和发展，并形成稳固的产业联系，在全国范围内形成互利双赢的放射性网状链条，使北京的少数民族文化创意产业对当地少数民族非遗项目的保护和民族文化创意产业的发展起到辐射和带动的作用，保护当地少数民族文化，同时，得到保护和开发的当地民族文化也会源源不断地为北京少数民族文化创意产业的开发提供文化资源和创意素材，为北京少数民族文化创意产业的发展提供动力。

（五）加大少数民族文化创意产业人才的培养

保障北京少数民族文化创意产业的快速发展，还必须注重相关人才的培养。少数民族文化创意产业不同于一般的文化创意产业，在选拔人才的要求上，除具备文化创意理论知识和技能之外，还要求对少数民族文化有足够的了解和研究。而目前在北京高校和众多科研机构中，对文化创意产业和少数民族文化都有相关的研究，但缺少对两者结合的研究。

因此，建议开设少数民族文化创意产业专业或设立专门研究机构，培养少数民族文化创意产业专门人才。政府要加强高校中少数民族文化创意产业专门人才的培养，利用多种专业机构进行专门的资格培训，加强国际人才交流与合作，为北京少数民族文化创意产业的发展提供强大的人力资源。

五、小　　结

北京提出的建设世界城市的目标，承载着中华民族的热切期盼和 21 世纪的世界呼唤。而建设中国的世界城市，则一定不能忽视涵养文化魅力，突出中国特色。

北京，作为世界看中国的窗口，不仅要发展、要创造北京文化这一区域性的特色文化，还要能够体现中华民族特色，体现一个整体的中国文化的概念。这就需要深入挖掘我国的特色文化，开发我国特有的文化资源。我国拥有 55 个少数民族，许多优秀的民族文化具有独特的魅力和不可复制性，为世界城市的文化建设提供了素材。利用北京大力发展文化创意产业的契机，在北京发展少数民族文化创意产业，可以突显中国"美美与共、和而不同"的多元文化特色，体现中华文化的包容性和开放性，并为世界城市建设中的文化创意产业发展开辟新的途径。

北京的文化创意产业虽然刚刚起步，并未成熟，但处于蓬勃发展状态，我国少数民族文化异常丰富，且具有独特的优势，尚未得到创意性开发。因此，能否将两者有机地结合起来，决定了将少数民族文化元素融入北京文化创意产业是否可行。基于此，本文对在北京发展少数民族文化创意产业进行了 SWOT 分析。

北京作为我国的首都，是沟通国内和国际的窗口，其独特的地位优势决定了其先于国内其他城市的发展。北京拥有丰富的文化产业资源、先进的人才和科研优势，随着文化重心向东方转移，北京在国际上的吸引力逐渐上升，北京市民对文化消费的需求日益增长，国内文化体制改革和促进文化资源开发的相关政策已经出台，为少数民族文化的引入提供了机遇和平台。但是，"文化折扣"现象的存在、北京文化创意产业本身存在的一些问题也向北京少数民族文化创意产业的发展提出了挑战，并且随着文化竞争的加剧，文化创意产业融资困难等问题也摆在相关企业面前。

作为一种新兴产业，北京少数民族文化创意产业要想得到健康、快速的发展，则必需政府进行积极干预，提供政策性支持，加大资金投入，并且综合分析，合理规划，构建少数民族文化创意产业集聚区，完善整个民族文化创意产业链。只有这样，少数民族文化创意产业在北京才能健康发展，才能丰富北京的文化创意产业，才能为北京世界城市的文化建设增彩。

[参考文献]

[1] 赵鹏:《创意启动未来:构建少数民族文化创意产业体系》[J],《中央民族大学学报》(哲学社会科学版),2009(4)。

[2] 吴婷婷、李存金:《北京文化创意产业发展现状和对策研究》[J],《当代经济》,2010(3)。

[3] 范周:《北京文化创意产业解析》[J],《建筑与文化》,2007(08)。

[4] 金元浦:《北京:走向世界》[M],北京科学技术出版社,2010。

[5] 李健盛:《北京文化发展报告(2010—2011)》[M],社会科学文献出版社,2011。

[6] 倪鹏飞:《全球城市竞争力报告(2009—2010)》[M],社会科学文献出版社,2010。

[7] 北京市统计局:《2011北京统计年鉴》[M],中国统计出版社,2011。

[8] 王朝阳:《少数民族文化产业的传播技术困境及对策》[J],《新闻前哨》,2011(3)。

[9] 王蕊:《少数民族娱乐产业的资源开发》[D],中央民族大学,2008。

[10] 朱竞若、王明浩、余荣华:《北京探讨中国特色世界城市建设路径》[N],《人民日报》,2011-04-06。

[11] 郭爱娣:《中外专家把脉世界城市建设》[J],《广西城镇建设》,2010(4)。

世界城市建设中北京形象的变化研究[①]

牛金玲　伍琼　李争光　陈梓瑜　张琦[②]

[**摘要**]　北京是中国的首都，全国政治、经济、文化中心，在国际上占有重要地位。2004年，国务院批准的《北京城市总体规划（2004—2020）》正式提出将北京建设成世界城市。随着世界城市建设的推进，北京的各个方面都得到了快速发展；与此同时，北京的城市形象也发生了巨大变化，具体体现为城市整体格局、历史文化、政治、经济、人才科技、生态环境等方面。城市形象是城市现象在人们心目中的客观反映；城市形象变化是对一个城市发展的反映。在建设世界城市背景下，分析北京城市形象的具体变化情况和变化趋势，并进一步探讨提升城市形象的措施，具有一定的现实意义，同时对于北京的世界城市建设也有一定的指导作用。

[**关键词**]　世界城市建设；北京形象；变迁

北京是中华人民共和国的首都，有3000多年的建城史，是国际著名城市之一。随着中国与国外交往的密切度的加深，北京在展示中国形象方面的作用显得越来越重要，由此，将北京建设成世界城市的口号也被提到了政府战略高度。2004年，国务院批准的《北京城市总体规划（2004—2020）》正式提出将北京建设成世界城市。在将北京建设成世界城市的过程中，北京的形象也随着城市的发展发生了一定的变化，主要体现在政治、文化、经济、生态、科技、空间布局等方面。对北京形象的具体变化情况及所存在的问题，本小组采用了问卷调查和访谈调查的方式，从城市形象的多个角度进行实地调查，对在建设世界城市的过程中所存在的问题进行了探讨，以期能更好地了解北京形象的变化，并对世界城市建设起到一定的指导作用。

---

①　本文系北京市优秀教学团队"公共管理核心"课程、国家特色专业"行政管理"建设点项目"本科生公共管理专题研究训练"成果，指导老师为高韬芳。

②　作者简介：牛金玲（1991.2—），女，甘肃天水人，中央民族大学公共事业管理2009级本科生；伍琼（1991.12—），女，湖南常德人，中央民族大学行政管理专业2009级本科生；李争光（1991.2—），男，湖南湘西人，中央民族大学行政管理2009级本科生；陈梓瑜（1991.9—），女，贵州贵阳人，中央民族大学财务管理专业2009级本科生；张琦（1991.8—），女，甘肃秦安人，中央民族大学公共事业管理2009级本科生。

一、研究背景及意义

北京是中华人民共和国的首都，是全国的政治、经济、交通和文化中心，有3000多年的建城史。随着中国的改革开放和中国加入世界贸易组织，北京与国外的交流进一步密切。1990年亚运会、2008年奥运会和残奥会等都向世界展示了一个全新的北京。

亚里士多德认为，人们来到城市是为了生活，人们居住在城市是为了更好地生活。目前，全球世界城市主要有纽约、东京、伦敦和巴黎；世界城市不仅是一个城市综合实力的体现，对国家的发展和国家形象也有很强的推动和宣传作用。结合国际和国内发展形势，在现有基础上，进一步提升北京的国际化、现代化水平和核心竞争力，将北京建设成知识化、创新化、人性化、国际化、生态化的世界城市已成了时代的迫切需求。

"建设世界城市"的口号由来已久，最早见于1988年《首都发展战略研究》；20世纪90年代，北京就提出建设国际化大都市；21世纪初，在"十五"规划、《北京总体规划（2004—2010）》中这一目标得以清晰化。2004年，国务院批准的《北京城市总体规划（2004—2020）》正式提出将北京建设成世界城市。目前，各项关于建设世界城市的政策正在得到深入贯彻，建设世界城市的行动正在北京各行业展开，政治、经济、文化发展得到快速提升，2011年11月，"爱国、创新、包容、厚德"的北京精神的提出，更是大大增强了北京的精神文化底蕴。

城市形象是一个巨系统，包括职能形象子系统、形态形象子系统、经济形象子系统和文化形象子系统，是一个城市经济、政治、文化等社会实体的具体体现。城市发展就必然会带来城市形象的变化。城市形象变化是对一个城市发展的客观反映。在世界城市建设的大背景下，北京的形象日新月异，对人们的生活也产生了潜移默化的影响。由于北京自身历史、地理、经济等因素的特殊性，在将其建设成世界城市的过程中，需走出一条独具特色的"北京道路"。2010年，北京市委、市政府提出要把北京建设成为人文、科技、绿色的中国特色世界城市。在独具特色的"北京道路"发展模式下，探究公民心中北京形象的具体变化并探究相应的提升北京形象的措施，是对普通市民对北京形象变迁的初步认知，也有利于了解民众态度和意愿，发现在世界城市建设中存在的问题；并进一步借助北京的历史、政治、经济、文化等特色探讨提升北京形象的措施，进而反过来服务于北京的世界城市建设。

二、相关文献综述

中国美术家协会平面设计艺委会副秘书长曾辉在《"创意与和谐之美"——关

于北京城市形象设计规划策略的建议》（BEIJING OBSERVATION）中，从北京城市文化个性与特色、北京城市形象设计的基本内容与实施价值、城市景观与环境识别的一体化原则、先保护再开发是北京城市形象建设的要务、北京的城市形象推广等角度对北京形象进行了阐述，作者主要从北京历史文化、城市景观、城市交通这三个视觉形象出发对北京形象进行了阐述，并提出了自己的主张，即在北京城市形象建设的过程中应坚持先保护再开发的原则，并且需要借助市民对城市形象进行推广，将城市形象具体化、仪式化、动态化。但作者并未涉及北京形象的动态变化过程，也没有在世界城市变化的大背景下阐述。

李厚刚在《城市形象工程的基本规律分析》（2010 年 5 月，《北京城市学院学报》）中指出目前我国城市化建设过程中的一些表现：片面求大；片面求宽，表现为修建宽马路；片面求高，表现为摩天高楼；奢华，片面求亮，表现为上马亮化工程；缺乏城市特色等。但文章是针对中国城市化过程中的普遍问题而言，没有针对北京进行专门分析；也未提及城市形象的动态变化过程。

张云彬、吴伟在《基于城市形象系统结构的城市形象建设研究》中对城市形象系统进行了分析，作者指出，城市形象是一个巨系统，它分为职能形象子系统、形态形象子系统、经济形象子系统和文化形象子系统 4 个子系统，并且提出城市形象传播的方式：以突出特色为基础的城市形象传播、以功能展示为重要内容的城市形象传播、以城市文化与精神升华为核心内容的城市形象传播。但作者并未提及城市形象的动态变迁，也未针对北京进行有针对性的分析。

全国政协委员牛文元《北京的世界城市之路》（2010 年）阐述了建设世界城市的五大基本标志，并建设性地提出北京建设世界城市需要进行的革命性转移：从传统型业态向现代型业态的革命性转移、从实体经济向服务经济和虚拟经济的革命性转移、从末端产品向源头创意产品的革命性转移、从打造名牌向创造标准的革命性转移、从国家城市向世界城市的革命性转移。实现"智慧北京"、"虚拟北京"、"绿色北京"、"零碳北京"、"人文北京"、"良治北京"。作者对世界城市建设需做的努力做了详细介绍，这些革命性转移最终也会影响北京形象的变化，但作者未针对性探讨北京形象具体如何变化。

余钟夫在《北京建设世界城市的背景及面临的挑战》中疏理了北京建设世界城市的历史脉络：20 世纪 80 年代初步提出，1988 年《首都发展战略研究》初步体现；20 世纪 90 年代深化认识，在原有基础上提出建设国际化大都市；21 世纪初清晰定位，2000 年"十五"规划明确"新三步走"战略部署，在《北京城市总体规划（2004—2010）》中具体体现。作者还提出北京建设世界城市的挑战：城市扩张与限制的矛盾、单域突进与区域协调的矛盾、模仿与创新的矛盾、文化包容与冲突的矛盾、现代城市与古都风貌的矛盾。作者对北京建设世界城市的进程和挑战做了充分的表述，但并未提及北京形象在此过程中的变化。

《北京建设世界城市战略定位与发展模式研究》（徐颖，2010 年）、《北京实现世界城市高端建设目标的可能、关键及突破口》（刁志萍，2011 年）、《北京世界城市指标体系的构建与测评》（齐心、张佰瑞、赵继敏）、《从世界城市规划看未来城市发展趋势——北京建设世界城市与"三个北京"行动计划的内在联系》（崔萍、杜明翠，2010 年）等都对北京建设世界城市应注意的问题及建设方法进行了阐述，并借鉴国外世界城市建设经验提出相关建议，但未对北京形象进行讨论。

综上，结合前文，前人的研究特点大致如下：1. 大多是单独北京研究世界城市建设或中国城市形象，少有将世界城市建设和城市形象结合在一起进行论述；2. 北京世界城市建设主要讨论如何建设及建设中需注意的问题；3. 城市形象大多是针对中国所有的城市，未对北京进行针对性分析。另外，对世界城市建设中北京形象变迁的研究也存在如下不足：1. 往往限于北京形象的一个角度，未对北京形象进行全面系统分析；2. 未研究北京形象的具体动态变迁；3. 通过实际调查所得出的数据比较少，大多是专业人士通过观察分析得出的结论，少有对居民的实际调查，未从北京市民的角度调查在市民心目中北京形象的变化。对此，小组将在前人的基础上对北京建设世界城市的过程中市民心中的形象变化进行研究。

三、研究方法与调查样本

（一）文献研究法

本小组在把握研究主旨、理清研究思路的前提下，充分利用图书馆、网络、人脉等资源，运用文献查阅方法掌握了较为客观的资料。具体资料如下：

1. 理论文献查阅

本小组先对研究方向和研究思路进行了整理，构建出相关的理论模型，并结合城市管理学、发展经济学、社会学、政府经济学、人力资源管理、公共政策分析等学科对本课题进行了理论方面的分析，为研究奠定了良好的理论基础。

2. 政策环境文献查阅

本小组查阅了关于世界城市建设的相关政策和文件，并对相应的政策进行了客观分析，对北京建设世界城市的发展脉络进行了梳理，对世界城市建设有了一定了解，从而对世界城市建设的政策支持有了较为深入的认识，为实地调查做了充足的理论准备。

（二）实地调查法

此次研究，本小组本着客观性、科学性、系统性的原则，结合定性研究与定量研究两种方法，以定性研究为主，进行资料的分析与解释；以定量研究为辅，进行统计学分析。具体调查方法包括问卷调查和访谈调查。

1. 问卷调查

2011年7月，本小组在北京市采取了随机抽样的方法进行了问卷调查。小组成员在各高校、超市、公园、旅游景点等地对行人随机发放问卷，共发放问卷100份，回收97份，有效问卷97份，有效率达到97%。

在收回问卷之后，小组对有效问卷进行了选取，对有效问卷信息进行了编码和数据录入，并使用SPSS 17.0社会学专业统计软件对问卷信息进行了分析。以下是具体的调查样本情况，如图1，图2所示。

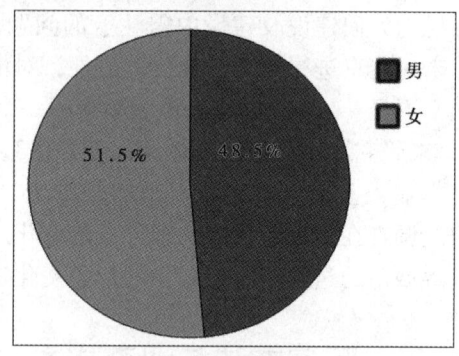

图1 您的性别

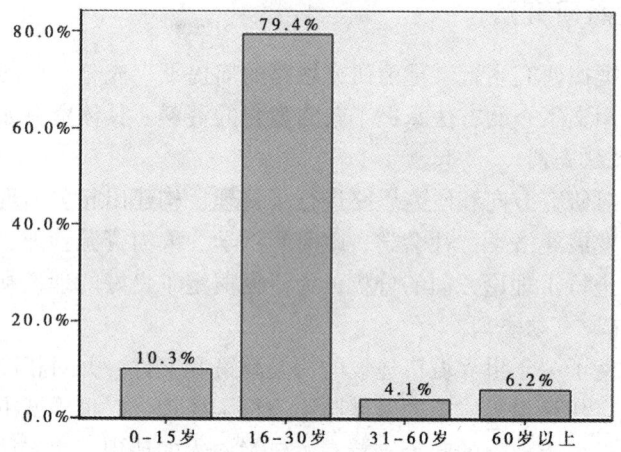

图2 您的年龄段

调查样本中，男、女分别占总调查样本数的48.5%和51.5%，分布较均匀。被调查者主要集中于16—30岁这一阶段。0—15岁、16—30岁、31—60岁、60岁以上的被调查者分别占总数的10.3%、79.4%、4.1%、6.2%。

表1 您的身份

		频率	百分比（%）	有效百分比（%）	累积百分比（%）
有效	北京本地人	29	29.9	29.9	29.9
	外来人员	57	58.8	58.8	88.7
	外国人	11	11.3	11.3	100.0
	合计	97	100.0	100.0	

外来人员占被调查者人数的大多数，为58.8%，北京本地人和外国人各占29.9%和11.3%（见表1）。

2．访谈调查

问卷调查后，为了进一步了解不同身份人群对北京市形象变迁的看法，小组成员又在公园、学校等地对学生、外来务工或旅游者、北京本地人、外国人等不同身份角色群体进行了访谈。经整理，共得到访谈资料三万余字。

四、世界城市建设中北京形象的变化状况

（一）世界城市建设前北京的形象

北京是中华人民共和国的首都，是世界闻名的历史古城、文化名城，是全国的政治、经济、交通和文化中心。这里荟萃了中国灿烂的文化艺术，留下了许多名胜古迹和人文景观。北京自公元前865年燕国历史始有记载开始至今，已有近3000年历史。1949年10月1日，中华人民共和国成立，北京成为新生的共和国的首都，古城的历史揭开了新的一页。

国务院批准的《北京城市总体规划（2004—2020）》中提出将北京建设为世界城市的要求，规划中明确提出，必须以建设世界城市为目标，不断提高北京在世界城市体系中的地位和作用。在这之后，北京从政治、经济、城市形象等方面开始了改造，朝着世界城市这一目标坚定前进。

以成功举办北京奥运会、残奥会、新中国成立60周年庆祝活动和成功应对国际金融危机为标志，首都的现代化建设进入了新的发展阶段，北京市的城市形象也在这三件重大事件中不断变化。我们以这几个事件的时间为分界点，调查在这些事件发生之前北京的形象。我们将从政治形象、经济形象、文化与人才环境等方面进行具体描述。

1．政治形象

北京在中国人民心目中是国家形象的代表。作为数朝古都，长期以来，北京一直是中国最高权力机构所在地，是中国的政治中心。北京政府机构林立，各国使馆

云集，关乎国计民生的大政由此发布，各种内外信息向此汇聚。在这种气氛的熏陶下，北京人的政治敏锐性和政治觉悟从总体上看自然要比国内其他城市高一些。在北京，政治是人们非常关心的话题，北京居民"天下兴亡，匹夫有责"的政治责任感很强。比如，在茶馆里，南方人喝茶，谈的多是家长里短和生意场上的事，而北京人喝茶，聊的常是国家大事，这在过去难免要犯些忌讳。所以老舍先生在设计话剧《茶馆》布景时，一个突出的细节，就是在墙上贴了这样一张告示："莫谈国事"。由此可见，北京人关心时政、关心国家的前途和命运是有着优良传统的。历史上，北京成为多次大规模群众政治运动的发源地，原因就在这里。

2. 老北京的经济形象、商业环境

首先，我们来看一下北京近年来经济发展的情况，北京年国内生产总值在1978年至1992年间，以较为平缓的速度增长，1992年后增幅加大，从2000年开始曲线斜率更加陡峭。1992年开始，在国际经济发展形式一片大好的情况下，加上国内的前期经济发展积累，长势大好（如图3所示）。

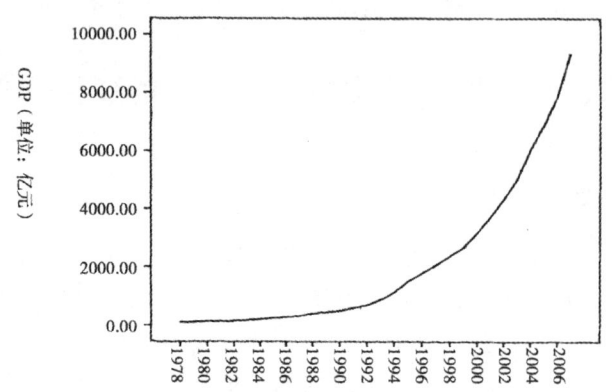

数据来源：《北京统计年鉴2008》

图3 北京1978—2007年期间国内生产总值趋势图

从古至今北京一直作为政治、文化、经济的中心，但是随着改革开放，上海、深圳等沿海城市凭借其地理优势以及国家政策的扶持，逐渐取代北京，成为新中国的经济繁荣中心。《新京报》刊文也委婉指出，北京定位不再提成为经济中心是一种进步。对北京而言，最具特征的是政治中心、文化中心、世界著名古都和现代化国际城市。但是，北京的经济发展在全国还是占着举足轻重的地位。

因为北京有中国人民银行、外汇管理局等货币政策管理机构；有中国证监会、保监会、银监会等金融监管机构以及中国金融业四大行业协会。北京金融机构逐年增多，多元化体系正在形成。截至2006年底，北京共有金融业法人单位538家，居全国各大城市第一位。银行业资金总量80%在北京完成交易。有四大全国性保险公司总部，中国保险业2/3以上的资金运作在北京完成。有大型证券公司的总部等,有中央证券登记结算公司、中央国债登记结算公司等结算机构,北京已经成为中国最大的货币结算中心。北京的财务公司、信托公司、基金公司、租赁公司等金融机构占全国金融机构总量的37%,与银行、保险、证券等一起构成完备的组织体系。北京的总部效应明显,全国资金向北京集中。许多跨国企业纷纷选择在北京设立中国乃至亚洲区总部,投资发展。

3. 老北京的文化形象

文化是一个地区软实力的核心因素,其中文化软实力是指一个国家或地区的影响力、凝聚力和感召力。因此增强文化软实力是北京建设世界城市的重要方面。北京文化丰富多彩,不可能用几个简单的定义概括。人们提到中国文化,自然会联想到北京文化,北京因其浓厚的文化气息,较好地保留了中国的许多传统文化。

但是在大多数人眼中,北京文化内涵就是皇家文化、士大夫文化和民俗文化(京味儿文化)三者的简单叠加。多年来,外国游客和外地游客来到北京参观游览,总是离不开故宫、天坛、颐和园、十三陵,这些景点主要代表的是皇家文化,在外国和外地游客眼里,似乎这就是北京文化。近年来,以"胡同游"为代表的民俗文化(京味儿文化)又受到了外国游客的青睐,在外国游客眼里,似乎这就是北京文化。

事实上,就传统的北京还向人们传递着现代、时尚、国际化的文化气息。从近代开始,北京就成为中西方文化碰撞的焦点。发轫于北京的新文化运动是中国知识分子反思中国传统文化与西方文化的著名运动。北京文化同中国传统文化一样,从来不是"封闭、保守、停滞"的。新中国成立以来,特别是改革开放以来,北京以其特有的地位和文化内涵成为中外文化交流的窗口。今天北京定位于历史文化名城和现代化国际大都市,则是着眼于世界。中国主动争取加入世贸组织,从"人文北京、科技北京、绿色北京"到建设中国特色世界城市,北京"开放、兼容、进取"的文化内涵再一次被赋予了新的内容,为首都城市精神增添了新因素。

4. 北京科研以及人才状况

首先,北京是中国的学术圣地。北京聚集了全国1/3以上的科研机构、基础设施和优秀人才。截至2005年底,北京地区拥有以中科院为代表的政府科研院所267家,国家重点实验室66个,中国科学院院士400人,中国工程院院士307人,两院院士占全国一半以上。以清华、北大为代表的高等院校82所,普通本专科在校学生达到55.5万人,研究生达到17.8万人(2006年)。北京聚集大批留学归国人员,他们受过西方教育,有在国外工作的经历,有着良好的专业背景,他们思想开放,创新意识强,形成了北京地区独特的创新文化。

其次,北京是全国的科研中心。北京拥有全国最多的研究机构,还是全国的科技信息中心,许多跨国公司在华设立研发机构,有近200家分布在北京,国内大企业在京设立办事机构,有的将研发、设计中心设在北京,它们在分享北京科技资源的同时,正成为北京科技发展的一支重要力量。北京国际论文数量在世界各大城市中处第 14 位，高质量的国际论文不多，与处于首位的伦敦相比，北京为伦敦的 35%。国际论文数量和国际专利数量反映了一个城市的自主创新能力和水平，北京有着国家级的科研院所和大型实验室，有着中关村和亦庄等一批科技产业园，科技创新资源丰富，但是科技成果转化率和产业化率不高，科技引领产业发展效应还不明显。但北京 R&D 投入占 GDP 比重在 17 个世界城市中最高，说明北京科技环境好，重视科技投入，有很好的发展潜力。北京与其他世界城市不同之处在于，科技活动主要集中在科研院所，政府实际上担当了研发主体角色，无论是科技投入、科技人员比例，政府机构比例都高于企业。

5. 老北京的外在形象

(1) 老北京代表建筑

自从确定北京建设世界城市的目标以来，北京城市的外在形象也在发生着变化，一个城市，特别是一个国家首都的城市建筑风格的变化，往往被视为一个国家历史进程"纪念碑"式的标志，我们不妨将焦距拉短，看看北京城市建筑的风貌。

新中国成立不久，北京就有了自己的建筑设计院。20 世纪 50 年代末，作为国庆 10 周年献礼的人民大会堂等"十大建筑"竣工，使北京的城市布局发生了历史性变化——扮演城市中心角色数百年之久的紫禁城让位于新建的天安门广场。从此，高大、巍峨、讲究对称的"十大建筑"，成为北京乃至中国的象征。20 世纪 80 年代初，巧克力大厦和贝聿铭设计的香山饭店的出现，标志着北京的建筑风格进入五彩缤纷的新时代。从 20 世纪 90 年代开始，各大国际知名建筑师事务所，纷纷进入北京的建筑市场，给北京注入了现代气息。

在北京交通广播发起的北京建筑印象调查结果显示：最能代表老北京的建筑为故宫、四合院、长城。故宫是明、清两代的皇宫，无与伦比的古建筑群，让人叹为观止，因此故宫成为最能代表老北京的建筑。故宫在全国不仅代表了老北京的建筑，而且给人的印象也是最深的，远远高于长城和天安门。全国各地都有一半的人对故宫的印象最深。而在新北京的建筑中，有四成的人认为鸟巢是新北京的代表，因此鸟巢成为最能代表新北京的建筑（如图 4 所示）。

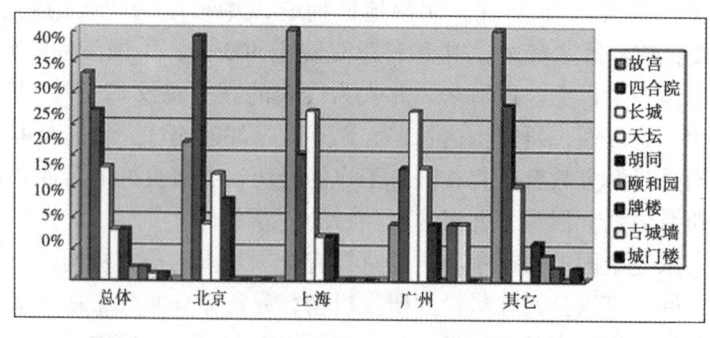

图 4 哪些建筑最能代表老北京

(2) 城市环境建设

城市绿化是衡量城市文明程度和综合服务功能的重要标志。北京作为我国的首都，在实现城市现代化的同时，绿地面积和绿化覆盖率也在不断增加和提高。1990年，北京城市绿化总面积为4441.0公顷，其中公共绿地为3037.0公顷，人均城市绿地面积为8.55平方米，老北京的绿地不少，也很漂亮。然而，绝大多数草坪和花丛一直是一道"风景"，一道市民只可以在围栏外用眼睛欣赏的"风景"。

但是随着世界城市建设的推进，北京加大城市绿化进度，大规模开放式花园型新建绿地接二连三地出现在北京人的脚下。新的绿地不建护栏，原有绿地的铁栅栏也在逐步按规划敞开绿色的胸怀，封闭多年的公主坟4万余平方米的绿色广场，也加入了开放式绿地的行列。所谓开放式绿地可不是简单地拆掉草坪护栏，让人随意穿行、坐卧，而是在草坪内进行道路铺装，增设绿地照明灯具，安装供人休憩的座椅等辅助设施，从而使人们可以走进都市绿肺，享受现代园林技术创造的空气清新、鸟语花香的小环境。

（二）世界城市建设过程中北京形象的变化

1. 客观方面

城市建设是城市管理的重要组成部分。城市建设以规划为依据，通过建设工程对城市人居环境进行改造，对城市系统内基础设施进行建设，城市建设的内容包括城市系统内各种基础设施的实物形态，是为管理城市创造良好条件的基础性、阶段性工作，是过程性和周期性比较明显的一种特殊经济工作。北京是中华人民共和国的首都，是全国的政治与文化中心，是世界著名古都和现代化国际城市。其重要性主要体现在以下几个方面：中央党、政、军领导机关所在地；邦交国家使馆所在地，国际组织驻华机构主要所在地，国家最高层次对外交往活动的主要发生地；国家主要文化、新闻、出版、影视等机构所在地，国家大型文化和体育活动举办地，国家级高等院校及科研院所聚集地；国家经济决策、管理、市场准入和监管机构，国有企业总部，国家主要金融机构和相关社会团体等机构所在地，高新技术创新、研发与生产基地；国际著名旅游地、古都文化旅游、国际旅游门户与服务基地；重要的洲际航空门户和国际航空枢纽，国家铁路、公路枢纽。

因此，将北京建设为一个在国际上有影响力的世界城市，成为北京在未来城市建设中的发展目标。依据本小组的调查研究，我们对目前北京的城市发展现状进行了客观的反映，从以下几个方面考察北京依照世界城市的客观建设标准目前所达到的程度。

(1) 北京城市的高端产业发展水平现状描述

世界城市必须拥有世界一流的高科技产业、高度发达的经济发展水平和金融服务水准，是高端产业、高端服务、高端品牌的汇聚地，具有世界性的影响力、控制力、集聚力和辐射力，掌握强有力的全球经济引领权。

北京市决定在北京市"十二五"时期构建"两城两带、六高四新"的创新和产业发展格局。其中"六高"为2008年奥运会结束后北京市着力建设的六大高端产业功能区，包括北京中关村国家自主创新示范区、北京经济技术开发区、金融街、CBD（商务中心区）、奥林匹克中心区、临空经济区，这六大功能区正逐渐成为引领北京发展的重要支撑力量。截止2011年上半年，这六大高端产业功能区以7%的土地面积，贡献了全市40%以上的增加值，实现了全市48%的利润，创造了全市42%的纳税额，支撑了全市36%的GDP。

也是这六大高端产业功能区，集聚了全市90%的高新技术产业、80%的现代制造业、55%的生产型服务业和52%的文化创意产业。2011年上半年，金融街税收大幅增长，实现三级收入同比增长30.3%。西城区金融办的数据显示，新近入驻金融街的企业，超三成都主攻创新金融，众多"全国首家"的创新型金融企业已成为生力军。如中债债券信用增进投资股份有限公司，专为低信用级别发行体发行直接债务融资工具，入驻不到两年，通过提供信用增进服务已创收6.56亿元。

CBD目前已吸引了世界500强企业中的160家进驻，2011年上半年，又有14家注册资本超亿元的大型企业总部进驻CBD。在这一高端总部经济引擎的驱动下，第三产业在朝阳区所占比重进一步提升，2011年上半年已高达90.33%，高于全市76.89%的平均水平，甚至高于世界城市伦敦（89.4%）、纽约（88.8%）和东京（84.8%）。[1]

纵向上看，目前北京在高端产业的发展方面取得了较大的进步，产业实力也比过去进一步加强。从横向上看，同其他世界城市相比，北京的高端产业发展还存在着相当大的差距。2011年北京人才蓝皮书——《北京人才发展报告（2010—2011）》有关数据显示，北京的人才产业分布存在不合理的状况。纽约、伦敦和东京等世界城市的高科技产业从业人员比重基本上都在30%左右，北京只有4.1%，差距非常大。

（2）北京城市的知识化水平现状描述

高等教育毛入学率是体现人口文化素质的一项重要指标，主要指在校大学生占18—22岁人口的比重。据国家统计局发布的数据，截止2009年，北京市的普通高等学校在校人数为577154人，占到北京市总人口1246万人的4.6%（2010统计年鉴）

据北京市教委发布的数据，北京市2010—2011学年度各级各类学校数量、教职工、专任教师情况如表2所示。

---

[1] 数据来源：《中关村研究简报［2011］》第9期，总第17期。

表 2 北京市各级各类学校基本情况（2010－2011）

	学校数（所）	教职工数（人）	专任教师数（人）
一、高等教育			
（一）研究生培养机构（不计校数）	(170)		(39726)
1. 普通高校	(52)		(28598)
2. 科研机构	(118)		11128
（二）普通高等院校	89	132317	58383
1. 本科院校	64	118004	51204
2. 专科院校	25	13219	6521
其中：职业技术学院	24	12874	6272
3. 其他机构（点）（不计校数）	4	1094	658
（三）成人高等学校	24	3491	1569
（四）民办的其他高等教育机构	62	7840	3122
二、中等教育	779	89203	60114
（一）高中阶段教育	434	89203	29859
1. 普通高中	289	70418	19618
2. 中等职业教育	145	18785	10241
普通中专	35	4831	2439
成人中专	11	669	341
职业高中	61	8503	5230
技工学校	38	4160	1851
其他机构（教学点）（不计校数）	(20)	622	380
（二）初中阶段教育	345		30255
三、小学教育	1104	60038	49480
四、工读学校	6	344	223
五、特殊教育	21	1201	906
六、学前教育	1245	37227	21677

注：1. "（　）"内数据为不计校数。
　　2. 普通高中的教职工数中包含普通初中的教职工数。

从表中数据可以看出，北京市已经成为中国高等院校的聚集地，正在为北京市的发展培养一批又一批高端人才，同时，北京市各类教育机构数量也明显增加，保证了北京市居民的知识化水平。

（3）北京市的创新水平现状描述

世界城市应该是具有创新能力的城市。世界城市是智慧的摇篮和先进文化的传播中心，是世界新思想、新文化、新技术、新体制的发源地，是创新型国家的重要支点，应当充分激发各类城市组织和广大市民内在的创新需求，形成有利创新、推动创新的文化和制度环境，使创新成为整个城市的生存状态和运行规则，成为城市经济社会发展的重要推手，成为广大市民生活的第一需要和普遍行为，成为他们的精神追求和生活方式。

英国的查尔斯·兰德瑞提出，创新型城市必须具备以下条件：高技能劳动力；激励、引导的规制；动态的思想家、创业者和实干家；独立人格的人；充分的智力基础设施；完善的内外通讯联系；企业家文化；创造性的火花冲突；动态和紧张的平衡能力。[1]

2008年，北京市专利申请量达到43508件，其中，发明专利申请量和授权量、企业专利申请增长率、科研单位和大专院校专利申请量均排在全国前列，2008年，北京市发明专利申请量为28394件，位居全国第一；发明专利申请量在三种类型专利申请中所占比例为65.3%，居全国第一；企业专利申请量达到22792件，同比增长69.5%，增长率居全国第一；发明专利授权量为6478件，在三种授权专利中所占比例为36.5%，所占比例居全国第一；科研单位和大专院校申请量突破1万件，达到10882件，位居全国第一[2]。

近年来，北京的创新性成果逐年增加，"六高四新"地带的创新发明成果增长迅猛。据北京市知识产权局的统计，2011年上半年，中关村企业共申请专利8029件，同比增长40.1%；获得专利授权5691件，同比增长44.5%。3年来首次实现申请量和授权量增长双超40%。其中，"含金量"最高的发明专利授权量达到2344件，同比增长达到107.6%，授权量接近2010年全年数量，增速远超全国和北京市平均水平。

（4）北京城市的生态化现状描述

世界城市具有生态化的特点，倡导和推行有利于环境保护的生产方式、生活方式、消费方式，实现自然环境与人工环境的完美结合，基本消除环境公害，清洁、优美、舒适，人与自然和谐共处，经济发展、社会进步和生态保护同步。

北京市位于华北平原西北边缘。毗邻渤海湾，北靠辽东半岛，东南临山东半岛。气候为典型的暖温带半湿润大陆性季风气候，夏季高温多雨，冬季寒冷干燥，春、秋短促。曾经的北京及华北春季多发沙尘暴，经过多年治理，取得显著成效。北京市在城市建设中注重生态治理与保护，近年来北京市的生态环境得到很大的改

---

[1] Charles Landry. The Creative City: A Toolkit for Urban Innovators [M]. London: Earthscan Publications, 2000.

[2] 数据来源：北京市知识产权局网站。

善。截至2011年12月13日，市区空气质量二级和好于二级天数累计达270天，占77.81%，距全年274天（75%）的目标还差4天。

北京市的绿地面积也逐渐提高，国家统计局《中国统计年鉴》最新数据显示，截止2009年，北京市城市园林绿地面积为61695公顷，其中公园绿地面积达18070公顷，城区绿化覆盖率达47.7%。2010年3月1日，《北京市绿化条例》正式施行，对北京市的绿化规划、义务植树、绿化建设等各个方面进行了明确的规定。北京市目前的城市绿化水平已经明显提高。

但本小组调查时发现，北京市的绿化状况相当不平衡，四环以内城市绿化做得十分规范，绿地面积也比较大，但是四环以外的绿化状况相比之下还有明显的差距。

（5）北京城市的人性化现状描述

世界城市建设在承载现代化功能的同时，还要充分彰显其特有的历史意义、文化价值和美学特征，服务人、亲近人、愉悦人，使城市不仅成为人们的安身立命之所，更成为人们的宜居之处，成为心灵栖居的文化精神空间。

世界城市不仅要引领世界的经济增长，还应该突出城市的人文特征，包括这座城市的文物古迹及非物质文化的保护。对于现代化的北京来讲，城市建设应紧紧抓住以人为中心，关注居民的生存状态，保证民众的民主参与度和居民满意度。

从城市的文化角度来讲，北京历史悠久，有着3000余年的建城史和850余年的建都史，是"中国四大古都"之一，最早被称为"蓟"。北京在历史上曾为五代都城，在从金朝起的800多年里，建造了许多宏伟壮丽的宫廷建筑，使北京成为我国拥有帝王宫殿、园林、庙坛和陵墓数量最多、内容最丰富的城市。北京荟萃了自元、明、清以来的中华文化，拥有众多名胜古迹和人文景观，是全球拥有世界文化遗产最多的城市，包括闻名中外的故宫、天坛、颐和园、长城、明十三陵等，这些都为北京的历史积淀提供了宝贵的物质财富和精神财富。除此之外，北京的市民文化也有相当大的影响力，中国目前13亿人口通行的普通话就是在北京方言的基础之上发展而来的，影响深远；老北京的胡同文化、饮食文化、民间艺术等，都为这座城市增添了浓厚的市民氛围。

世界城市的建设应考虑城市的人性化问题，而一个城市的人性化水平又与其多元的特性相关。北京的文化从传统上来说是多民族共同建立的，包括汉族、蒙古族、满足、回族、藏族等各民族，都为老北京的文化打下了深深的民族多元化的烙印。自北京进行现代化建设以来，西方的思潮融汇于北京的城市建设中，使北京成为一个国际化的多元文化中心。来自世界各地的人都能在这里找到地域上的归属感和文化上的认同感。

（6）北京城市的国际化现状描述

北京作为亚太地区乃至全球中华文化的中心，具有独特的政治影响力和控制力。2010年，北京市GDP为2035.30万美元，纽约市的GDP为36717亿美元。对比悬殊，北京作为国际化大都市的经济实力还需要进一步提升。

一个城市拥有的大型跨国公司总部及区域总部的数量，很大程度上决定了该城市对世界或地区经济的协调、控制和影响力。目前，北京拥有 2011 年《财富》杂志评出的世界 500 强企业总部 41 家，仅次于东京，成为全球第二大世界 500 强总部之都。

城市航空港年旅客、货邮吞吐量是衡量城市国际交通水平的主要指标。2009 年 1—3 月，北京首都国际机场旅客吞吐量达到 2068 万人次，同比增长 20.0%，成为世界第二、亚洲第一的旅客吞吐量机场。

目前世界上公认的国际大都市，外籍居民占常住人口的比重达到 20% 以上，国际交往的人口规模一般都在 500—1000 万人次左右。国家统计局公布的 2010 年全国第六次人口普查数据显示，北京市常住人口超过 1961 万人，占全国总人口比重为 1.46%，比 2000 年第五次人口普查时的 1.09% 上涨了 0.37 个百分点。居住在我国境内并接受普查登记的港澳台居民和外籍人员 102 万。外籍人员在北京的居住人口数量位列第三，共有 10.7 万人港澳台居民和外籍人士居住。住宅建设差距较大。居民的居住水平是衡量居民生活质量高低的一个重要方面。联合国人居中心发布的资料显示：全球所有城市的人均居住面积为 13.8 平方米，发达国家已达 35.8 平方米。而 2011 年，北京人均居住面积为 21 平方米。

3. 世界城市建设中人们心目中北京形象的变化

建设世界城市是国务院批准的《北京城市总体规划（2004—2020）》提出的要求。世界城市的基本要求是它的国际化程度和国际影响力，不仅是经济上融入全球化，在政治、文化等方面也要与世界接轨。面对更加公开、公平、开放、自由的国际化要求，北京的社会软环境条件准备好了吗？在调查过程中，不同的人群对北京建设世界城市中形象的变化有着不同的看法。20 世纪 80 年代，北京的城市性质是全国的政治中心和文化中心；20 世纪 90 年代提出要建设"在许多方面达到世界一流水平"的历史文化名城和现代化国际大都市；2004—2020 年的《北京城市总体规划》将发展目标确定为"国家首都、国际城市、文化名城和宜居城市"；2008 年奥运会之后，又提出了"人文北京、科技北京、绿色北京"的发展理念，强调北京的人文特色、科技创新能力和生态宜居性。在上述提法中，国家的政治和文化中心、国际都市、文化名城、宜居城市，是关于北京城市性质定位的共同点。提出建设"世界城市"的目标，反映了人们对北京发展方向的新思考。

（1）世界城市建设中北京整体格局的变化

改革开放以来，北京经历了缓慢的郊区化进程，在土地市场化改革之后，郊区化速度明显加快。北京更新了总共 6 个版本的城市总体规划，从最初"摊大饼"式的建设格局，逐渐向"两轴—两带—多中心"发展。2005 年，国务院正式批复《北京市城市总体规划（2004—2020）》。新规划对北京空间布局进行重大调整，将过去"单中心"的发展格局变成了"两轴—两带—多中心"的发展结构。

在调查中，85.6%的老人认为北京的整体格局与过去相比逐渐变得复杂，以前很多地方现在只能指出大概方位，91.3%的青年人认为北京的格局很规整，环形格局很有规划，22.2%的外地人认为北京的规划不太合理，笔者认为，这与北京复杂的交通道路有关，一般外地人心目中的北京是方正的古城，这与现在的北京有很大的差距，因此，他们中部分人认为北京的规划不合理（如图5所示）。

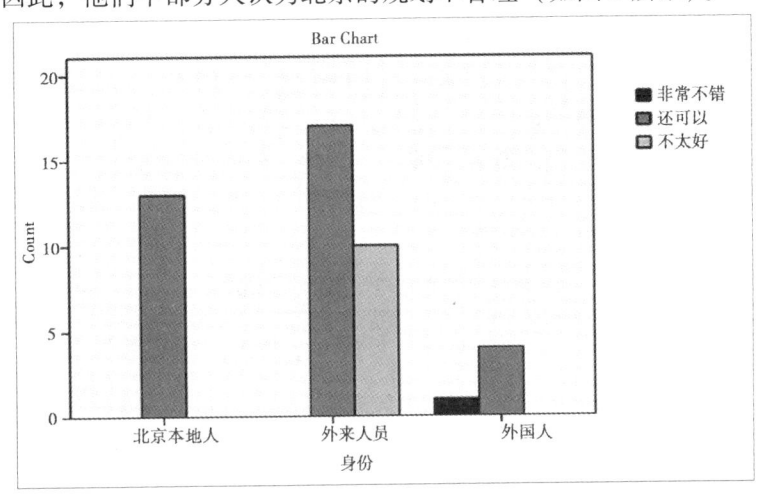

图 5　北京规划的怎么样

世界城市带给人们的感受应该是管理有序、布局合理，同时人与人以及人与整个城市之间的关系非常和谐。在提出建设世界城市的目标后，北京市做了不少安居工程，出现了许多新的建筑群，但深入调查，部分北京本地人认为一些区县的规划随意性比较大，总在不断进行调整，欠缺在车流、人流及物流方面的整体考虑。

北京属于人口高密度城市，一些城市规划专家认为，北京的建设可以借鉴中国香港、韩国与日本等国家和地区城市的规划，以城市里的几个中心区为主题，并用地铁相互贯通，每个中心区又将住宅、办公、商业结为一体。而目前北京在这方面的建设还不够规范，有的区县把某条街规划得很繁荣，但周边配套设施却显得很孤立。

（2）世界城市建设中北京的历史文化

从历史上看，我国汉唐的长安、元代的大都等，大体上可称为传统社会的世界城市。丰厚独特的历史文化资源是北京进军世界城市的资本。就目前的世界城市建设发展来看，在全球一体化的现代经济浪潮中，北京作为一个古城，其大多集中于传统领域的文化优势正面临着严峻的挑战。在调查中，89.3%的北京本地老人认为，世界城市建设没有体现出北京的特色，而是盲目地学外，到处都是高楼大厦，胡同、四合院等北京有代表性的老建筑没有得到保护，未能体现"人文北京"的理念，没有保留北京原有的个性和特色。

北京之所以成为首都，其特有的文化凝聚力和文化影响力才是决定其地位的核心。积极打造"人文北京、科技北京、绿色北京",使其成为国际化的政治、文化、科技中心和宜居城市,更切合北京的实际条件和发展需求。

人们认为,"人文北京"应该体现出北京特有的个性和特色,而不是盲目地去修建国际化大都市。87.5%的青年人认为北京应该建成国际化大都市,对于北京的历史了解很少,并没有自己的独特见解。外地人一般认为北京跟想象中的有差距,现代化建筑较多,并不是想象中的老北京古城形象。如表3所示,有53.3%的人认为将北京建设成世界城市"有必要",但也有26.7%的人认为将北京建设成世界城市没有必要,笔者通过访谈发现,这部分人主要是老人,他们认为在世界城市建设中北京的一些历史文化建筑遭到了破坏,因此,他们对于建设世界城市的做法不是十分支持(见表3)。

表3 将北京建设成世界城市

		百分比(%)	有效百分比(%)	累积百分比(%)
有效	很有必要	15.6	15.6	15.6
	有必要	53.3	53.3	68.9
	没有必要	26.7	26.7	95.6
	不关心	4.4	4.4	100.0
	总 计	100.0	100.0	

凭借其中国首善之区的政治地位,深厚的历史文化底蕴,雄厚的科技、智力、人才资源,强大的文化集聚和扩散能力,发达的经济发展水平等,北京应该成为我国城市进军世界城市的龙头。只不过,北京不宜"孤军奋战",一定要联合发展环渤海、京津冀地区,依托天津、唐山等周边城市分散世界城市所要求的各项功能,以京津唐城市群或城市圈的形式共同迈入世界城市之列。也就是说,要以建设"世界城市"为奋斗目标,但不能走城市功能高度集中这条老路。北京城市周围存在的"环北京贫困带"客观上也决定了北京不能独自建成"世界城市",必须走区域协调的可持续发展道路。

(3)世界城市建设中北京的经济状况

近些年来,北京的经济发展十分迅速。围绕世界城市建设,北京在经济发展的同时,与世界其他国际大都市相比,仍有很多不足。20世纪后半叶,西方发达国家涌现了纽约、伦敦、东京等一大批这类城市。世界城市作为当代西方经济发展史上的一个成熟概念,有一整套关于社会、经济发展的量化指标体系,其中最主要的当属对全球经济、政治、文化等方面的重要影响力,看它是否能够引领世界的发展潮流。有关研究报告显示，2009年，北京市的国民生产总值为11865.9亿元人民币，约合1582亿美元，人均GDP首破1万美元；而纽约、伦敦、东京等世界城市的生产总值都在五六千亿美元以上，人均GDP也在6—11万美元。即使与国际上公认的多个世界城市的人均GDP指标15000—25000美元相比，北京也还相差甚远。面对如此大的差距，北京要想成为世界城市，势必要大幅度增强经济实力，努力提高GDP以及经济上的世界影响力。

如图6所示，在"您觉得北京在哪方面变化最大"的问题中，经统计，有35.6%的人认为在经济方面的变化最大。北京的经济发展成果是有目共睹的。但这种可观的变化主要是基于奥运会期间的，很多专家学者认为在奥运会之后，北京可能会出现"后奥运低谷效应"，因此，要将北京建设成世界城市，其经济发展是不能放松的。

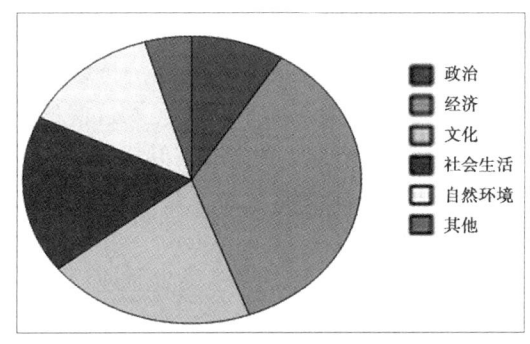

图6　北京哪方面变化最大

尽管在2008年奥运会之后，北京的经济增长速度放缓，但原因是多方面的。北京市社会科学院副院长梅松提到，奥运限产限行在一定程度上造成了北京经济增长放缓。奥运会和残奥会举办的两个月间，北京采取了交通单双号限行措施，对物流、旅游、餐饮等行业都造成了不小的影响；所有对生态环境有影响的工业全部停产，所有室外施工的对环境有影响的建筑施工都暂时停止，这些也对北京当年第三季度的经济增长造成了一定的不利影响。同时，北京有部分企业属于出口导向型企业，受到世界经济金融危机的冲击，订单减少，影响到外贸出口对北京经济的拉动。1—3季度，北京地区出口430.6亿美元，增幅回落9.5个百分点。另外，一些进行海外投资的金融机构，如持有次级债券或雷曼兄弟公司债券的商业银行，出现了不同程度的亏损。北京市统计局副局长于秀琴认为，奥运会后恰逢全国经济下行的大环境，北京经济受到宏观经济形势不佳的影响较大。北京经济与全国经济联系非常紧密，形成了"大进大出、买卖全国、服务全国"的经济体系，2007年北京批发零售企业购进和卖出总额分别有56.6%和51.5%来自京外；北京的中央资产比重大，2007年全市45万亿元经营性资产中，中央法人单位资产达37.6万亿元，占比83.4%；北京集中了许多国内大企业总部，拥有中石化、中石油等中央大型企业集团总部160家，联想、方正等非央属企业集团总部106家。北京经济与全国经济联系如此紧密，全国经济的下行必然会影响到北京经济的增长。

对于经济增长放缓，民众认为是十分正常的现象，因为高速增加的 GDP 会带来很多方面的不协调，引发一定的社会问题，稳步增长才是经济发展的有效步伐。世界城市建设是一个长期的过程，对于北京未来经济发展走势，专家普遍抱有信心。北京市社会科学院院长刘牧雨明确指出，北京未来不会出现所谓的"后奥运低谷效应"，其原因在于：一是北京经济体量较大，筹办奥运时间较长，不宜夸大奥运对北京经济增长的影响。据北京市统计局计算，奥运筹办7年，奥运因素对北京 GDP 的年均拉动作用不到1个百分点。二是北京经济经过30年改革开放的发展，特别是自1997年市委市政府提出首都经济发展思路以来，产业结构调整取得了显著的成效，已经形成生产性服务业、文化创意产业、高新技术产业和总部经济支撑的多元产业格局，这些产业和经济形态根植于首都优势资源、服务于全国经济社会发展，不会受到北京市区域范围内的一些偶然事件（如奥运）的影响。三是消费拉动已经成为北京经济持续稳定增长的重要推动力量，北京正处于人均 GDP 从7000美元向10000美元过渡的关键阶段，从国际大都市发展经验来看，这一时期北京居民消费结构升级将为经济持续增长提供重要支撑。今年1—3季度，北京实现社会消费品零售额3356.1亿元，比上年同期增长20.9%，增幅同比提高5.8个百分点。四是市委市政府响应国务院扩大内需号召，决定投资1200亿—1500亿元用于改善民生、建设基础设施、保护生态环境等，将会促进奥运会后北京经济的持续稳定发展。

在调查中我们发现，经济的发展固然是重要的，很多人都看到了北京的经济发展之迅速，但在迅速发展的经济下，74.3%的北京本地人认为交通更加不便，北京尽管在不断发展，不断规划，65%的老人认为有些规划不合理，有些建筑的使用年限很短（如图7）。

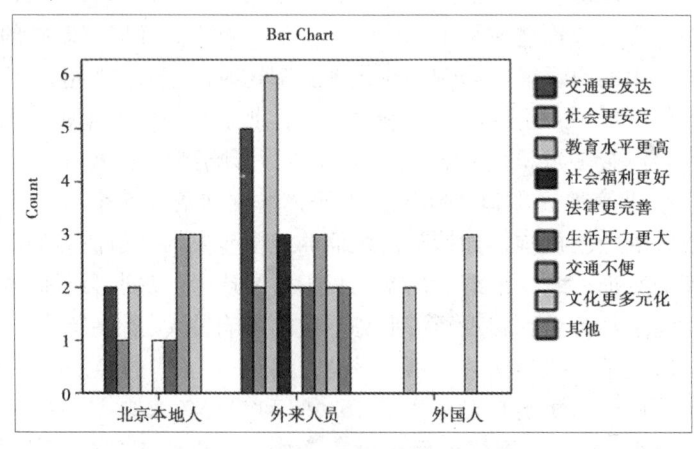

图7 与以前相比现在的北京

但这是否会引起北京城市定位的再度混乱？按世界城市的要求，北京还得重提"经济中心"这个口号——不仅是中国的,而且是世界的。伴随"经济中心"的就是商业中心、金融中心、物流中心、综合性服务中心,还有信息中心、娱乐中心等。这样一来,过于集中的城市功能和经济建设,会不会再次把北京的城市规模推向无限扩大之路?大而全的城市功能是北京需要的吗?

(4) 世界城市建设中北京的自然环境

生态文明是经济社会可持续发展的基础条件。在世界城市建设过程中,近年来,北京的生态环境建设取得了较大成绩,但距离现代国际城市的要求相差较远,距离人民群众的需要还有很大差距,据调查,有48.9%的人认为北京在世界城市建设过程中应当加强环境保护(如表4所示)。

表4 北京应当重视

		百分比(%)	有效百分比(%)	累积百分比(%)
有效	高端人才	4.4	4.4	4.4
	经济发展	6.7	6.7	11.1
	文化发展	6.7	6.7	17.8
	环境保护	31.1	31.1	48.9
	居民满意度	51.1	51.1	100.0

由于城市结构、产业结构以及交通和能源结构等原因,城市环境污染的改善步履维艰、水资源严重紧缺、城市绿地总量不足、热岛效应等问题突出。根据《2004年中国可持续发展战略报告》,北京的环境支持系统综合评价仅列全国各省市的第14位。2010—2020年是北京生态城市的成型阶段。在建设世界城市过程中,生态环境对人们的生活等各方面有重要的影响,对北京的可持续发展有着至关重要的作用。在建设世界城市的过程中,不能忽略生态环境的保护,世界城市首先应该是生态城市。而建设生态城市的过程就是促进经济从资源消耗型向生态友好型转变,即从传统产品经济向服务经济、循环经济和知识型经济转型的过程,也是促进城市及区域生态环境向绿化、净化、美化、活化的可持续生态系统演变的过程。

针对世界城市建设中北京的生态环境变化,被访者范大爷(退休居民)说:"要说北京的环境在改变,这确实一点都不含糊,我亲身感受到的是,咱北京能放风筝的天是越来越多了,你看,我这风筝飞得再高都能看见喽!但最近,空气质量似乎在下降,这是建设世界城市必须要考虑的。"谈到对《北京城市总体规划(2004—2020)》的感受,范大爷和几位老伙伴兴奋了起来,说:"500米就能见到公园那是什么劲头呀,能不能种点耐踩的草,划出一些开放区,还有,绿地里不应都是草坪,应该在规划中强调多在北京种树。毕竟,大伙儿春、夏、秋三季在树荫下活动的时间要比去草坪上的时间多得多。"被访者郝大爷(退休居民)说:"我倒觉得，在世界城市建设中环境当然是不能忽视的，要保护环境，就应该在很多细节上下工夫，比如，在减少垃圾的同时，让垃圾变成各种能源。在电视上经常看到有关报道，随着北京经济发展和市民生活水平的提高，北京生活垃圾在悄悄发生变化，有机物比例增长，可回收利用物越来越多，可很多垃圾被卫生填埋了。"统计数据表明，北京垃圾资源化利用率目前只有10%左右，不但占用了大量土地，还等于浪费了资源。而郝大爷从各种有关环保的电视节目中了解到，一些发达国家都能以垃圾堆肥、发电或派上更大的用场，在北京城市总体规划中也应该体现包括垃圾利用这些最新的环保理念，也就是让大家生活在资源的良性循环中，从而建设真正的世界城市，让人与自然和谐共处。

（5）世界城市建设中北京的社会环境

在世界城市建设过程中，很多居民对于北京的硬件设施建设表示一定程度的满意，但对软件方面的支持，很多人认为，在建设世界城市过程中，尤其在拆迁方面，并没有充分考虑到市民的感受。如表5所示，有22.2%的人认为没有关照居民感受，55.6%的人认为比较关照居民感受，而"非常关照"这一项没有居民认可。

表5 政府关照居民感受吗？

		百分比（%）	有效百分比（%）	累积百分比（%）
有效	比较关照	55.6	55.6	55.6
	不关照	22.2	22.2	77.8
	不了解	22.2	22.2	100.0
	Total	100.0	100.0	

民众是城市建设的主体，因此，在世界城市建设过程中，应该全方位考虑民众的想法，提高人们的幸福指数。近些年来，通过筹办奥运会，首都北京的基础设施承载能力得到了增强，为其实现世界城市的目标提供了坚实的硬件基础；通过北京奥运会所宣传的"人文奥运"，提高了北京精神文明建设的整体水平，改善了人文环境和社会风气，完善了北京的文化中心功能，整个城市精神面貌焕然一新，向世界展示出新时期北京市民良好的精神文化风貌。城市居民文明素质的提升和建设世界城市的诉求是一种相辅相成的关系。市民精神文明素质的提高必然会推动世界城市的建设，而在宜居城市的整体文化氛围下也会潜移默化地影响该城市居民行为。因此，在北京软实力提升的情况下，世界城市建设必须得到民众支持。如图8所示，有超过一半的人认为在世界城市建设中，居民满意度应该得到提升，这样才有助于世界城市建设的顺利推进。

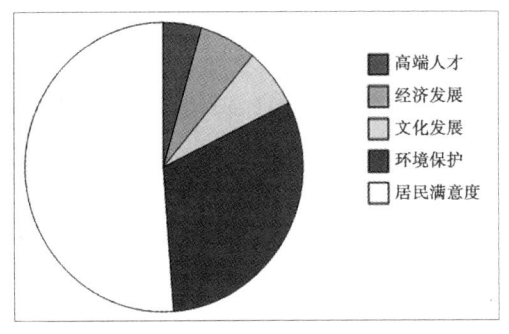

图 8 哪些方面需加强

北京建设世界城市有六大目标，其中之一是生活条件优越。一个稳定、可持续的社会保障体系，不仅是支撑世界城市优越生活条件的重要支柱，也是吸引和留住人力资本的重要因素。在目前，北京还未将外来务工人员纳入城市养老金体系。这些人本应在他们的户籍所在地缴纳养老保险，但他们由于外出打工，可能已离家多年了。北京的全球影响力日益扩大，作为一个首都城市和东亚的主要商业枢纽，并将最终成为一个真正的世界城市，北京的地位日益重要。而要保持北京对人力资源的长期吸引力，就要求其建立起世界一流的社会福利体系。

(三) 世界城市建设中出现的问题

1. 北京旧城改造存在问题

和大多数历史文化名城一样，北京是在旧城基础上建设和发展起来的现代化城市，旧城改造任务敏感而艰巨。新楼房、新建筑解决了大量人口的居住问题，建立了北京的一个新空间，北京一直在"旧貌换新颜"，但是在城市越来越美的同时，许多遗迹、胡同和四合院被拆毁，同时市民的街道生活也在慢慢消失。北京旧城的破坏非常严重。有一个统计，2006年一年胡同的名称就注销100多个。目前二环以内62.5平方公里内，原有的古建筑包括水系已经不到20%了。

近年来，政府在北京旧城的保护和改造方面做了大量工作，取得了一定的成绩，但总体上看是不成功的，教训多于经验，失误大于成绩。失误的旧城改造导致北京旧城历史风貌的破坏和消失。20世纪90年代以来，北京旧城面貌发生了重大改变：以立交桥和摩天大楼为代表的现代建筑充斥旧城，30片历史文化保护区被现代建筑分割包围成30个孤岛，传统城市格局和道路肌理被破坏。今天的旧城，已经基本上失去了完整的历史风貌特征，人们不禁提出疑问：这还是北京吗？最让人担忧的是，北京旧城改造至今没有一个明确的改造思路。究竟怎么改？改成什么样？何去何从？至今尚无定论。

2. 城市扩张过快，人口膨胀

自20世纪90年代以来，北京城市规模快速扩张，城区面积从400多平方公里扩大到现在近1200平方公里，几乎是原来的三倍；人口从近800万增加到2000多万，是原来的两倍多，其中一半以上人口聚集在主城区，首都功能核心区每平方公里有22546人；机动车则从60多万辆增加到410多万辆，是原来的6倍多。北京城市屡超规划的扩张给城市资源、环境、交通、治安、日常运行和管理带来了巨大的压力。迄今为止，北京还没有找到控制城市继续快速扩张、功能继续增强的比较合理有效的办法：城市规模扩张式建设格局依然在延续，流入人口以每年60万速度在增加，机动车每年增加50多万辆，每两年就增加100万辆，而且北京机动车使用率要比其他世界城市高出几倍。显然，如果再按目前这样的速度扩张下去而不加控制的话，十年以后，估计北京的人口就会接近3000万，机动车900万辆，建成区扩大到1800平方公里。北京建设世界城市，不能延续简单的扩张式发展路径，而需要采取必要的限制措施；不能听任扩张冲动的主宰，而要规之以发展理性；要在疏解城市功能、增强可持续发展方面走出新路子。

3. 文化的传承与发展

世界城市，必然也是文化之都。没有全球文化影响力的城市，不成其为世界城市；不能以先进文化引领世界城市，无疑是个名不副实的世界城市。北京要建设世界城市，必然要寻求文化上的影响力，展现自身的文化魅力。中华文化源远流长，自成一统，近代以来虽因国衰而弱于西方文化，但体系依然、活力依旧。但是面对外来文化的不断入侵，再加上北京又在向着世界城市迈进，文化保护是一个严峻的挑战。专家学者建议，北京不应该局限地把目标瞄准纽约、东京等城市，应该走具有北京特色的路线。不能一味地被世界化，更重要的是保持自己的文化特色。

但是整个北京城仿佛是一个巨大的建筑工地，施工点随处可见，其中不乏破坏古城文明提案例。在城市建设方面，一些政府官员忽略了非常重要的一点，就是历史文化保护对增进社会认同具有不可替代的价值。中华民族需要凝聚力，而我们的历史文化遗产在发挥社会和民族认同方面具有非凡的价值。历史文化遗产还具有很高的旅游价值，文化遗产不仅是大型宫殿、庙宇和皇家园林，还包括普通民居生活中的民俗文化。另外，一些传统民间工艺也没有得到很好的保护，传统艺术后继无人，青年朋友对北京传统文化不了解，一些年轻人对外来文化的喜爱甚至超过了传统文化。北京在世界化进程的道路上是利用这个契机下大工夫保护文化还是加速破坏，是一个问题。

五、更好地建设世界城市的相关建议

北京市政府提出建设世界城市，已经不仅仅是城市学意义上的规划，而是具有战略意义的举动。不管是从中国未来的发展趋势和前景来推论，还是从北京城市发展基础和必要性来分析，都有十分重要的意义。如何将北京建设成世界城市，必须用长远的眼光来看待，用科学发展观为指导。需要城市建设者准确地把握当今复杂的局势,从大背景上来规划,从更深层面来考量。

同时,北京市作为历史文化名城,作为中华人民共和国的首都,更具有天然的优势。建设世界城市,也必须以城市本身为依托,以文化为底,基础建设为面,丰富北京精神的内涵,树立北京市现代化却不乏内涵的宜居城市形象。城市管理者应该具有高度的智慧,将各因素很好的结合起来,这样才能推动北京的世界城市建设。

(一) 深刻考量国际国内形势,与实现中国伟大复兴紧密关联

北京作为"首善之区",其战略地位可想而知。当今世界局势复杂,各国之间利益纠葛纷繁复杂,当前世界处于相对和平时期,国与国之间的合作交流日益密切,中国的地位日益提升,在世界之林发挥的作用越来越大。而中国目前正处于大力发展阶段,处于走向复兴的关键时期。一方面我国需要与世界各国加强联系,拓展市场,交换能源;另一方面又要维护国内稳定与可持续发展。在这样的状况之下,北京建设世界城市也必须站在一定的高度上来考虑,城市建设者必须自觉考虑当前形势,以免引起一些不必要的纷争,保持和平高速稳健发展。

北京建设世界城市这一目标,势必成为具有政治意义的话题。北京建设世界城市,其实是对中华民族的伟大复兴的高调宣言,她表明中国崛起正在一步步向前迈进。这些举动必定会引起各种反华势力以及一些对抗政治势力的警惕,并为中华民族的伟大复兴增加阻力与难度。中华民族正备受世界的关注,而目前中国仍旧需要韬光养晦,减少发展阻力。因此,北京建设世界城市,不得不考虑当今世界的大环境大形势,将建设世界城市这一举动提升到战略规划层面,与中华民族伟大复兴紧密联系起来,这才是可行之道。

(二) 借鉴国外建设世界城市的经验,张扬自身特色

在世界城市之中,伦敦、纽约、东京这三座城市是大家一致推举的。纽约、伦敦、东京三市是公认的国际金融中心,因而也是经济控制中心城市,故应列为世界城市。

北京建设世界城市的定位,是一个十分关键的问题。这三座公认的世界城市,有着自身的发展模式与成功之处,我们应该加以借鉴,学习他们的可取之处,从而使我们少走弯路,激发灵感。但是由于国情不同,北京城市发展的历史与现状与其他城市的差异,难以与其他世界城市谋求更多的契合点,因此北京市应该找到自身的特色并发扬光大。北京建设世界城市,要以"五个之都"为落脚点,体现时代特征、中国特色、包涵国际经验。"国际活动聚集之都;世界高端企业总部聚集之都;世界高端人才聚集之都;中国特色社会主义先进文化之都;和谐宜居之都",亦即"五个之都"。

因此,我们在建设世界城市的时候,应该本着学习的态度吸取其他国家的经

验，但是也不能只作简单的对比和浅显的分析，而应该进行深入探讨，全面而合理地分析，这才是北京建设世界城市的指导思想。

（三）以文化传承为依托，增强城市底蕴

北京作为一个拥有3000多年建城史和850多年建都史的文化名城，无数辉煌灿烂的历史让世界为之惊叹，将北京定位为世界城市是首都新一轮发展的重大战略选择。文化必然成为北京建设世界城市的一张王牌，大力发掘北京人文气息，将北京千百年来的文化精髓加以传承与发展，具有十分重要的意义。

历史文化是北京具有突出特色的原材料，北京因其重要的地理优势，在中华文明发展史上扮演了重要的角色，无论是战乱时代，还是和平年代，北京都处在众人关注的焦点之内，因此多方面传播北京历史文化，深入持久地打造北京市历史名城的规划，显得十分重要。建筑文化是北京的另一大特色。北京历来是各朝各代的首府，其建筑特色鲜明，建筑格式多样，建筑历史悠久，其中的一些皇家园林、皇家宫廷以及民间四合院等建筑，都值得一提。北京的历史名园就像是散落在古都中的明珠一样，熠熠生辉。饮食文化也是北京市的亮点。北京市人文荟萃，各民族经过长期的融合与变迁，留下来的饮食，各种各样，琳琅满目。发掘北京市的饮食文化，将荟萃于北京市的饮食文化进行合理的规划与传承，将能为北京增光添彩。

文化是一个复杂的概念，作为城市管理者，务必将北京市文化加以分类，进行科学的划分，同时利用公共资源与权力，将这些文化进行弘扬传承，这样才能使得北京市更具有人文底蕴，在建设世界城市中赢得先机。

（四）构建北京精神，突出开放、包容和亲善的观念，树立北京城市形象

精神是一座城市的根本之所在，著名的美籍芬兰建筑与规划专家伊尔莎里就说："我看看你的城市，我就能看出你的城市的居民在文化上追求什么。"北京作为一座具有丰厚的人文底蕴的城市，更应该注重北京精神的构建。城市精神是一座城市的灵魂，是一种文明素养和道德理想的综合反映，是一种意志品格与文化特色的精确提炼，是一种生活信念与人生境界的高度升华，是城市市民认同的精神价值与共同追求，也是展示城市形象、引领城市发展的一面旗帜。因此更应该将北京精神的包容性与开放性放在重点的位置，这样才能显示出建设世界城市的底气。

北京精神的提出，就是一次重大宣言。2011年11月2日，北京市公布了"北京精神"——"爱国、创新、包容、厚德"。作为北京市的管理者，他们提出这一具有高度代表性的精神内涵，足以体现其长远的眼光。"作为城市意识的最高形式，包容是北京最具异质性特征的城市精神之一。"北京市的城市形象树立，从某一方面来说与北京市的精神有着密不可分的联系，北京应该是古老而文明的城市，也是现代化、充满朝气的城市，北京在人民心中的形象应该是多元的，但也是统一

的。北京市城市形象的变迁,是长久的也是动态的,城市形象是较为主观的,作为城市管理者,应该抓住民众的心,为民众建设宜居城市,为广大民众构建一个充满活力与生机,富有历史感与现代化气息的完美城市而奋斗。

北京精神的构建,在一定程度上奠定了北京建设世界城市的思想基础,尤其是体现包容、亲善的观念,显得大器而有风度,值得我们思考。作为这一重大举动,必须要有深厚的思想作为积淀,使北京最终成为名副其实的世界城市。北京精神促动北京城市形象的提升与动态变化,以北京精神为灵魂,推动北京城市形象的树立,使北京真正成为包容、亲善的城市。

总　　结

北京作为我国的首都,将其建设成世界城市已是大势所趋。在这一过程中,北京的整体格局,历史文化,人才科技,生态环境,社会环境等发生了不同程度的变化,笔者通过查阅文献,总结出北京在建设世界城市中的形象变化,通过实地调查,总结出了北京在建设世界城市中其形象在人们心目中的变化,对比两方面的结果,分析出北京在建设世界城市中存在的问题,从多角度分析并提出一定的建议,使政府在建设世界城市的过程中更多地关照居民心中的看法,并提高人们的幸福满意指数。将世界城市,文化传承,包容、亲善的观念融入建设世界城市这一过程中。

[参考文献]

[1] 曾辉:《"创意与和谐之美"——关于北京城市形象设计规划策略的建议》[J],BEIJING OBSERVATION,12—13。

[2] 牛文元:《北京的世界城市之路》[J],《中国流通经济》,2010(7)。

[3] 徐颖:《北京建设世界城市战略定位与发展模式研究》[J],《城市与区域经济》,2011(3)。

[4] 齐心、张佰瑞、赵继敏:《北京世界城市指标体系的构建与测评》[J],《城市发展研究》,2011(4)。

[5] 查振华:《论城市形象的构成》[J],《城市发展研究》,2009(5)。

[6] 《北京城市总体规划(2004—2020)》。

[7] 余钟夫:《北京建设世界城市需要深入思考和把握的几个问题》[J],《城市管理与科技》,2011(3)。

[8] 郑万通:《北京建设中国特色世界城市是战略举措》[J],《城市管理与科技》,2011(3)。

[9] 徐颖:《历史演进与功能定位:北京建设世界城市的战略思考》[J],《中国行政管理》,2011(7)。

[10] 张强:《北京建设世界城市之路怎样走》[J],《北京观察》,Beijing Observation,2011

(2)。

[11] 高大伟:《历史名园对伦敦、巴黎和北京建设世界城市的重要意义》[J], Chinese Landscape Architecture, 2010 (12)。

公共治理

新制度经济学与混合制管理模式

试论雷锋精神与政府责任

试论西欧文官制度的创制

新制度经济学与混合制管理模式

王智慧[①]

[摘要] 交易成本经济学和代理理论是新制度经济学的两个重要理论。以交易成本为主要研究对象,交易成本经济学指出,根据交易的性质选择不同的管理模式能使交易费用最小化,提高经济活动的效率。代理理论则从研究激励成本的角度出发,探讨如何设计一套有效的激励机制去降低交易成本、提高经济效益。综合两种理论的主要观点,本文构建了一个以激励为度量的三维模型去研究计划、混合制和市场三种管理模式,强调混合制管理模式既结合了计划及市场模式的优点,又克服了两者的缺点,是一种更为有效的管理模式。

[关键词] 新制度经济学;市场;计划;混合制模式

新制度经济学在西方经济学界已迅速发展了三十多年,其提出的一个核心问题就是正式的制度和非正式的制度是如何影响人类的经济行为。根据诺斯(North,1991)的解释,正式的制度包括宪法、法律条文、经济合同及一般行为准则;非正式的制度则涵盖人的信仰、价值观、习俗、禁忌及思维习惯。新制度经济学认为,除了构成人类生存的社会环境外,各式各样的制度体系能规范人类的经济行为,降低交易成本(transaction costs),从而提高经济效益。

新制度经济学派研究两个主要领域,一是制度的环境——"the rules of game"。1960年,罗纳德·科斯(Ronald Coase)在其发表的论文《社会成本的问题》中最先提出了产权理论,该理论随后在20世纪60年代广泛发展起来,其中产权的交易形式已成为现代制度经济学的一个重要研究领域。新制度经济学认为,产权安排直接影响资源配置效率,一个社会的经济绩效如何,最终取决于产权安排对个人行为所提供的激励。正如高斯(1951)描述的:"当私人企业产权责任明晰后,市场上混乱消失,经济效率提高。而此时政府的主要职责则是完善产权的法律体系,解决交易中出现的争端。"

管理模式问题是新制度经济学研究的另一个领域——"the play of the game"。高斯(1937)在其论文《企业性质》中提出市场交易是有成本的,这些成本包括在市场上找寻交易伙伴、讨价还价、订立契约的成本及督促契约履行的成本等。因

---

① 作者简介:王智慧,女,博士,云南财经大学公共管理学院副教授,主要研究方向:政府治理、非营利组织管理、高等教育管理。

此，在企业内部生产商品有时会比市场交易经济实惠，因为企业的计划管理模式会降低市场的交易成本，提高经济效益。

奥利佛·威廉姆森（Oliver Williamson，1975，1976，1981）进一步完善了高斯的交易成本概念，并在此基础上发展了交易成本经济学（Transaction Cost Economics）。与传统古典经济学不同，交易成本经济学除了肯定资源的稀缺性外，同时还认为人类理性思考是有限的，而且人类的行为存在机会主义，所以不同的交易管理模式会影响商品交易的费用，影响人类经济活动的效率。

一、交易成本经济学及三种交易管理模式

为什么企业会存在？高斯（1937）运用其首创的交易成本分析工具，对企业的性质及企业与市场并存的经济现象进行了解释。高斯认为交易成本是决定交易活动是在企业内还是在市场上进行的关键因素——"the make – or – buy decision"。在《企业性质》一文中高斯指出，与市场管理模式相比，企业指令性的计划管理模式会大大降低交易成本而提高交易效率。

威廉姆森（1981）认为每项交易的性质不同，与之相应的交易成本也不一样。交易成本包括两部分费用：管理成本和激励成本。管理成本主要与资源的分配方式及信息的传递方式有关。例如，在市场交易中，管理成本包括价格信息交换费、广告费、解决争端费及交易失败费等。在计划模式中，管理成本包括信息沟通费、制订计划费、督促合同履行费及错误决策带来的损失费等。由于信息的不对称性，交易一方会很难控制另一方的行为。因此，为了防止机会主义行为，交易中发生的监控费用、弥补酬金及绩效奖励费均为激励成本。威廉姆森认为，根据交易性质选择适当的管理模式可以提高交易的经济效益。那么，什么是交易的性质呢？

1. 决定交易性质的主要因素

交易成本经济学认为，一项交易一般由五个因素组成：资产的专用性、交易的频繁性、不确定性、度量的复杂性及交易的相关性（Milgrom and Roberts，1992），其中前三个因素是关键。

资产的专用性：指该项资产是否仅限于专项的用途。资产的专用性程度越高，资产的价值越大，拥有专用性资产的一方会对交易的另一方产生越高的依赖性，交易成本就会越大。如果交易关系中断，拥有专用性资产的一方会蒙受很大的损失。通常资产的专用性有三种，资产选址的专用性、资产本身的专用性（一个零件只供一台机器使用）及人力资本的专用性（Williamson，1981）。

环境的不确定性：人类社会的发展充满着不确定性，在市场交易过程中，会出现很多影响交易双方权利和义务的事件，从而影响交易契约的执行，出现机会主义行为。交易成本经济学认为，在有限的信息资源、技术水平及复杂的市场条件下，人类运用稀缺资源进行决策的行为是"有限的合理化"（March，1978），交易双方

订立的契约是"不完备的"(Windram, 2005)。因此,为了防止机会主义行为的发生,交易双方将尽可能将契约写得复杂,力图包括一切未来的可能性,及每种情况发生时双方的权利和义务,但这样做会导致交易成本大幅增加。

交易的频繁性:在一段较长时间内,交易次数不同带来的交易成本也不一样。交易重复出现的次数越多,交易的成本下降,此时也不需要建立正式的监督机制去规范交易双方的行为;相反,如果重复交易次数较少,机会主义的可能性增加,需要建立督促机制,则交易成本上升。

一般来说,以上三个因素在市场交易中会相互影响,进而导致整体性的交易费用大幅增加。由于在市场交易中存在规模效应,通常市场机制能避免计划机制下的行政成本及激励成本,从而能极大地降低交易费用,提高交易效率。但对于市场环境复杂、信息不对称、市场交易成本很高的资源配置过程,通过企业之间的合并,把原来的市场交易转变为企业内部的资源配置过程,即所谓计划管理模式,则能够实现降低交易费用、提高经济效益的目的。

2. 三种管理模式

威廉姆森认为,不同的激励水平、行政权力及解决争端方式会导致三种不同的管理模式:计划模式、市场模式和混合制模式。一般而言,以市场价格为导向,市场管理模式能提供很强的激励机制,而减少行政监控的负担;而计划模式以计划管理为主要手段,具有很强行政管理色彩,但激励能力较差。当发生争议时,市场管理中交易双方需要通过司法程序,在法院内解决,而在计划模式下,交易双方则通过有关的规章制度在企业内部加以解决。混合制模式在激励水平、行政权力和解决争端方式方面则介于市场和计划两种模式之间(见表1)。

表1 三种管理模式

决定交易方式的因素	管理模式		
	市场式	混合制式	计划式
激励水平	高	较高	低
行政权力	无	一般	强
解决争端方式	在法院解决	按合同、契约规定解决	在企业内部解决

资料来源:威廉姆森(2005),《交易成本经济学》。

根据威廉姆森(1985)的分析,资产专用性的水平是选择不同交易模式的决定性因素。如果用来交易的资产是非专用性的,在市场完全竞争下,市场模式能最大限度地降低商品的生产成本及交易成本,从而提高整个交易的效率。当用来交易的资产变得非常专用后,由于市场的不确定性因素增加及信息流动的不对称性,市场欺骗行为的可能性增加,商品在市场上交易的成本会大幅度上升。而此时若在企业内部生产产品，则可通过计划分配资源减少交易的不确定性，降低交易成本，大大提高交易的效率，因而计划模式取代市场模式。当资产的专用性介于两者之间时，混合制模式管理交易最为有效。

市场的不确定性因素也会影响不同交易管理模式的选择。在计划模式下，通过行政管理方式可以减少不确定性，例如，上级直接给下级指示或按照相关规定进行，降低交易成本。同时，如果预期市场的不确定性因素增加，交易双方在有限合理的原则下制订的合同又是不可能完全的，此时，用计划模式管理交易将比市场模式更为有效。

按照交易成本经济学的分析，当资产的专用性很高时，计划模式管理交易行为会比市场模式有效率。但是，与市场模式相比，计划模式提供的激励水平却较弱。激励成本也是构成交易成本的一个重要因素。交易成本经济学家们并没有探讨如何在计划模式下提高激励水平的问题，而该问题却是代理理论研究的一个核心。代理理论也是新制度经济学中研究经济问题的一个主要理论。从设计一套有效的激励机制出发，代理理论提供了不同的方法去研究如何降低交易成本，提高交易效率。

二、代理理论及三种激励手段

代理理论主要是研究在存在利益冲突及信息不对称时，委托人如何设计最优契约去激励代理人。最早研究代理理论的著名经济学家有艾柔（Arrow, 1964），罗斯（Ross, 1973），简森和麦克林（Jensen and Meckling, 1976）。

代理—委托关系在经济领域和社会领域都非常普遍，正如罗斯说的，"代理关系是一个最古老及普遍的社会现象"（Ross, 1973）。在现实生活中代理委托关系也是无处不在，比如，员工与经理，原（被）告与律师，病人与医生，经理与股东，公民与政府官员，这些均属于代理委托关系。当委托人授予代理人决策权时，由于双方利益的不一致及市场信息的不对称，代理问题就会出现。

（一）代理问题

亚当·斯密（Adam Smith, 1776）在研究组织行为学时已意识到产权分离所带来的监控问题。正如他在《国家的财富》中写道，"（你）不可能期望公司的经理们经营公司的财富像保管自己的钱财一样……玩忽职守、挥霍浪费的现象或多或少总能在一些公司的管理中发现"。

当委托人把决策权交给代理人时，由于存在利益冲突，委托人追求自己财富的最大化时，并不一定给代理人带来利益的最大化。再加上信息的不对称，委托人不可能随时掌握代理人的一举一动，代理问题就会发生。代理问题通常有两类：

逆向选择（Adverse selection），指选择的代理人并不是工作的最佳人选。由于存在信息的不对称，委托人并不能全部了解代理人的兴趣、能力及其他方面，再加上代理人歪曲介绍其水平，因而代理人可能被误选。

在经济学上，逆向选择的问题可以通过两种方式解决，一是付酬方式的选择（Milgrom & Roberts, 1992）。一般来说，产量低的代理人通常选择固定报酬，而产量高的代理人则选择计件报酬，多产多酬。代理人自己最清楚自己的能力，因而他们会选择对自己最有利的付酬方式。另一种方式是信号传递（Signaling）。代理人通过某些"信号"来判定委托人的能力。例如，在市场上提供长期保修就是一个信号，表明这个厂家生产能力强，生产的产品质量好；资格证书也是一种信号，如拥有MBA证书的员工可以看作比其他员工更聪明、更勤奋些。

另一个代理问题称为道德风险（Moral hazard），指在信息不对称下委托人不知道代理人的所作所为所带来的风险。由于双方利益不一致，监控代理人的成本又很高，代理人很可能不履行契约要求，片面追求自身的利益而损害委托人的利益。这一问题又称为偷懒行为（Shirking）。为了规避道德风险，减少代理人的偷懒行为，委托人如何设计一套有效的激励机制就显得尤为重要。

（二）三种激励手段

在信息不对称及有限合理性的前提下，委托人不可能在契约中对代理人的权利与任务规定得特别详细，因此，双方签订的合同是不完全的（Windram, 2005）。为了激发代理人的"努力、创造力、勤奋及忠诚"（Milgrom and Roberts, 1992），委托人就需要设计一套有效的激励机制。

为了获取信息，委托人一方面可以通过行政手段去监控代理人的行为；另一方面可以制订合约去奖励代理人行为的结果。根据代理理论的研究，常用的激励方式有三种：

1. 行政权力

各种各样的行政管理手段会有效地抑制代理人的机会主义行为，防止代理人偷懒行为的发生。比如，委托人可以给代理人制订严格的工作制度，规定工作时间及其他工作条款，限制代理人的自由活动空间，并奖励优秀遵守者。同时，事后监控也是极为有效地减少代理人偷懒行为的方式。例如，建立考勤制度，实行工作汇报制，财务上实行预算控制，或是开除职务等惩罚手段。

有时，增加代理人工作的自主权会提供有效的激励动力。在工作中若由代理人自己决定做什么及怎么做，会增强代理人的工作责任感，增加代理人的工作投入，促进工作更好地完成。

2. 经济奖励

当代理人的行为难以监督时或监控代理人的行为成本太高时，作为一种替代，委托人可以通过经济手段去奖励代理人行为的结果。

按业绩付费是有效、实用的一种激励方式。代理人的工作努力程度通常是较难衡量的，但是其工作业绩却是可以度量的。按业绩付费可以促使代理人努力工作，提高生产产品的数量。例如，计件付酬、绩效工资及年终分红等措施都可以对代理人提供较强的激励作用。

3. 资产所有权

资产所有权是指在法律上拥有对资产管理的决策权及经营资产所获得的净收入权（Milgrom and Roberts，1992）。通常，变更资产的所有权可对资产的管理和维护产生积极有效的促进作用。正如诺斯和托马斯所指出的，"恰当的资产所有权能够很好地促进经济的全面增长"（North and Thomas，1973）。在生活中也有很多这样的例子。通常，人们照顾自己的私家车比租用车更为细心；建筑工人通常会小心安全地使用自己拥有的工具。

在代理模式中，如果委托人拥有资产所有权，而代理人的业绩又是可以度量的，这时按业绩付费会促进代理人努力工作，生产出较多产品，从而提供了有效的激励；可是，如果代理人拥有资产所有权，按业绩付费并不能提供相应的激励效果，原因在于，多生产产品会磨损资产，代理人会很小心地使用自己的机器设备，并不关心产量的多少。

那么，委托人应该用哪一种激励方式更为有效地促进代理人有效地为其工作呢？霍姆斯和麦克柔姆指出，委托人仅用一种方式激励代理人会带来危险，因为"这样做，代理人会全面迎合这种激励方式，忽略其他方面，从而增加交易的整体成本"（Holmstrom and Milgrom，1994）。

拜仁和科瑞普（Baron and Kreps，1999）提出了一个多元激励体系的理论。其核心的内容是，委托人应结合使用三种激励方式（行政手段、经济奖励、资产所有权），以避免代理人的投机行为，降低交易成本。例如，委托人要保证资产的有效使用，这时就应给代理人较弱的经济奖励刺激并与较强的行政管理方式相结合，这是计划管理模式的特点；相反，市场管理模式却是委托人给代理人资产管理权，同时以按业绩付费、提供工作自由等手段相配合为代理人提供全面有效的激励。

三、管理模式的三维模型

交易成本经济学提出，计划模式、混合制模式和市场模式均为有效的经济管理模式，在不同情况下变更管理模式可以降低交易成本，提高交易效率。可是，如何改变不同模式仍是交易经济学尚在研究的问题。相应的，代理理论认为设计一套有效的激励体系，可以节约交易成本，提高经济效益。并指出，三种激励方式应同时适当使用，才能达到交易成本的最小化。然而，如何研究激励方式与管理模式的变更也是代理理论尚未解决的问题。

结合交易成本经济学和代理理论的分析，从激励的角度去研究三种不同的管理模式变更，可以很好地解决上述两个问题。换句话说，用代理理论提出的三种激励手段作为三个变量可以构建一个管理模式的三维模型（见图1）。不同的计划、市场及混合制模式下的三种激励方式是不同的；当三种激励方式的水平不同时，会形成不同的计划模式、市场模式及混合制模式。在三维模型中，X 轴代表行政权力指标，Y 轴代表经济奖励指标，Z 轴代表资产所有权指标。

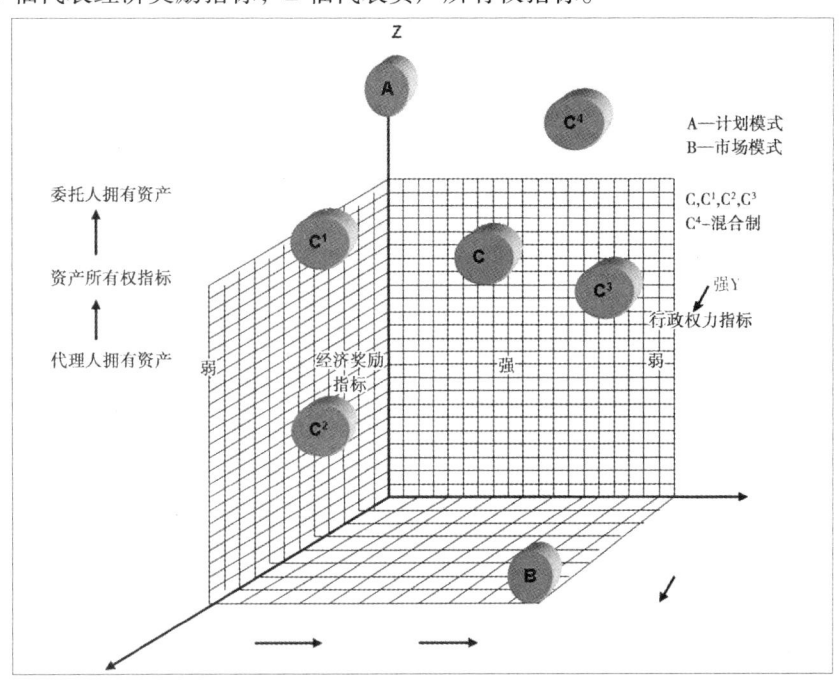

图1　市场—混合制—计划模式

行政权力指标：这个变量可衡量委托人施加给代理人的行政束缚水平有多高，例如，委托人是否制定相应的工作时间、工作方法，及是否限制代理人的外出活动。在此模型 X 轴中，在一端委托人限制代理人的自由，行政束缚水平很高；在相反的一端，代理人有很强的自由，行政束缚水平很低。

经济奖励指标：这个变量是衡量委托人给代理人使用的经济奖励水平有多高。不同经济奖励水平能给代理人提供不同程度的激励。例如，固定工资制提供较弱的经济刺激，而按业绩付费或绩效工资制则提供较强的经济动力。

资产所有权指标：这个指标是指资产是属于委托人还是代理人。在这个模型中，Z 轴一端，资产属于委托人，另一端则属于代理人。

在图 1 中，左上角后边的球 A 代表计划模式，右下角前边的球 B 代表市场模式；除此之外都是混合制模式，球 C、C1、C2、C3 和 C4 都是混合制模式。

在这个三维管理模型中，市场模式的主要特征是，代理人拥有资产，有很强的经济奖励动力，同时代理人有很大的工作自由；相反，委托人拥有资产，经济奖励刺激很弱，代理人没有工作自由，是计划模式的主要特点。而混合制模式则是三个指标在不同水平任一点上的组合，即这种模式拥有不同形式的行政权力监督和经济奖励水平，同时资产所有权在委托人与代理人之间协议分配。

正如前面分析的，市场模式有很强的经济奖励动力，但很容易产生市场的欺骗行为；计划模式用行政权力有效地监督市场的欺骗行为，但由于缺乏激励机制而造成大量的偷懒行为；作为一种激励手段的混合组合，混合制模式兼有市场模式和计划模式的优点，同时又克服了两种模式的缺点。

与市场模式相比，混合制模式可以用一定水平的行政手段去监控代理人的欺骗行为，例如，制订工作职责、处罚手段等；与计划模式相比，混合制模式可以用各种各样的激励方式去促进代理人有效工作，包括再分配资产所有权、提供经济奖励刺激及提供较大的工作自由等。因此，在适当的市场环境下，混合制模式组织经济活动能降低交易的成本，因而比市场模式和计划模式更有效率。选择最佳混合制模式的一条基本原则是，在不同的市场条件下，三种不同水平的激励手段组合能做到使经济活动的整体交易成本最小化（Holmstrom and Milgrom，1994）。

结　　论

交易费用是交易成本经济学研究的一个基本单位，它主要由管理成本和激励成本组成。从讨论管理成本的角度出发，交易成本经济学提出了不同的管理模式会影响不同的交易成本。根据交易的性质选取适当的管理模式将使交易成本最小化，进而提高交易的经济效益（Williamson，1985）。

从激励成本的角度出发，代理理论也分析了管理模式的选择问题。如何建立一套有效的激励机制促进代理人根据委托人的意愿努力工作，是代理理论的一个主要研究点。同时，代理理论提出了为有效建立激励手段而变更管理模式的论断（Holmstrom and Milgrom，1994），其中，代理理论提出的三个主要激励手段是：减少行政权力、建立经济奖励、分配资产所有权。

根据交易成本经济学和代理理论的主要观点，本文建立了一个与激励手段相关的三维模型去分析公共管理中的计划、混合制和市场管理模式；并指出，混合制模式是一个将行政权力、经济奖励、资产所有权三种激励手段同时有效运用的模式。

计划模式以行政权力为主要管理手段，激励不足是其产生的主要问题；市场模式主要以经济奖励为管理手段，却造成了市场上大量的欺骗行为；混合制模式结合了两种模式的优点，同时又规避了两种模式的缺点。通过运用经济奖励手段及再分配资产所有权，混合制模式克服了计划模式的激励不足问题，同时，混合制模式运用行政干预去监控代理人的经济活动，进而防止了欺骗行为的发生。因此，与计划、市场模式相比，混合制模式在公共管理中是一种更为有效的组织交易模式。

[参考文献]

[1] Baron, J. N. and Kreps, D. M. (1999), Strategic Human Resources, US: John Wiley & Sons, Inc.

[2] Coase, R. H. (1937), 'The nature of the firm', Economica (4), pp. 386 – 405.

[3] Coase, R. H. (1960), 'The problem of social costs', Journal of Law and Economics (3), pp. 1 – 44.

[4] Coase, R. H. (1959), 'The federal communications commission', Journal of Law and Economics (2), pp. 1 – 40.

[5] Holmstrom, B. and Milgrom, P (1991), 'Multitask principals – agent analyses: incentive, [6] contracts, asset ownership, and job design', the Journal of Law, Economics and Organization (7), pp. 24 – 52.

[7] Holmstrom, B. and Milgrom, P (1994), 'The firm as an incentive system', American Economic Review (84), pp. 972 – 991.

[8] Jensen, M. C. and Meckling, W. (1976), 'Theory of the firm: managerial behavior, agency costs, and ownership structure', Journal of Financial Economics (3), pp. 305 – 360.

[9] March, J. G. (1978), 'Bounded rationality, ambiguity, and the engineering of choice', Bell Journal of Economics (9), pp. 587 – 608.

[10] Milgrom, P. and Roberts, J. (1992), Economics, Organization and Management, New Jersey: Prentice – Hall.

[11] North, D. C. (1991), 'Institutions', The Journal of Economic Perspectives (5), pp. 97 – 112.

[12] Ross, S. (1973), 'The economic theory of agency: the principle's problem', American Economic Review, 63, pp. 134 – 139.

[13] Smith, A. (1976), The Wealth of Nations, Chicago: The University of Chicago Press.

[14] Watt, P. A. (2003), 'Information, cooperation and trust in strategic service delivery partnerships', Public Policy and Administrative Volume (20), pp. 106 – 123.

[15] Williamson, O. E. (1981), 'The economics of organization: the transaction cost approach', American Journal of Sociology (87), pp. 548 – 577.

[16] Williamson, O. E. (1985), The Economic Institutions of Capitalism, New York: The Free Press – Macmillan.

[17] Williamson, O. E. (2005), 'Transaction cost economics' in C. Ménard and M. Shirley (ed.) Handbook of New Institutional Economics, Netherlands: Springer.

[18] Windram, R. (2005), 'Risk – taking incentives: a review of the literature', Journal of Economic Surveys (19), pp. 65 – 90.

试论雷锋精神与政府责任

——兼论政府责任文化的营建

张为波[①]

[摘要] 雷锋精神的社会责任内涵的提出是当前社会经济发展的需要。其内涵包括为国分忧、为国尽责的大局责任；助人为乐、扶弱济困的社会责任；勤俭节约、变废为宝的环境责任。其社会责任理念不仅有其深厚的社会历史渊源，而且对现实，尤其是对当前行政文化的政府责任文化内涵的确立有其积极的作用。

[关键词] 雷锋精神；社会责任；企业文化

曾有人为之感慨，时光不会倒流，历史总会遗忘；雷锋精神也将被时间的洪流湮没。的确，人类有文字记载的英雄精神，随着岁月的流逝，有的早已化作历史的尘埃，有的已达到了历史的极限。然而，植根于中华美德沃土的雷锋精神，由于亿万人民群众的传承和弘扬，在共和国文明史上，还仅仅是个历史的开端，这无疑是因为伴随时代脚步延伸与拓展的雷锋精神，值得探寻、值得回味、值得憧憬、值得弘扬的东西实在太多了。笔者认为，雷锋精神在当今时代条件下，更应该关注其社会责任内涵，因为雷锋精神所体现的更多的是他作为一个公民、一个解放军战士、一个普通共产党员在日常生活中如行云流水般自然流露的平凡而又伟大、崇高的社会责任意识。

在今天进行社会主义市场经济建设条件下，构建和谐社会，人们呼唤社会责任，人们渴望把社会责任落实到我们的执政党、落实到我们的人民政府、落实到社会主义市场经济大潮中的每一位参与者、落实到我们每一位公民心中。因此，研究雷锋精神与政府责任很有必要。

一、问题的提出

当前社会上出现的种种见义不为、见死不救的道德冷漠现象；花天酒地、骄奢淫逸、纵欲妄为或是身处逆境、稍有不顺就灰心丧志、怨天尤人，甚至厌世自杀等现象，都是对自己、对家人和社会缺乏责任心的表现，可以说都是缺乏社会责任的表现。

---

① 作者简介：张为波，男，西南民族大学教授，管理学院党总支书记，行政管理硕士生导师。

目前，一些企业不讲社会责任，急功近利、假冒伪劣、过度开发、污染环境、逃避税收、财务欺诈、拖欠工资、忽视安全、坑害顾客，矿难频发……[1]

君不见，在高高的铁塔上，某农民工寻死觅活，只因为不负责任的某企业老板年关将近，还拒不支付农民工赖以养家糊口的有限的工资……

调查显示，仅北京市 2004 年拖欠的农民工工资总额就达 30 亿元，人均被拖欠 4000 多元；2005 年全国农民工被拖欠的工资约有 1200 亿元。[2]

表面看，这是企业老板没有履行应尽的社会责任，然而仔细想来，当地政府也存在问题。再回过头看，我们虽然无意指责农民工兄弟，但以自杀来唤起社会责任的做法，其人生成本也太昂贵了。"生命可贵"，珍惜生命，关爱自己是传统的修己安人思想，试想，以自杀来唤醒社会责任的复苏，即使企业老板受到了良心的谴责，但一个鲜活的生命从此终止，这难道是对自己、对亲人、对社会负责的行为吗？很显然，这是有悖于社会责任的，也是与传统的修己安人、仁者爱人的人际责任思想完全不一致的。

在建设社会主义和谐社会的今天，弘扬和培育中华民族的这种修己安人、仁者爱人的人际责任伦理思想尤为重要。只有从爱人、爱己、乐于助人做起，做到人与人之间友爱互助，对己、对人负责与对社会负责和谐统一，才能创建安定团结、充满活力、政通人和的和谐社会。

生活在社会中的人，对国家、社会、团体、家庭和他人都负有一定的责任，形成了各种各样的责任关系，社会成员之间的责任依存关系是社会得以生存和发展的前提。

因为，人是社会的人，并非孤立的个体，因此，只有把个人融入社会的整体之中，其生命才有积极的意义。同时社会塑造了人，人又创造了、丰富和发展了社会。作为社会的人，尽管需求与表现不尽相同，但社会需要的社会人，应是具有崇高理想道德的人。然而，人的能力有大小之别，但只要其融入社会，贡献社会，为社会尽职尽责，其生命就有意义。

也正是基于这样的认识，在对比了当前社会上比比皆是的不负责任的众生相和雷锋精神的种种表现，笔者在想，要是雷锋在，他会怎么做？再进一步思考，人民政府在履行行政责任的时候与雷锋精神是否存在一定的联系呢？于是便形成了"雷锋精神与政府责任"的问题。

二、雷锋精神的社会责任内涵

雷锋精神的生命力之所以旺盛，就在于其所折射出的社会责任与使命。雷锋精

---

[1] 汪泽青、孙平：《企业社会责任与构建和谐社会》，《证券日报》，2006 年 9 月 8 日。
[2] 岳颂：《农民工权益保护与企业的社会责任》，《理论学习》，2007（1），第 56 页。

神追求的价值目标是集体主义和全心全意为人民服务。

这可以从他短暂的人生阅历中得到证实。他参加工作和参军的几年，正是中国经济困难、灾情不断的几年。从雷锋的生平看，从他担任政府公务员（1956 年 9 月，在安庆乡政府当通讯员）开始到他不幸牺牲在工作第一线上[①]的几年间，刚好是我国自然灾害不断出现的几年。总的说，中国是一个多灾害的国家，由于地域广大，自然灾害几乎无年不有。[②] 但在 1956—1962 年则更多地表现为全国性的旱灾，有资料表明："1957 年全国较大范围干旱。1958 年灾害较轻。1959 年全国较大范围干旱，旱情较严重。1960 年在上年干旱的情况下，持续较大范围干旱。1961—1962 年虽然雨水有所增加，但是仍然偏少……影响中国的自然灾害以旱灾为主，并且灾害主要发生在人口稠密的地区。"[③]

因此，从这个视角出发，重新观察雷锋精神，我们就自然而然地会把他和他的行为体现出的精神风尚同社会责任紧密地联系起来了。

具体讲，雷锋精神的社会责任内涵有以下方面。

（一）为国尽责、为国分忧的大局责任

如前述，一方面我国由于所处的地理位置和气候条件，灾害频繁，另一方面，从新中国成立以来，尤其是在市场经济和现代化快速发展时期，中国处于由传统农业社会向工业社会过渡阶段，这也是当代中国社会结构变化、社会问题众多、社会道德失范、社会风险易发，社会矛盾凸现的阶段。其中最突出的问题就是贫富差距，这是社会经济结构矛盾的主要体现，是当代中国社会最突出的矛盾，是导致许多社会问题的症结。缩小贫富差距，最大限度地减少和避免贫富差距引起的社会矛盾、压力和冲突，增加社会和谐，维护社会稳定是我国现代化持续发展的保证，是当代和谐社会建设的一个重大任务。所以，调节个人收入差距，处理经济利益矛盾关系，提供对社会低收入群体和困难群众的生活保障，给予他们更多关爱，是减少社会矛盾冲突，促进社会和谐的现实要求。

面对如此复杂的社会、自然国情，有的人怨天尤人，不负责任地崇洋媚外；有的人极端自私自利，不但不为国分忧，为国尽职尽责，反而变本加厉地坑国害民；有的人不惜为一己之私，出卖灵魂，出卖国家利益……

反看雷锋，"辽阳地区遭到百年不遇的特大洪水。当雷锋在报纸上看到党中央毛主席派飞机给灾区人民运送衣物和食品的时候，心里想我这个战士能为灾区人民

---

① 1962 年 8 月 15 日上午 10 时，雷锋在指挥倒车时，被刮倒的一根晒衣服的木杆打在头部负重伤。经望花区西部医院抢救无效，于 12 时 5 分不幸牺牲。年仅 22 岁。

② 许虹：《建国初期党和政府救济灾荒、失业问题简述》，《党的文献》2000（4）。

③ 李若建：《自然灾害与自然条件对困难时期饥荒形成的影响》，《当代中国史研究》，2000（5）。

做点什么呢？他连忙赶写一封慰问信，顶着大雨，跑到邮局，把公社退回的100元钱，寄给了辽阳市委……

"雷锋支援人民公社和灾区人民，舍得献出自己的一切，可他自己却从来舍不得乱花一分钱。参加解放军后，他每月领到津贴费，除留一角钱交团费，两角钱买肥皂，再用些钱买书，余下的全部存入储蓄所。他穿的袜子不知补了多少次，最后已经补得完全改样了，还舍不得扔。连队发放夏装，每人两套单军装，两件衬衣，两双鞋。雷锋只领一套单军装、一件衬衣、一双鞋。"[1]

作为一个公民、普通战士和共产党员，能积极为国分忧，主动为国家承担自己力所能及的责任，在物质十分匮乏的情况下节衣缩食为灾区捐款和捐物，把国家责任、社会责任与个人责任统一起来，其高尚的社会责任意识难道不值得我们今天去认真反思吗？

（二）助人为乐、扶弱济困的社会责任

"达则兼济天下，穷则独善其身。"是我国传统修身养性的道德标准之一。雷锋尽管没有很高的文化水平，但他深深明白其中的内涵，并把它发扬光大。作为一个只有二十岁左右年纪的公务员、解放军战士，在国家经济困难时期，不可能"达"，毫不夸张地说，在今天一般人的眼里，他都只能算一个"穷"公务员、"穷"战士，但他不仅做到了独善其身，而且尽其所能地在"兼济天下"。

在其人生的每一个片断里，他总是把传统道德的助人为乐升华为一个新中国人民解放军战士的行为准则，他走到哪里就把助人为乐、扶老携幼的好风尚带到哪里，把社会责任与个人责任结合起来。

（三）勤俭节约、变废为宝的环境责任

1960年1月12日，雷锋在其日记中写道："虽然是细小的螺丝钉，是个细微的小齿轮，然而如果缺了它，那整个的机器就无法运转了，慢说是缺了它，即便是一枚小螺丝钉没拧紧，一个小齿轮略有破损，也要使机器的运转发生故障的，尽管如此，但是再好的螺丝钉，再精密的齿轮，它若离开了机器这个整体，也不免要当作废料，扔到废铁料仓库里去的。"[2]

众所周知，我国能源紧缺、人口众多、生产效率偏低的基本国情，决定了我国每一位有知识、有觉悟的公民都应该把勤俭节约、变废为宝作为社会责任和日常生活习惯，这也是与当前党中央提出的科学发展观相一致的。在传统和现实之间，我

---

[1] 陶克、王跃生著：《中国的雷锋现象：共和国精神文明的昨天、今天和明天》，中国青年出版社，1992，第28页。
[2] 陶克、王跃生著：《中国的雷锋现象：共和国精神文明的昨天、今天和明天》，中国青年出版社，1992，第15页。

们要形成全社会保护和合理利用各种资源的意识,以尽可能少的资源消耗,获得最大的经济效益和社会效益。这方面,雷锋在四十多年前就不仅给我们上了很好的节能环保课,也向我们展示了"国家兴亡,我有责任"的普通一兵的平凡而高大的形象。

雷锋精神中蕴涵的勤勉与节约作风作为我们民族优良传统是宝贵的精神品质,是雷锋为国家、民族和人民利益着想的高度责任感的体现。当年雷锋的节约精神的传播、影响使我们克服了物质匮乏时期的困难,今天的雷锋精神的节约观念是为了避免未来人类生存的危机。当然,节约和艰苦奋斗在不同的时代和不同的经济生活条件下,应当有不同的内容,不同的要求。在现代社会提倡勤俭节约精神不是让人们回到物质匮乏时代,像雷锋一样穿打补丁的袜子,不喝汽水,而是让人们建立一种浪费可耻的观念,让节约资源成为社会责任和公民义务。

当然,从社会人的角度看,每个人都有起码的利益需求,要正确处理个人利益与集体利益、局部利益与整体利益、眼前利益与长远利益的关系,把做人的基本目标与崇高目标结合起来。

从责任的角度出发去承担自己的那部分应尽的责任和义务,这方面雷锋精神以其内在体现的生命自觉的最高境界诠释了这个问题,雷锋及其雷锋精神向人们展示了以雷锋为代表的诸如孔繁森、焦裕禄等的思想境界、精神追求都远远超越了我们所处的这个时代,可以毫不夸张地说,他们的精神境界、价值追求已经达到了共产主义的阶段。因此他们是共产主义的先觉者。

雷锋精神表明,人活着要有意义、有价值,就要做对人民、对社会、对国家、对环境负责的人,哪怕是从身边的细小的力所能及的事情做起,这种实现自我人生价值的自觉性表现在不仅意识到自己生命存在的积极意义,同时也意识到自己生命的存在对社会的责任和价值。这不仅体现了做人的高尚道德,也表明了对社会的崇高责任。

三、雷锋的社会责任的丰富源泉

雷锋精神的社会责任不是从来就有的,其产生和发展也有其一定的社会历史基础的。具体说,有以下几个方面。

(一)对传统文化的扬弃是雷锋社会责任形成的历史渊源

传统文化认为,人生于世,不仅要对自己负责,还要对他人负责。我国古代思想家早就主张修己安人。修己,即对自己负责;安人,即对他人负责。不但如此,还要做到"仁爱"。要做到仁者爱人须遵循"忠恕之道"。"忠"即对人要忠人之事,尽己所能,"恕"即推己及人、设身处地为他人着想①。孔子云:"己欲立而立人,己欲达而达人。"又说:"己所不欲,勿施于人。"这就从正反两面说明了对己负责与对人负责的辩证统一。墨家则主张兼爱天下,并且认为,"兼相爱"就表现在"交相利"上,要求人们"有力者疾以助人,有财者勉以分人,有道者劝以教人"(《墨子·尚贤下》),尽力爱人利人。无论是儒家的仁爱还是墨家的兼爱思想,都表现出了一种崇高的同情与爱助他人的人际责任思想,虽然在复杂的社会关系和阶级社会难以实现,但对和谐人际关系、培育社会公德、激励人际责任精神具有一定的积极作用。

我国古代思想家所主张的"治国、平天下",在某种意义上,是指对社会、对国家的责任,富有责任精神是中华民族的优良传统。孟子提出"以天下为己任";范仲淹主张"先天下之忧而忧,后天下之乐而乐"(《岳阳楼记》);顾炎武倡导"天下兴亡,匹夫有责"(《日知录·正始》);林则徐有壮语:"苟利国家生死以,岂因祸福避趋之";现代教育家陶行知也告诫人们:"人生天地间,各自有禀赋,为一大事来,做一大事去。"即是说,每个人对社会、对国家、对民族都负有义不容辞的责任。正是中华民族的这种爱国主义和社会责任思想成为雷锋社会责任的理念渊源。当然,雷锋在有限的学习期间里也明白,封建专制制度下的责任思想,由于深受封建伦理的影响,不可避免地带有"忠君"的色彩,但其中的天下兴亡、匹夫有责的社会责任思想却是值得发扬光大的。

特别是每当外敌入侵、国家安全和人民幸福遭到危难之时,这种报效国家、报效民族的强烈责任感,更成为仁人志士们"杀身成仁"、"舍生取义"、"前赴后继"、"虽死不辞"的力量源泉②。在雷锋日记里,字里行间都贯穿了学习这些英雄模范人物的思想,比如黄继光、向秀丽等都成为其学习效仿的榜样。这也成为他后来胸怀天下,为劳苦大众求解放,为人民群众谋利益,尽责任的思想源泉。

(二)忆苦思甜、居安思危的危机意识是雷锋社会责任形成的源泉

俗话说,动力来自于压力,雷锋出生贫苦,身世凄惨,如果没有共产党,没有新中国,其境遇是不堪设想的。因此,在当时的特定历史时期(一是新中国成立还不久;二是中国共产党和人民政府倡导阶级斗争),中国社会各界尤其是军队经常开展的一项活动就是忆苦思甜。

在当时特定的时代环境下,雷锋在其日记中写道:"我出生在一个很贫穷的农民家庭,在旧社会里受尽了折磨和痛苦。参军以后,我在党的培养教育下,深深懂得了社会主义的今天是由无数革命先烈和战友的艰苦奋斗、英勇牺牲得来的。从我参加革命那天起,就时刻准备着为了党和阶级的最高利益牺牲个人的一切,直至最

---

① 罗国杰:《中国传统道德(简编本)》,中国人民大学出版社,1995,第14页。
② 罗国杰:《爱国主义和责任意识》,《人民日报》,1995—03—15。

宝贵的生命"①。

　　这就不难理解雷锋精神的社会责任的源泉，中国共产党和新中国人民政府使他过上了好日子，但他居安思危，饮水思源，要报效国家，要为人民尽职尽责，要为国分忧，关心那些因国家经济发展的原因，目前生活还有困难的父老乡亲。

　　当国家刚经过三年困难时期，还没缓过元气，全国人民都在节衣缩食之时，他没有怨天尤人，而是舍己为人、为国分忧。当他得知驻地田大娘家也挨饿后，一次，出车路过田家门口，就把部队好不容易改善生活的食品留下，忍饥挨饿，"特意给大娘送来三个白面羊肉馅的大包子。他把包子塞到大娘手中说：'今天我们改善生活，我拿几个来给您尝尝。'田大娘问：'小雷呀，那你吃饱了没有？'雷锋拍拍肚子说：'大娘您看我吃得饱饱的。'"② 由此可见，雷锋虽然认识到他个人的力量虽然有限，但他以一个普通一兵，一个普通共产党员的身份，以实际行动为国分忧，为党分忧，体现出一种平凡而伟大的责任意识。

　　雷锋作为一名解放军战士，尽管享受的是供给制，但他时刻记得，中国是一个人口众多，人均资源相当贫乏的国家，因此他在部队仍然过着十分俭朴的生活。连队每次吃完饭，他都把撒在桌上、掉在地下的饭粒捡起来，捧在手上，送到营房后边的猪食缸里。在为工地运输水泥的过程中，他还特意准备了一把扫帚、一个簸箕，每次出车回来都把散落在车厢里的水泥，一点一点地扫拢了存起来。他找了几块旧木板，钉了一个"节约箱"，把平时捡到的碎铜烂铁、边角料、螺丝钉、牙膏皮、破手套等都装在里面，修车、修工具时能用上的就用上，尽量为国家节约开支。③ 这些思想和行为对于今天的中国坚持科学发展、可持续发展、树立环境保护意识是多么的必要啊。

（三）勤奋学习、精益求精是雷锋社会责任意识的动力

　　可以说，雷锋短短的22年就是在不断学习、不断追求进步的过程中度过的。他不仅从传统文化中吸取营养，而且善于从身边的人和事中去观察学习。"在稻田地，老书记扶着犁把与农民谈论年景和收成；在贫苦农民的小方桌上，老书记与百姓共同筹划致富之路。如果把老书记与一群百姓的腿、脚拍成特写镜头，谁能分清哪个是干部的，哪个是群众的？年轻的雷锋认识的共产党员，就是这个样子。"④

　　在他看来，要认真履行社会责任，光靠喊口号、说大话是不行的，得靠勤奋学习，积累为人民服务、为人民尽责的本领才行。

---

① 戚增娟、许波：《雷锋》，哈尔滨出版社，2006，第93—94页。
② 戚增娟、许波：《雷锋》，哈尔滨出版社，2006，第69页。
③ 戚增娟、许波：《雷锋》，哈尔滨出版社，2006，第44页。
④ 陶克、王跃生著：《中国的雷锋现象：共和国精神文明的昨天、今天和明天》，中国青年出版社，1992，第13页。

雷锋的学习兴趣是很广泛的，政治、技术、文学、写作，他无所不爱，无所不学。尤其对马列主义、毛泽东思想，他更是刻苦攻读，孜孜不倦。

正因为这样，雷锋在他不长的人生履历里早就留下了闪光的脚印：1959 年 12 月，19 岁的雷锋走进了军营。这位身体条件并不太合格的小伙子，却有着一张不寻常的履历表：他在农业战线上是优秀的拖拉机手，在工业战线上 3 次被评为先进生产者，18 次被评为标兵，5 次被评为红旗手，3 次被评为节约能手，曾在报纸上被表扬过……接兵干部想，如果不是他坚决要求入伍，鞍钢怎么舍得把他送走？① 这也正是雷锋作为一个普通一兵、一个普通共产党员能具有前瞻性的责任意识的根源和动力所在。

四、雷锋精神与政府的责任文化

可以说，随着全面、协调和可持续发展的科学发展观在我国的确立，雷锋精神的社会责任理念已经成为我们民族的宝贵精神财富，成为当代构建社会主义和谐社会和思想政治教育的重要精神资源，同时，雷锋精神的社会责任理念也对政府的责任文化建设具有越来越重要的价值和现实意义。

这是因为，每一个生活在社会群体中的个体，都肩负着一定的社会责任。尤其是在社会主义时代更是如此。对政府而言，在追求政绩的同时，不可不顾社会效益；对每个政府工作人员而言，对个人物质利益的追求，不可损害社会集体或他人的利益。② 作为社会主义市场经济下的当代政府责任是什么呢？有学者指出，所谓政府责任主要体现为五种具体形式：政治责任、法律责任、行政责任、道德责任和生态责任。③ 笔者认为，雷锋精神中的社会责任理念与政府责任有着密不可分的联系，具体表现在以下方面。

首先，雷锋精神中的社会责任理念是中华民族传统责任文化的精华所在，是构建政府责任文化的重要参照系。

它对于政府行政理念及发展战略无不具有启迪作用。中国传统责任文化对人生理解的基点是对人的本质特性的认识。

传统责任文化认为，人与禽兽的区别在于人不仅有食、色等生理本能与欲求，而且有人伦、精神的追求，要对自己负责，对他人负责，对社会负责。因此要使人

---

① 陶克、王跃生著：《中国的雷锋现象：共和国精神文明的昨天、今天和明天》，中国青年出版社，1992，第 15—16 页。

② 张为波、伍动勤：《雷锋精神与企业文化的营建》，《西南民族学院学报》（哲学社会科学版），1998（12），第 140—143 页。

③ 王鑫、齐金杰、陈晓阳：《和谐社会视角下的政府行政责任重建》，《消费导刊》，2006（11），第 397 页。

摆脱禽兽的境界，真正成其为人，就要修身，学会做人。

例如，在世界观上，孔子提倡："大道之行也，天下为公"；雷锋则说："我活着，只有一个目的，就是做一个对人民有用的人，当祖国和人民处在最危急的关头，我就挺身而出，不怕牺牲。"

在幸福观上，孔子说："一箪食，一瓢饮，在陋巷，人不堪其忧，回也不改其乐"；雷锋则说："我觉得人生在世，只有勤劳，发愤图强，用自己的双手去创造财富，为人类的解放事业——共产主义贡献自己的一切，这才是最幸福的。"

在价值观上，诸葛亮曾提出"鞠躬尽瘁，死而后已"，并成为历代志士仁人的座右铭；雷锋则说："人的生命是有限的，可是为人民服务是无限的，我要把有限的生命，投入到无限的为人民服务之中去。"

在人伦观上，孔子有"仁者爱人"的至理名言；雷锋则说出"对待同志要像春天般的温暖"的佳句。[1]

可见，雷锋精神之所以闪光，就在于它承接与凝聚着中华民族传统责任文化的精华。而真正有战略眼光的企业，充满希望的企业在企业文化的营建上也不仅要考虑企业自身的经济效益，还要考虑企业的社会效益，那就是积极承担社会责任。其次，雷锋精神的社会责任理念与当前的政府责任文化营建具有同一时代特征。

有人认为雷锋精神社会责任理念产生于20世纪60年代，而今中国政府处在市场经济大潮中，追求利润，讲究效益才是时代精神，因此对凝聚着传统文化的雷锋精神，尤其是其中的为人民服务的奉献精神、牺牲精神表示怀疑。应当明确的是，当前，我国仍处于社会主义初级阶段，其基本国情没有变。在这个基本国情面前，无论是个体公民还是政府公务员都应义不容辞地为国分忧，为国尽责。

从实践上看，一方面，构建和谐社会要求政府必须强化责任意识。这种责任意识不仅仅是要求提高政府的行政责任意识，提高各级政府工作人员的责任意识，而且要求各级政府要在引领社会良好风气、传承优秀民族文化方面树立责任意识，使和谐社会不仅是一种责任社会；另一方面，责任社会也是和谐社会的内涵之一。一个和谐社会是一个人人有责任感的社会，如果没有社会责任感，政府职能的转变就会成为空壳，政府效能的发挥就会华而不实，市场经济中就可能出现欺诈行为，政府工作人员的贪腐行为就会屡禁不止，社会风气就会每况愈下，国家的综合竞争力也就自然会下降，也就难以产生强大的民族凝聚力和向心力，和谐社会也就无从谈起。然而社会主义的根本目的正是要尽可能地满足人们不断增长的物质与精神上的需要。这些与传统的责任理念、与雷锋精神中的社会责任理念，即"修己安人"与为人民服务的社会责任理念并不矛盾。因此，笔者认为，政府责任不仅要造福社会，服务人民，也要为社会尽责。

---

[1] 张为波、伍动勤：《雷锋精神与企业文化的营建》，《西南民族学院学报》（哲学社会科学版），1998（12），第140—143页。

当然，政府责任文化中的核心价值观必须体现社会责任的内涵，必须把社会责任作为政府行政文化培育和再造的一个重要内容。

政府把造福于民、服务公众的社会责任作为政府的核心价值观，是因为它既符合科学发展观的要求，也可以体现一个有生机、有前途的政府的神圣使命和实力。

要使政府的责任文化落到实处，还须把责任政府建设、责任公务员队伍建设结合起来，增强政府领导人和普通公务员的社会公德意识。当然，开展责任政府建设活动的倡导者是政府领导人，而最终还是要落实到普通公务员身上，这就要求，政府上下达成共识，通过先进文化、精神理念的提升（包括雷锋精神的传承）不断增强各级政府工作人员的社会责任意识、社会公德意识，让每一个政府工作人员都力争做对社会勇于承担责任的人，让每一个公共管理的参与者都来承担所能承担的相应责任，要尽量把这种责任文化转化为行政管理的制度文化，并使之固定下来，再逐渐形成政府的行为文化。

通过这样的努力，各级政府就可以在当今社会变革的大潮中，既从社会中获取营养，同时又为社会承担责任，提供支持与力量，从而使政府在共赢与多赢的利益格局中获得更好的发展机遇，在社会管理中处于引领时代潮流的重要地位。

五、总　　结

党的十六届四中全会提出了建设社会主义和谐社会的目标和任务，进一步强调要"形成全体人民各尽其能、各得其所而又和谐相处的社会"。这里讲的"各尽其能、各得其所、和谐相处"，既涵盖了社会主义和谐社会的特点，又蕴涵着构建社会主义和谐社会对每个社会成员提出的社会责任的要求。因此，当代中国呼唤与社会主义市场经济相适应、符合时代要求的社会责任，就要在新时期认真学习雷锋精神，尤其是要深刻体会雷锋精神的社会责任内涵，以责权对应的思想强化社会责任观念，用自由与责任统一的理论提升社会责任理念，以责权利互动统一的政策激励社会责任精神，实现传统社会责任的现代转换，这样，才会在当代中国逐步形成既与优秀传统责任思想相承接，又与当代社会发展要求相适应的社会责任。强化社会责任，培育社会责任，实际上是修整人的心灵秩序，培养人的主体意识和道德自律精神，提升人的道德品质和精神境界，优化社会风气，为构建社会主义和谐社会提供道德文化的支撑和责任伦理基础，进而实现《中共中央关于构建社会主义和谐社会若干重大问题的决定》中提出的"实现全面建设惠及十几亿人口的更高水平的小康社会的目标，努力形成全体人民各尽其能、各得其所而又和谐相处的局面"的宏伟目标[①]。

---

① 《中共中央关于构建社会主义和谐社会若干重大问题的决定》，《光明日报》，2006—10—12—1。

试论西欧文官制度的创制

——基于资本治理的分析

傅景亮 孟志敏[①]

[摘要] 在19世纪末20世纪初,随着工业革命的发展,资本主义从自由阶段发展到垄断阶段,资本治理体现出越来越强的技术性、管理性和民主性,这些基本特点导致国家与社会由分到合,政治与行政由合到分,两种趋势相悖相反,但是两者的结合构成了文官制度创设的具体条件。

[关键词] 西欧;文官制度;资本治理

西欧文官制度的创制是由当时社会政治发展的环境所决定的,在一定意义上,其创制因素复杂而深刻。从资本治理发展脉络的层面看,资本治理所体现的政治性、技术性和管理性直接影响到西欧资本主义国家的现实格局,这主要体现在两个似乎相悖的趋势上:一方面国家与社会之间的关系在发生重要的转变,即从分到合;另一方面政治与行政之间的关系也在发生根本的变革,即从合到分。两种不同的发展趋势集中在资本治理这一焦点之上,从而为文官制度的创构提供了历史依据。

一、资本治理:基于利益的分析

西欧资本治理产生于封建体制衰落之际,是由当时的社会政治经济条件所决定的。资本主义生产方式在15世纪末期的西欧已经有了充足的发展,主要表现在某些商业技术的创新,如韦伯所强调的复式簿记制度的创设,再如合股公司数量的激增。商业的发展,利润的刺激,促使西欧开始了海外扩张,并从殖民贸易和掠夺中获得了大量的资本,从而又推动了西欧资本主义生产方式的发展。资本主义生产方式在社会经济领域愈益显现出其重要价值,但却并未构成一种独立的政治力量和现实存在。最初的资本力量沿着自发经济的道路而行,在此过程中不免遭受封建体制的束缚和剥削。资本力量能够形成一种政治现实尚需其他条件存在,或者说已经具备了某些外在条件。

中世纪晚期,教权体制备受质疑和挑战,特别是民族君主国的崛起。民族君主

---

① 作者简介:傅景亮,博士,河北盐山人,中央民族大学管理学院讲师;孟志敏,女,山西太原人,中央民族大学管理学院博士生。

国的产生一方面是民族主义发展实然，另一方面则是资本主义生产方式的需要。教权体制造成了教士阶层与组织在财富方面的独占，既不利于君主征收税收，又不利于资本主义的发展。1296年法国腓力四世在向教士征税的问题上战胜了教皇卜尼法斯八世，从而为民族君主的发展提供了模式。民族统一、国家发展成为建立民族君主国的两个根本目的，因此，确立强大的王权成为历史发展的趋势，马基雅维利即是基于此提出了"狐狸加雄狮"的君主模式。民族君主国的建立既是基于资本主义发展的内在需要，也为资本治理的发展提供了制度基础。

文艺复兴和宗教改革无疑是对中世纪居主导地位的教权意识形态的否定。文艺复兴提倡世俗化，将人从上帝手中释放到人世间，人们更加重视现世的生活方式，特别是科学理性，从而动摇了基督教的文化根基。宗教改革则是将人从宗教组织的控制中解脱出来，信仰基督的人们可以通过自身的感悟，而非繁琐的宗教仪式和组织，来侍奉上帝。文艺复兴提倡的世俗化和理性化奠定了资本政治的理念基础，而宗教改革则推动了资本力量的壮大，如马克斯·韦伯所言，新教伦理在一定意义上为资本主义的发展提供了精神支持。

封建体制庄园的解体与市民社会的兴起推动了资本生产方式和资本治理的发展。封建庄园生产方式已经构成了资本主义的桎梏，一方面，封建庄园生产方式的自给自足的特性越来越难以供应日益增长的人口的需要，另一方面，封建庄园的人身依附体制束缚了劳动力的自由流动。封建庄园体制的解体是一个漫长的过程，其最重要的表现则是农奴制的削弱，由此"造成了一种更易变动的社会，这种社会能积累起资本，为探险、征服和殖民提供所需的组织和自由的劳动力"。市民社会的兴起则是劳动力和资本释放的结果，一些逃跑的农奴和资本在封建管辖边缘建立了自治城市，中世纪晚期西欧自治城市的发展是一个崭新的社会政治现象。在11—13世纪，西欧城市掀起了一场自治公社运动，宣告城市制度替代了封建领地制度，成为"由资产者建立并为资产者服务的制度"。[①]

从上面描述中不难看出，最初资本治理的产生和发展是外在于封建体制的，是作为体制外的力量产生的。作为体制外的力量，资本政治依托于自治城市与市民社会，由此决定了其不具备强大的武力支撑，因而容易遭到来自封建领主的侵犯。在这种条件下，资本力量选择了与绝对君主形成非正式联盟，"君主保护市民们不受频繁的战争和封建主任意征收的苛捐杂税的侵害，而市民们则向君主提供财政支援作为报答"[②]。因而，在某种程度上，资本政治通过非正式和极少的正式途径进入到绝对君主体制内，构成了一种非正式的体制内力量，共同对抗封建领主。

然而，绝对主义君主一方面坚持消除封建领主的影响，推动民族统一，大力发展经济，从而有助于资本主义的发展，另一方面则是基于战争和君主自身的需要，

---

① ［法］雷吉纳·佩尔努：《法国资产阶级史》，康新文等译，上海译文出版社，1991。
② 厉以宁：《资本主义的起源》，商务印书馆，2003。

加大了对工商业的限制和征税，从而阻碍了资本主义的发展。随着作为共同敌人的封建领主淡出历史的舞台，资本利益与君主利益矛盾开始不断激化，并最终演化为资产阶级革命，资本力量在战胜君主力量之后成为政治体系的主导力量，即体制内的主导力量。可以说，资本政治已经在政治体系层面确立。

资本政治在政治体系中的确立，并不意味着资本政治已经成为社会的主导政治形式，因为，在社会经济领域，资本力量仍然需要通过不断积累才能占据主导地位，革命仍在延续。英国资产阶级革命前后进行了一系列的社会经济改革，如圈地运动、重商主义、自由经济、产权革命等方式，最终在19世纪中期的工业革命中确定了资本政治在社会经济领域的主导地位。无疑，资本政治在政治体系中的主导地位是其在社会经济中的主导地位的推动力量，后者地位却并非必然与其在政治体系中的主导力量联系在一起。资本在政治体系和社会经济中不同的主导地位是建立在共同阶级基础上，具有根本的利益相似性，两者都是针对劳工阶级力量的兴起，却又造成了体制内的资本力量，即政治权力的统治者，和体制外的资本力量，即社会经济的主导者之间的断裂，即资本利益内部的分裂。如何有效地整合体制内外的资本利益并统治社会成为资本政治制度创新的根本原因。

二、统治与管理：制度创新及其局限

资本利益在体制内外的断裂，既构成了资本主义进一步发展的障碍，也不利于资本政治的统治和主导地位的稳固。资本政治进入到政治体系中并获得主导权力，从根本上解决了资本利益的合法地位问题，虽然是资本与劳工共同作用的结果，却成了资本独占政治权力。资本政治在政治体系中主导地位确立后，需要进一步加强其统治能力，因而需要整合体制内外的资本利益，形成共同的利益取向。如何才能反映体制外资本利益并予以整合呢？资本主义的宪政民主体制提供了最佳的制度模式。

一是代议制度与资本治理。所谓代议制度就是人民选举代表，通过代表表达和反映人民的利益，并赋予或监督政府权力的一种制度形式。议会最初就是平衡市民力量、王权力量和诸侯力量的一种制度安排，议会是不同政治力量和利益进行沟通和平衡的机制，它既可以反映市民的力量，也可以代表贵族的势力，而君主则和议会代表进行协商和争论。议会在资产阶级革命成功之后，就成了反映和整合资本利益的公共合法性场合。如英国，议会成为资本利益主导政治权力的合法性途径，通过选举资本利益的代言人进入到政府，从而为资本利益服务。体制内和体制外资本利益的交锋也是在议会中进行的，资本利益虽然具有根本的相似性，但在某些具体利益，特别是涉及体制外资本利益发展的选择方面，两者仍然会存在矛盾冲突。一方面，体制外资本利益通过"需求和支持"的输入与体制内资本进行利益沟通和交流，另一方面，体制外资本利益又要对体制内资本力量进行一定的制约，如

"没有代表，不纳税"的主张。可以说，代议制度成为资本利益反映和整合的有效制度安排，这也充分反映了其"资本家俱乐部"的阶级本质。

二是政党制度与资本治理。在资本利益本身的差异性，或者说资本利益根本相似性前提下，资本利益存在某些具体的利益差异，[①] 不同资本利益之间同样存在竞争和沟通。在资本主义发展过程中，资本发展的不平衡性是资本利益差异存在的基本前提。资本发展的不平衡是一种自然的客观的现象，在资本主义初级阶段，资本发展呈现为一种"自发的秩序"，由于奉行自由放任的政策，既缺乏政府的有效管制，又通过市场秩序进行自我调节。在此种情况下，资本发展自然呈现出不平衡的格局。不同资本利益之间的抗衡与交流最初是通过某些派别形式出现的，派别是利益简单化组合，不能有效反映资本利益的差异。利益组合因而就需要通过复合化的形式出现，才能有利于资本之间的竞争与合作，政党应运而生。政党是反映不同资本利益，并使资本不同利益进行有序竞争的一种有效制度安排。西欧资本政治在成长过程中，普遍建立了政党竞争体制。通过两党或多党竞争，轮流执政，一方面保证了资本利益在政治体系中的主导地位，另一方面则平衡和整合了不同资本利益。

三是选举制度与资本治理。选举是基于人民主权的理论，在资产阶级革命过程中，一批资产阶级有识之士就提出，政府合法性来自于人民的同意，政府权力是由人民授予的，但人们并不直接进行统治和管理，而是通过选举自己的代表间接管理。选举反映人民意志，并构成了政府组织的基础。一般而言，选举并未和资本政治形成相关性，但是选举是在资本利益在政治体系和社会经济领域占据双重主导地位的基础上产生和发展的，选举又不可避免沦为资本政治的制度属性。资本政治体系下最初的选举，一方面对选举的进入设置了高门槛，从而使得劳工阶级望而却步；另一方面资本政治体系的其他制度安排，如议会制度和选举制度无疑又起到了一种"阶级筛选"工具的作用，从而使得其他政治力量没有或极少能染指政治权力。选举只是选举资本利益的代言人，是资本利益整合的重要工具。

当然，还有其他的宪政安排与资本政治密不可分，如三权分立制度等。这些制度的安排为资本利益的整合和有序竞争提供了基础，也为资本政治的统治地位提供了制度保障。但是，资本政治的制度创新只是解决了如何反映和整合资本利益的问题，即将政治权力的统治者和社会经济的主导者有效地整合起来，并有效地统治社会。统治功能强于管理功能，也带来了一些负面影响。

首先，资本利益通过制度创新进行整合却并未解决资本发展不均衡问题，原因在于资本利益的整合是在政治体系的层面体现的，而社会经济问题仍然由市场自动调节，在此种情况下，市场社会形成了管理的主体，产生了一种"替代型管理"效应。作为替代型管理模式的市场社会建立在契约理性和价格规律的基础上，随着市场规模的扩大和复杂化，此种管理模式的缺陷日益明显，从而造成资本利益发展

---

① 王浦劬：《政治学基础》，北京大学出版社，2006。

不均衡性扩大，结果就是垄断资本主义代替自由资本主义。

其次，无论是代议制度、政党制度还是选举制度，其侧重点在于统治而非管理，因而造成政务官数量激增，而专业管理人员极度缺乏的状况。政务官规模的增长是由当时的历史条件所规定的，一方面基于整合资本利益的需要，另一方面则是有效统治社会的需要，两项历史使命必须同时进行。政务官具有很强的政治功能，却缺乏有效管理社会的能力，而且政务官基于权力斗争的哲学，在某种程度上对资本利益的实现具有阻碍作用。如政党分肥制成为19世纪最为常见的政治现象，一旦某党获胜便将大量的与该政党有着千丝万缕关系的人员安排到政府中，从而造成政府官员良莠不齐。

再次，上述三种制度安排都呈现为周期性特征，即按照一定期限进行轮换。政治轮换机制有助于利益的表达与整合，但却不利于政策的延续，特别是涉及政府体系大调整的情况时。如政党制度已经成为西方政治轮流执政的主要形式，但是政党轮流执政往往造成政府工作人员的大洗牌，从而影响政策的延续性。而且，由于政党所代表的资本利益的差异性，政党政策之间存在一定的分歧，政策的变动不可避免，这无疑对社会经济主导者的资本利益产生损害。

最后，由于专业化管理人才的缺乏，或者说，专业化管理的稳定性和提升性与资本政治制度的非稳定性之间产生了矛盾，从而造成政府专业化管理程度降低。随着社会经济的日益复杂化，缺乏专业性的政府越来越显示其无能为力，从而造成了资本利益实现方式的无序化，同样对资本及其他社会利益不利。

资本政治的统治制度创新而管理制度匮乏造成了资本利益及其他社会利益不能有效地实现，从而要求资本政治的管理制度创新，这就推动了西方文官制度的产生。

三、文官制度创制：基于悖论的解析

文官制度的产生恰恰是基于资本政治统治制度的创新，而管理制度匮乏，并由此引发的一系列政治社会问题。如果说以政党制度、代议制度、选举制度为代表的政治功能的制度化创新在社会经济管理方面具有一定的缺陷构成了文官制度建构的制度依据，那么通过制度创新有效地实现社会经济占主导地位的资本利益即为其阶级依据，从此推导出的国家与社会关系、政治与行政关系便构成了文官制度必须面临的现实依据。

（一）国家与社会：由分到合

国家与社会关系按照西方主导的意识形态自由主义的解释，经历了一个从分到合的过程。苏格兰启蒙运动时期，学者们论述了政府与市场的关系。根据亚当·斯密的解释，市场本身有一只"看不见的手"在发挥作用，自动调节市场本身的运作。基于此，市场社会——一种不同于传统社会的形态在其自身规律的指导下自发自主地运行。市场经济的发展使得市场社会的能力获得了巨大的提升，从而成为与国家相制衡的体制外权力中心。

经典自由主义者在此基础上主张"管的最少的政府，就是好政府"，政府只限于管理某些市场安全、维护市场秩序、确保财产权等外部问题，不能具体介入市场本身的运作过程中，即所谓的"守夜人"政府。政府不介入市场本身的运作过程恰恰符合自由资本充分发展的要求，自由放任政策适应了资本最初的发展形态。而且，此时西欧各国政府政治力量也忙于内外矛盾和冲突：对内维持资本主义的新统治，对劳工阶级的兴起采取镇压和怀柔政策；对外忙于开辟殖民地，获得大量殖民利益，并且国家之间战争不断。因而，此时的国家与社会关系，主要是指国家与自由资本居主导地位的市场社会之间的关系呈现为一定的"分治"状态。

以自由资本为主导的市场社会的发展却慢慢积聚矛盾和冲突，并由此对资本政治体系产生了巨大的冲击和挑战，其中最明显的标志就是在19世纪中叶垄断资本开始产生并发展。在当时西欧的历史条件下，垄断资本代替自由资本既是一个自然的过程，又是一个人为的过程。从自然发展看，自由资本发展到垄断资本，一方面是资本自身禀赋发展的结果，资本禀赋即资本的发展是建立在剩余价值剥夺的基础上，通过对剩余价值的剥夺和再生产，资本自利趋向于一种"滚雪球"效应，但这只是自由资本发展到垄断资本的一个充分条件；另一方面则是科学技术成本效益问题，科学的发展极大地推动了资本政治的发展，然而现代科学（主要是指可控的实验）却需要花费巨大的成本，因为每一项科学实验都需要经历成千上万次才能够获得成功，这并非任何资本都能够承担的成本，只有那些具有相对优势的资本才能担负如此成本。一旦实验成功并应用于生产，会带来极大的效益。科学技术的此种特征导致大资本的产生。

从市场社会的外部效应看，由于国家采取自由放任的政策，市场社会所遵循的"自由竞争"便会演化为"物竞天择，适者生存"的社会达尔文主义，资本之间竞争激烈，那些具有相对优势的大资本往往会挤垮小资本，从而扩大其资本统治的范围。国家由于忙于对内维持统治、对外进行战争竞赛，需要资本提供其财政税收，而偏向大资本几乎成为资本政治的内在倾向。从这个角度看，垄断资本的产生和发展是市场社会自身运行和国家基于自身利益考虑的结果。

然而，市场社会由于垄断资本的兴起产生了许多问题：一是市场社会自身的矛盾激化，从而威胁到资本正常合理的发展。垄断资本已经开始破坏为斯密所发现的市场规律，通过垄断人为地破坏价格规律，既对顾客群体，也对劳工阶级，以及小资本无疑都形成一种威胁。垄断资本引发了市场社会内部的矛盾和冲突，市场社会呈现为无序状态，并倾向于崩溃。另一方面，垄断资本的产生造成了国家与社会关系的紧张。垄断资本通过资本政治的制度途径进入到政治体系中，排斥其他利益（包括小资产阶级、中产阶层、无产阶级等）进入，一味地维护垄断资本利益，由此引发了社会对政治体系的质疑，特别是造成了资本利益内部的分裂和斗争。

在这种情况下，国家与社会"分治"的格局自然遭到破坏，传统的"守夜人"政府角色已不能适应当时资本政治的发展。1861年约翰·密尔《代议制政府》出版，此书标志着自由主义的转向，即开始扩大国家对社会的干预，当然，此种干预必须建立在不能损害公民自由的基础上。牛津学派的格林开始大力倡导"新自由主义"，新自由主义反对传统自由主义的"消极国家"，主张扩大国家干预经济和社会生活的权力，建设积极的福利国家。国家与市场社会的"分治"开始向国家"主治"方向发展。

国家与社会的关系由"分"到"合"，反映到政治与行政关系上却呈现为由"合"到"分"，表面上看去似乎是一种悖论，却具有一定的合理性，此种合理的悖论恰恰构成了文官制度创建的现实依据。

（二）政治与行政：由合到分

按照古德诺的解释，政治乃是国家意志的表达，行政则是国家意志的执行，政治对行政必须有一定的控制力，行政则具有相当的集权能力。[①] 政治与行政的二分法适应了当时社会发展的需要，特别是对传统的政治与行政不分及其在资本治理过程中的作用的一种批判和反思，同时也是制度层面的重塑和变迁。

西欧传统社会的政治行政不分的格局一直延续到工业革命阶段，主要原因在于：一是资本主义制度的确立。资本主义制度作为一种新兴的制度形态，是在封建社会末期开始发端，经历了绝对主义国家阶段和资产阶级革命阶段而逐步确立的。在整个历史过程中，资本治理始终面临着传统势力的挑战和阻力，这种阻力来自于两个层面：一方面国内封建贵族势力仍然存在，特别是地主阶级对资本制度的极力破坏，换言之，土地政治在资本主义初级阶段仍然非常强势，土地问题成为资本主义发展的重要课题。[②] 另一方面，西欧各国林立的局面及其发展的不平衡性同样对资本制度的确立形成了重要的阻碍，坚守传统的帝制制度的国家与秉承民主革命的国家之间的对立格局非常明显，这也是欧洲国际关系的一个独特之处。在这种情况下面，资本制度的确立必须对内统一和革新，对外则应对传统国家的干涉，因此必须整合国内的资本力量和其他力量，从而延续政治行政的不分性质。二是自由资本主义阶段的特点。自由资本主义阶段，国家与社会呈现出分治局面，社会特别是市场社会获得了相当的自治空间，资本通过市场自发调解的能量运转，对国家的要求则是"无为而治"，遂造成对国家政治和行政方面的技术要求非常低。在这种情况下，政治、行政的分离动力尚不明显。三是随着资本主义制度的确立，资本与劳工之间的矛盾和冲突不断加剧，如何应对来自劳工阶级的挑战成为西欧资本主义国家

[①] 古德诺：《政治与行政》，华夏出版社，1987。
[②] 巴林顿·摩尔：《民主和专制的社会起源》，华夏出版社，1987。

普遍面临的课题，在这种情况下，显然政治与行政的合一有助于资产阶级稳固其政治地位以及对劳工阶级的政策主张。

但是，随着资本主义制度的发展，资本所面临的传统势力逐渐淡出历史的视野，西欧国家间的关系也呈现为集团对峙，劳工阶级在经历了数次革命后其能量已经让资本力量感到震撼。在这种情况下，政治与行政的合一越来越不适应社会经济发展的需要，政治与行政分离的趋势逐渐明显。首先是效率要求。自由资本主义已经开始采纳现代科学技术，但是其应用的程度和管理的规模，显然停留在封建社会末期的水平，工业革命所创造的能量就在于技术应用程度的提升，科学理念的增强，以及管理规模和复杂化的提高。面对这样一种更加复杂的技术要求，传统的政治行政不分，强调的更多的是政治能力，后者在技术方面显然已经不合时宜。因此，技术效率要求政府中必须有一定比例的专业人才，这些人更懂技术、科学和管理。技术效率提出的要求表现在三个层面：一是政府结构分化，必须有专门的部门特别是细化的部门结构来应对科学、技术和管理提出的要求；二是功能专门化，与结构分化相对应的是专业要求；三是人才要素，政府结构分化和功能专门化，必须由特定职业的人才予以落实。其次是民主要求。劳工阶级的能量已经影响到了资本制度的结构，而从自由资本主义发展到垄断资本主义，资本内部结构也在分化，资本内外力量构成的复杂化，导致了民主政治本身的复杂性，政治作为国家意志的表达，如何整合资本内外的力量，成为资本治理的重大课题；而政治中的利益和力量的多元化又不至于影响到行政效率的统一，因而也就为政治与行政的分离提供了动力。最后则是治理的要求。治理超越于传统的政治统治和管理层面，治理要求社会积极地参与到国家政治行政过程中，特别是影响到公共事务的管理，如何吸纳各种力量介入到资本治理过程中，同样影响到政治与行政的关系。

政治与行政之间的关系在资本治理的层面上开始由合到分，行政开始出现了自身的动力结构，这种动力结构即韦伯所谓的官僚科层制结构，科层制结构又必须以某种制度形态展现出来，从而成为文官制度创构的制度基础。正是在这个意义上，国家与社会由分到合，政治与行政由合到分，两者在19世纪末20世纪初这个特定的历史阶段产生了交集，从而为文官制度的创设提供了条件和动力。

[参考文献]
[1] [法] 雷吉纳·佩尔努：《法国资产阶级史》，康新文等译，上海译文出版社1991年版。
[2] 厉以宁：《资本主义的起源》，商务印书馆2003年版。
[3] 王浦劬：《政治学基础》，北京大学出版社2006年版。
[4] 古德诺：《政治与行政》，华夏出版社1987年版。
[5] 巴林顿·摩尔：《民主和专制的社会起源》，华夏出版社1987年版。

公共政策

西方国家就业服务经验对我国民族地区就业服务体系建设的启示

从政府管理的角度看农村中小学布局调整

西方国家就业服务经验
对我国民族地区就业服务体系建设的启示[①]

王丽平[②]

[摘要] 我国民族地区就业服务体系的建立与完善是事关民族地区稳定与发展的大事。当前我国民族地区就业服务体系中呈现出诸多问题，本文通过借鉴西方国家在就业服务体系建设方面已积累的经验，提出完善我国民族地区就业服务体系的几点建议。

[关键词] 就业服务；民族地区

一、我国民族地区就业服务体系的现状分析

（一）我国民族地区就业服务体系的构成

当前，我国民族地区的就业服务体系主要由三方面构成。

一是职业介绍所。在许多民族地区，基本形成了以政府开办的市、区（县）、街道三级职业介绍为主，社会上规模不等的职业介绍机构为辅的服务网络框架。政府开办的职业介绍机构已经具有一定的社会影响，职业介绍工作初见成效。

二是劳动就业服务企业。这是一种受到政府和单位扶持的、进行生产自救性质的集体经济组织，产生于20世纪70年代末。当初的首要功能是安置"文化大革命"时期积压的大批待业青年和城镇失业人员。众多的劳动就业服务企业在其发展过程中，能够把经济效益和安置就业的社会效益结合起来，把失业人员组织起来，发展生产、广开门路，开创了利用劳动力资源推动经济发展、通过劳动积累创造就业岗位的新路子。近二十年来，劳动服务企业先后安置了很多人就业。

三是再就业服务中心。再就业服务中心的建立保障了国有企业下岗职工的基本生活，促进了再就业，成为少数民族地区实施再就业系统工程中的一项重要措施。再就业服务中心正在由原来的一两个行业扩展到所有列入兼并、破产、再就业计划及建立现代企业制度的行业，并逐步覆盖有下岗职工的每一个国有企业。

---

① 本文系中央民族大学"985"工程三期中国民族地区公共管理与公共政策研究中心建设项目"民族地区社会保障体系建设研究"（项目登记号为MUC98507-030306）的成果之一。

② 作者简介：王丽平（1970—），女，江苏人，博士，中央民族大学管理学院副教授，主要研究方向：领导科学与艺术，绩效管理。

（二）我国民族地区就业服务中存在的主要问题

我国民族地区就业服务工作的问题主要表现为如下几个方面。

一是职业介绍工作比较薄弱、就业信息十分欠缺。职业介绍工作的薄弱性主要表现在：第一，职业信息的调查收集、统计汇总、分析预测以及公开发布等都比较欠缺；第二，民族地区尚未建立起一支专门的信息员队伍，有了这支队伍才能收集职业、岗位等的供需信息，分析产业、行业、不同经济类型用人单位和主要职业需求情况、求职人员构成、求职意向等；第三，职业信息网络不够健全，大部分城市市内的职业介绍机构之间尚未实现信息联网，不能够互通有无。所有这些，都大大限制了职业介绍功能的发挥。

二是政府职业介绍机构的服务意识淡漠。长期以来，劳动部门解决就业问题一直依靠行政手段，实行严格的计划管理。改革开放以来，劳动部门逐步下放了一部分管理权限，但其就业管理的主要内容仍然是计划、审批、执行等。这种长时期形成的"统包统配"的就业制度和劳动管理的思维，使得劳动部门的工作人员难以迅速转变其工作方式。在民族地区，不少工作人员仍然以居高临下的姿态、以管理者的身份出现在失业、下岗人员面前，而没有树立起市场经济所要求的服务意识，真正为失业、下岗人员的处境忧虑，真正想方设法地帮助他们。

三是民办职业介绍机构良莠不齐，缺少规范化管理。目前我国民办职业介绍机构良莠不齐，有的确实服务质量好，收费合理，介绍成功率高；但另一些则根本不具备开办条件，有些甚至从事非法职介活动，以欺诈、骗取钱财为目的，严重损害求职者的利益。这些反过来也损害了民办职业介绍所的声誉。在民族地区的调查显示，人们对民办职业介绍所的评价甚低，其得分列倒数第二，仅高于街头招聘广告。

四是职业介绍、就业培训、失业保险、社会救济之间缺少有机的联系。民族地区目前的职业介绍、就业培训、失业保险、生产自救、社会救济基本上各自单独运作，它们相互之间尚缺乏良好的协调机制，缺少有机的联系，这使得各环节之间常常呈冲突状态。在民族地区，有不少的失业、下岗人员虽然持有待岗证或下岗证，他们实际上从事过或正在从事着有报酬的、或长期或短期的劳动，即"隐性就业"，但是同时，却仍然领取失业救济金或困难补助金。

除以上四点外，我国民族地区就业服务工作的问题还体现为对农村劳动力就业服务的忽视、高素质劳动力就业服务的匮乏等。

二、西方发达国家政府提供就业服务的经验

"二战"以后的西方福利国家政策，给了失业者基本的生活保障，虽然它没有从根本上解决就业问题，但大大缓和了因失业而引发的社会矛盾。特别是美国、德

国、英国的就业模式，对构建我国民族地区就业服务体系具有一定的借鉴意义。

（一）美国的就业服务模式

在美国，政府不直接干预就业服务工作，政府的角色主要体现在两个方面：一方面是及时准确地发布就业岗位信息，预测就业环境变化与就业趋势等，为未就业人员就业提供信息指导和帮助；另一方面是制定促进就业的相关政策。

为提高公共就业服务的质量和效率，美国近几年提出了"一站式服务"的理念。目前全美国大约有2000所公共职业介绍机构，将全部改建成"一站式就业服务中心"，并将服务向社区和院校延伸。这一目标已写进美国《劳动力投资法案》。"一站式服务"即将职业培训机构和失业保险服务并入职业介绍中心合署办公，并与社会上的其他机构建立合作伙伴关系，为求职者和用人机构提供方便、快捷、高效的服务。

美国就业服务的信息化建设也是领先的。例如，随着就业服务信息化程度的提高，美国的公共就业服务机构的服务对象已经分化为三种类型：第一类为就业能力较强的初次求职者或自愿转换工作的人员；第二类为需要中心提供基本服务的短期失业者；第三类为长期失业人员、困难群体、因产业结构调整而大规模失业的特殊群体等。

（二）德国的就业服务模式

德国就业服务的政府行为主要体现在咨询指导服务上。中央政府设联邦劳动总署，地方设劳动局，政府每年下拨高额的培训费，负责未就业人员就业信息的统计、网络服务、职业介绍和培训教育等。政府制定相关的法律法规，激发社会、企业创造就业机会的行为。德国是目前西方国家中制定了最详尽解雇程序的国家，且具有独特的就业管理体制，颁布了《职业教育法》（1969）、《就业促进法》（1969）、《训练促进法》（1969），旨在扩大就业需求。2002年初又通过《非全日工作法》，推行"非全日工"。联邦统计局统计表明，2002年德国的"非全日工"数量比2000年增加了32万。德国通过立法和政策调整创造了良好的就业环境。

职业培训是就业服务的一个重要组成部分，包括职前培训、在职培训和转岗培训。多数国家的专业培训机构，正在朝着与社会伙伴合作办学的方向发展，即在职业培训的办学体制、方向、内容等方面，在雇主组织、工会组织和政府三者之间建立起协商与合作机制。这种机制的建立，使职业培训向"需求导向型"模式又迈进了一步。

三方合作的德国职业培训制度在世界上最具特色，以德国特有的"双轨制"职业教育为基础，集中体现了雇主、雇员和政府三大社会力量的协商与合作机制。《德国联邦职业教育法》对上述三方在职业教育和培训中的责任、权利和义务做出了明确规定。合作的第一方是工商界的行业协会、手工业协会等雇主组织。第二方是工会组织。第三方是主管职业培训工作的有关行政部门，包括联邦教科部及各州文教部、联邦劳工部及其下属各专业机构。政府主管部门是三方合作中的主导力量，负责制定培训政策，监督政策的执行情况，落实培训计划等。当雇主组织和工会组织在某些问题上意见不一致时，政府主管部门便及时介入进行调解，使矛盾尽快得到化解。

（三）英国的就业服务模式

英国工作和年金部于 2002 年 4 月起设立特别就业服务和失业给付中心，作为统筹各项失业给付和就业协助的机构，根据失业者的失业时间、年纪及其他相关条件，提供不同的就业服务方案，而且，因为机构自身就是各项失业给付的审核中心，因此，可以直接针对失业者对中心所提供的就业方案的配合程度，核准或拒绝给付。

英国的社会安全体系长期以来将享受政府给付的人群分为两部分，一部分必须就业以获得领取给付资格，而另一部分则不需适用这一规定，诸如单亲儿童的照顾者、长期的福利依赖者等。自 1997 年开始，政府强调就业的重要性，希望有就业能力者可以通过就业达成"自助"的目标，以往的福利依赖者也被强制必须进入职场就业，并透过特定的政策来处理长期失业者和弱势群体问题。在这一趋势下，英国的福利体系与就业服务机构开始寻求职能上的结合，两者整合为一体式服务提供机构，即就业服务和失业给付中心，它作为就业服务和失业给付的窗口，以就业为原则，监控失业给付的发放，并配合给长期失业者和弱势群体提供特定的就业方案。

就业服务和失业给付中心是英国公立就业服务机构的主体，同时，它也兼具失业给付功能。中心直接由政府管辖并设定工作目标，是纯粹的公共部门，部门工作人员均具有公务员身份，以公共部门的力量直接提供就业服务。截至 2006 年，英国在全国各地共设立 775 个就业服务和津贴中心，共有工作人员 71403 人。

综上所述，近年来，西方各国就业服务主要呈现出以下特点：一是就业服务由政府公共机构提供，或者由政府出资向私人机构购买，就业服务机构与企业、学校及其他社会机构结成广泛的合作伙伴关系。二是以持续的经济增长创造就业。西方各国更强调其国民经济的全球竞争力，形成了在经济增长中拓展就业空间的思路。三是尽可能利用现代化的信息手段，为失业者提供人性化的、高效率的便捷服务。信息手段的现代化，不仅极大地提高了就业服务的效率，也使就业服务的内容和方式发生了变化。

三、完善我国民族地区就业服务体系的几点建议

民族地区的就业情况是关乎民生和国家稳定的大事，做好民族地区的就业服务

至关重要。发展民族地区公共就业服务是市场经济条件下政府促进就业的重要手段。当前应从以下几方面完善我国民族地区就业服务体系。

（一）进一步完善公立职业介绍机构

为了更好地促进市场就业机制的形成，有必要进一步完善公立职业介绍机构。

一是机构设置。现有民族地区部分城市的市、区（县）、街道三级职业介绍机构，其结构基本合理，可以逐步在全国各地区推广，但在实践中要注意向区、街道一级的基层工作机构倾斜。根据国外的经验，市一级就业服务机构一般是负责本地区的服务规划、资金分配、场所布局、查处欺诈行为等管理工作，只有基层的职业介绍机构才直接面对失业人员和用人单位。基层机构能够迅速、及时地了解求职者和用工单位的要求或困难，给他们提供周到的服务。另外，为了方便求职者，职业介绍机构一般应设在人口集中交通便利的公共场所，例如，日本的职业介绍机构就多设在超级市场或地铁站口，这虽然只是一个很小的细节问题，但却反映出他们的服务意识。

二是人员配备。政府部门的职业介绍机构存在的服务质量不高、服务效率低下的问题，多数与职业介绍机构人员的配备有关。由于职业介绍中心属于事业单位编制，它所配备的人员，相对于劳动部门的公务员来说，素质、技能水平较低。而国外的情况恰恰相反，例如，在德国各级劳动局中，职业介绍员是最重要的，也是最多的。在德国人看来，职业介绍员是整个就业工作的灵魂，失业者能否尽快再就业，失业率能否降下来，很大程度上取决于职业介绍员的努力。在当前政府机构改革、国家公务员分流任务艰巨、就业服务工作亟待加强的情况下，民族地区也可适当借鉴国外的做法，把个人素质、理论水平、职业修养等较高的公务员配备到职业介绍机构，培养一批既具有职业介绍专业知识和技能，又掌握国家就业方针政策，以及能熟练操作现代办公设备的专职工作人员，提高现有职业介绍人员的服务质量和服务效率。

三是服务规范。职业介绍工作面对的主要是失业人员，失业者生活艰难，心理上也相对脆弱，因此，高标准的服务就显得尤为重要。在英国，职业介绍机构通常都具有鲜明的服务宗旨、周到的服务条件、多种多样的服务内容和高标准的服务规范。例如，要求工作人员佩带证章，随时可应求职者要求进行直接对话；对求职者礼貌、关心体贴；按求职者要求提供有关服务信息；公布工作规则以供监督，如使求职者等待时间最长不超过10分钟，半分钟内必须回复电话等。民族地区的职业介绍机构要吸收其他国家的一些先进经验，严格遵守《职业介绍服务规程》，健全工作制度，明确职责范围，不断改进工作作风，规范职业介绍服务，更好地帮助求职人员和用人单位，促进就业。

四是工作方式。介绍机构目前的工作方式，是以组织面对面的招聘洽谈会为主。招聘洽谈会看似规模宏大、参加人员众多，但对求职者和用人单位而言，其实际效果并不理想。在国际上，成熟的市场经济国家，其职业介绍方式多种多样，但是很少采取类似招聘洽谈会这样大规模的方式。多数国家职业介绍机构的主要工作方式是：经常派信息员到企业去，收集了解企业用人信息，为求职者登记，对来登记的求职人员进行分类，然后对供需双方的条件进行分析，将合适的求职者推荐给企业。事实证明，这样的职业介绍方式更有针对性，效果更好。

（二）进一步规范民办职业介绍机构，发挥它们的拾遗补缺作用

针对民办职业介绍机构及其活动中出现的违法、欺诈行为，劳动部已经颁布了《职业介绍规定》、《就业登记规定》、《职业指导办法》等有关文件，对开办职业介绍机构的条件、审批程序、职业介绍机构的职责和管理等作了具体规定，为单位和公民个人开办职业介绍机构，进行职业介绍活动提供了法律依据。但是，在民族地区，相对于我国劳动力市场的建设和管理的需求，以及使职业介绍机构真正成为沟通劳动力供求双方主渠道的目标，现有的法制建设显得远远不够。今后，需要进一步制定和完善统一职业介绍服务评估、职业介绍服务标准、职业介绍收费标准、职业介绍从业人员资格、劳动力市场信息网络建设等方面的法律法规，以打击非法中介，保障用人单位和求职者的合法权益，把职业介绍行为纳入规范化的轨道，维护劳动力市场的正常秩序，为劳动力市场的健康发展创造良好的环境。

（三）实现失业保险、失业救济、就业培训、职业介绍的一体化

由于失业保险、失业救济、就业培训、职业介绍之间没有形成有机的整体，出现了隐性就业、就业培训效果不好、失业救济发放不合理等许多问题。为了有效地解决这些问题，需要逐步实现失业保险、失业救济、就业培训、职业介绍的一体化。借鉴市场经济国家的作法，我们可以将现行的由工作单位发放的最低工资、困难补助或救济等不同名称的保障失业下岗人员基本生活的各种费用，以及由民政部门发放的失业救济金或最低生活保障金等，统一改为由就业服务机构发放。就业服务机构仅仅负责失业保险金、失业救济金的发放，不负责收缴、增值、管理等事务，目的是使失业保险和救济金的领取能够很好地与职业指导、就业培训、职业介绍等结合起来，更好地服务于促进就业的目的，而不是养一批闲人、懒人，尽量避免钻政策空子的现象出现，把有限的资金运用到最需要的地方。

未来也许可以形成一套类似于流水线的就业服务体系，如以下的六步：第一，让那些理由正当的失业人员到就业服务机构登记失业，并领取失业证；第二，就业服务机构依据失业证向失业人员发放临时性救济金，失业人员同时开始积极寻找工作，或者参加就业服务机构组织的转业转岗培训；第三，失业人员只有证明自己处于积极寻找工作的状态或正在参加培训，才能继续领取失业救济金，但要给予一定的时间限制，如一个月、三个月、六个月等；第四，领取失业救济金的人员必须参加就业服务机构组织的求职面谈、转业培训和推荐就业等活动，无故不参加者或拒

绝接受就业服务机构安排的上述活动达到一定次数，则视为已经找到工作，应减发或扣发其失业救济金；第五，对登记失业三个月以上仍未找到工作的人员，就业服务机构将与他们共同研究求职经过，并提供进一步的职业指导服务，帮助他们制定或修改就业计划；第六，失业人员找到工作以后，就业服务机构收回失业证，停发失业救济金。

[参考文献]

[1] 许艳：《发达国家公共就业服务机构比较研究》，《人才开发》，2009（3）。

[2] 郭石明：《日德法三国政府促进大学生就业政策措施述评》，《广东工业大学学报》（社会科学版），2004（2）。

[3] 张勇、侯桃：《西方发达国家劳动就业的比较研究及其启示》，《当代财经》，2005（3）。

[4] 杨伟国、王飞：《大学生就业：国外促进政策及对中国的借鉴》，《中国人口科学》，2004（4）。

[5] 李宏：《公共就业服务体系建设与发展——问题分析与政策建议》，《北方经贸》，2007（1）。

从政府管理的角度看农村中小学布局调整

宋 婷[①]

[摘要] 2001年,国务院出台《国务院关于基础教育改革与发展的决定》,该决定第13条明确要求地方政府"因地制宜调整农村义务教育学校布局","按照小学就近入学、初中相对集中、优化教育资源配置的原则,合理规划和调整学校布局"。这一决定拉开了全国范围内的"布局调整",亦即"撤点并校"的帷幕。2011年11月,恰逢布局调整十年之尾,甘肃特大校车事故的发生促使公众对于校车安全反映的深层次问题——"撤点并校"这一公共政策产生了质疑。关于撤点并校对于学校、教育及家庭的影响和问题,一些学者已进行了相关研究,本文试图从政府公共管理的视角,探讨现今在布局调整"轰轰烈烈"大背景下各级政府的政府责任和政府应采取的举措,希望能够为政府贯彻落实补救机制提供参考。

[关键词] 布局调整;政府管理;农村中小学"撤点并校"

一、布局调整的背景、现状及存在问题

(一) 布局调整的背景及原因

教育事业关乎国家的发展、民族的大业,是与中国亿万家庭息息相关的民生工程,"孩子上学"更是每一个农村家庭的"头等大事"。始于20世纪80年代的九年义务教育是国家为了普及基础教育出台的教育决策,在此基础上逐步形成了"村村有学校"、"镇办初中、村办小学"的布局,这种布局是由分级办学和分级管理决定的。而随着我国计划生育政策的深化和计划生育政策的初见成效,20世纪90年代末期,全国部分地区随着本乡、本村行政区划的变更以及适龄入学学生数量减少、学校生源不足而撤销了部分村办小学,合并至一所中心学校,学生统一到中心学校就读,撤点并校悄然展开。2001年国务院出台《国务院关于基础教育改革与发展的决定》的文件,要求地方政府"因地制宜调整农村义务教育学校布局",自此,各级地方政府及相关部门迅速展开布局调整即"撤点并校"的步伐。

---

① 作者简介:宋婷,女,山西晋城人,中央民族大学管理学院2011级研究生,主要研究方向:公共管理与社会治理。

据教育部相关资料显示，1997年全国农村小学数为512993所，到了2009年剧减为234157所，共减少了278836所，每天减少64所。

布局调整政策的出台和实施事实上是历史的必然选择。第一，我国多年来计划生育政策的全面开展和深化落实，导致农村人口出生率大幅下降，20世纪90年代末期农村适龄入学学生人数锐减，普及九年义务教育所形成的村办小学、一村一校的布局面临生源难题，地方政府为了节约教育资源，撤销部分村校成了必然。第二，我国城镇化的加快和深入使得大量农村人口涌入城市务工，导致大量农村人口外流，我国城乡二元结构导致的城乡差距较大的现实反映在教育方面，必然导致有条件的农村家庭将孩子送到城市上学，城镇化的迅猛发展令以行政区划为基础的校区布局方式不再适应经济发展和农村学童的教育需求，因此，城镇化是导致撤点并校的一个重要原因。第三，国家对农村的税费改革，使农业附加税取消之后，县级财政收入锐减，乡镇及村的义务教育责任推至县级财政，县级政府普遍面临资金短缺、教育经费不足的状况，政府面对越来越大的财政压力，通过规模教学、撤并校区节约教育经费也成为必然选择。第四，1998年展开的乡镇机构改革撤点并校具有推动性的影响。随着村区划的合并，小学撤点并校成为必然，随着乡镇区划的合并，初中也展开撤点并校。至此，之前基于扫盲教育和普及九年义务教育所形成的村村办学布局最终被"布局调整"的浪潮所打破。

（二）布局调整的现状及问题

毫无疑问，国家采取布局调整的重大决策是出于教育均衡发展的考虑，是在农村学校办学规模缩减、教学资源浪费以及教学质量低下的情况下采取的有力措施。布局调整所期望达到的目的主要是促进城乡教育资源的合理和有效配置、促进教学质量和教学水平的提高、产生教育教学规模化效应从而最终促进教育公平。同样，各级政府加速推进"撤点并校"工程，主要是为了追求效益，教育事业的效益主要包括质量效益和经济效益，地方政府财政方面的压力促使政府加速合并，但随着2011年校车事故频发，人们不得不深入思考十年"撤点并校"所产生的"效益"究竟在哪儿，"效益"的代价又是什么，校车这个"撤点并校"的衍生品也因此成为2011年最沉痛的名词。十年来的布局调整所带来的"效益"是显而易见的，教学点和小规模校舍被撤销后，各地区能够将教育资源统一整合起来集中使用，这克服了布局调整之前教学点分散导致的教育资源浪费和教育资源利用率低下的问题，过去资历和水平高的老师不愿到农村教学，合并后农村学生能够接受比此前更加优质的教育，促进了教育资源的合理配置；另外大大提高了农村小学和初中教育教学的规模效益，并在此基础上大大提高了农村学校的教学质量。追求教学水平的提高和教学质量是国家开展布局调整和撤点并校最首要的目的，因此，从这个层面来看，全国范围内经过十年的布局调整确实促进和提高了农村学校的教育质量，值得肯定。但是我们也应看到"校车事故"背后的诸多问题，这些问题有的是导致校车事故的连锁原因，有的则是尚未表现出来的但一旦发生即会产生重大影响的问题。因此我们应从校车事件吸取教训，改正冒进所导致的问题，防患于未然。

总体来看，布局调整所产生的问题主要有：第一，大量撤销学校和教学点，伤害了村民的经济利益，造成了新一轮的退学和失学现象。被撤销的村校有的是村民集资兴建起来的，有的是希望小学投资所办，被撤销后的学校难以找到合适的用途而被废弃，而被撤销村校的村民子女要到中心学校上学，必然涉及交通费以及住宿费。相关资料显示，撤点并校后80%以上的学生都选择了寄宿制，根据中心学校与家庭地址的远近选择一周回一次家或一月回一次家，回家的方式有自行搭乘交通工具和校车两种方式。由于合并速度加快，许多中心学校并不具备容纳能力，因此孩子住不好、学习状态一般的现象迫使稍有能力的家庭均选择租房陪读，这无疑又是一笔除住宿费用和生活费用以外的开支。第二，村民虽然希望孩子接受优质的教育，但是更希望孩子能够就近、安全、方便地求学，尤其是孩子年龄尚小的家长更希望陪伴孩子成长，而不是一周只见一次。我国地域辽阔，山区、盆地等交通不便的地方还很多，"一刀切"式的撤点并校给这些地区的村民带来了极大的不便，另外部分学生并没有分享到布局调整的成果，学习成绩不升反降，主要是因为此前是小班教学、因材施教，而合并后的中心学校学生人数剧增，因此部分村民不愿意撤并村校。第三，布局调整的政策最初由政府以文件形式下达，地方政府与教育部门存在典型的追求速度和数字而不顾客观事实的情况，没有考虑部分村民的客观需要和经济承受能力，撤点并校推进太快，问题频发，其中地方政府不重视村民的意见所采取的强制性合并是最严重的问题。如果这些问题不予以解决，那么布局调整的民心工程和教育大政将会变为沉痛的教训。

二、撤点并校带来的政府管理的困境

布局调整这项教育决策目标是为了均衡教育资源，促进教育公平化，但是在具体的公共政策执行过程中出现了与政策目标不相符的现象并给政府管理造成了困境。

（一）各级政府责任主体不明确

政府是公共政策的制定者，同时又是公正政策贯彻落实的执行者。教育政策的实施也是如此。政府必须明确自身在布局调整决策中的责任，只有明确了自身责任才能有力促进决策朝着政策目标方向发展，否则一定会偏离轨道。国务院明确强调，我国行政体制均是在国务院领导下由地方各级政府负责，分级管理，以县为主，并提出"各级政府要进一步加大投入，切实保障农村义务教育的基本需求"。显然，按照文件精神及要求，对农村义务教育，各级政府均有责任，而不是现在的县级政府全权负责农村义务教育。全国很多县级政府财力无法担负全责，寻求相关帮助时却屡屡碰壁，这都源于政策出台后，各方对于政策的不同理解和认识，归根结蒂是对于自身责任缺乏正确的理解，导致本应是系统工程，"人人有责"的布局调整工程却成了"方方都躲，逃来避去"。政府责任不明确导致各级政府相互推诿责任、政府职能缺位、政府失灵的现状已经极为严重，如果照此下去，必然会出现县级政府无力承担此责，撤点并校难以维持的局面。

（二）政府资源配置不均导致中心学校财力匮乏

1997年国家曾提出办学体制改革。其原因就在于教育经费短缺，无力满足我国广大农村中小学校的现实需求。2001年实施撤点并校以来，撤并后成立的中心学校更是背负了沉重的财政压力和包袱，学校缺乏经济能力去提高教学硬件和教学设备水平，影响了学校的长远建设和发展，合并后学校的学生人数又大幅度增加，相关条件跟不上，而中心学校合并又使得学校成为巨型学校，管理必然存在问题。九年义务教育本是我国的一项基本国策，本应由政府主导投入，学校办学的经费主要来源于两个方面：一是国家的财政性拨款；二是社会的捐助。我国教育办学的现状反映出我国对于基础教育的投入过低，正因为此，导致各级政府的责任意识不明确，相互推诿财政责任。城乡之间教育资金的投入差距逐步扩大，合并后的中心学校管理面临困境。政府在教育投入方面本应偏重农村教育，政府职能的缺位可见一斑。另外加上省级、市级政府从下级政府集中财力却不予以明确拨款，不承担农村义务教育发展的主要职责。当前，解决农村中小学撤并后政府管理的效率和政府职能的落实是各级政府应该深入考虑的问题。

（三）多头领导，资源浪费

我国农村基础教育由此前的"以乡为主"变成了现今的"以县为主"，实际上是县取代了乡的位置对农村中小学进行管理，问题随之而来。主管教育的政府职能部门过多，除了各级政府外，九年义务教育还涉及人事、财政等多个部门，多头管理的弊病反映在布局调整的过程中，导致政府管理的交易成本过高，没有把钱用在该用的地方，反而造成了相互之间的责任推诿，严重阻碍了教育均等化政策目标的实现。由此可见，政府需要进行教育管理体制的改革，创新政府管理，提高政府管理的效率并最终促进教育资源合理配置、实现教育公平的目标。

三、各级政府应采取的补救措施及对策

（一）提高认识，坚持教育为民的执政理念

教育为民是各级政府在贯彻实施教育政策时必须时刻牢记的。同样各级政府官员在重视自身政绩的同时一定要坚持"又好又快"，效益和效率只是政府工作的一

个方面，如果效率以质量和公平为代价的话，政府职能即会出现缺位，这是由政府的公共服务性所决定的。因此在布局调整中，地方政府一定要积极落实，相互监督，每一所学校的撤销都要经过认真考证，都要在多方考虑客观现实状况之后予以实施，切实考虑当地交通不便、条件不成熟的地区的特殊情况，切实把撤点并校的速度降下来。

（二）建立民主协商以及公开听证机制

不同的地区可以开展形式多样的协商会和听证会。通过召开各种民主表决和协商大会，政府可以及时准确地倾听民众的真实心声，并与民众一道寻求恰当的、符合多方利益的解决方案。布局调整关乎村民的切身利益，撤点并校不是一朝一夕就能解决的问题，而是做之前需要通过认真考证，做的过程中需要多方斟酌各个环节，做后更要反思行为产生的效果及影响。现今发生的多起校车事故已证明，布局调整的步伐走的过激过猛，唯有及时采取补救措施才能亡羊补牢，为时未晚。

（三）明确各级政府在农村中小学撤并中的公共管理职责

由于各级政府职责不清导致的相互推诿的状况，政府在制定决策的过程中应明确落实各级政府的公共管理责任。教育政策是公共政策的一部分，政府作为公共政策制定的主体，教育政策是政府制定和实施的一种公共政策，各级政府应切实追求所制定决策的科学化和民主化。因此提高与教育相关的决策和政策水平是当务之急。公共产品的提供理应由政府承担，基础义务教育应由国务院和地方各级人民政府给予保障。现在具体执行过程中出现的责任推诿实则是义务教育法中讲到的政府财政责任落实不到位，才导致政策未有效实施。要解决农村中小学撤并中出现的管理混乱、撤并时间仓促、资金财力不到位等问题，必须落实好各级政府部门职责，否则布局调整后果令人担忧。

（四）撤点并校方面要积极转变政府职能

公共管理是以政府为核心的公共组织为实现社会公共利益最大化进行的社会公共事务管理，提供公共物品和公共服务的活动。政府的最大职责在于实现公共利益的最大化。公共行政和政府管理的实质即为政府的服务性，解决当前农村中小学校撤并过程中出现的巨型中心学校难以管理、家长陪读、农村家庭压力激增等问题，政府必须转变自身职能，全面统筹，由政府单方面的管理逐步转变为为民服务的政府，尽快实现农村中小学布局调整的最初目标，促进基础教育均等化和教育资源有效配置。

（五）明确各级政府对农村义务教育应履行的财政职责

资金和经费的保障是发展教育的关键和核心所在。对于农村基础教育来说更是如此。政府应加大对农村义务教育的资金投入，关键应落实到各级政府。包括中央政府在内的地方政府、市级政府都起到自身的作用。在我国，不同的省、市、县区财政相差极大，城乡差距明显，地区与地区之间差距明显这都是不争的事实，经济发达地区和经济落后地区提供公共产品时实力悬殊，因此，中央政府应该承担起通过转移支付来缩小差别的责任。坚决扭转目前所有财政压力集中于县级政府，精神与经济负担由学生及家长承担的现状。提高义务教育经费投入的统筹层次，逐步过渡到市级统筹、省级统筹。只有中央政府明确界定好各级政府的财政责任，才能从实处改变农村校区资金尴尬的局面。

总的来说，政府管理体制的创新应以中央为主导。让管理者进行管理意味着管理者的责任更为直接，目的更为明确，这个目的的实现需要引进一种"以中央为主导"的责任管理机制。以中央为主导意味着义务教育的经费投入以中央为主，省政府、县政府按照相对应的比例承担一定责任，明确财政责任才能进行下一步有效治理。以中央为主导，同时意味着更加明确地规定政府内各部门的实际工作范围，从而改变现有的推诿状况。在政府行政体制中我们通常通过建立或设定一定的规则、程序或者制度将相关原则和必要条件规定下来，从而使其成员遵守基本规定，教育事业本该有的是更多的责任而非限制，但基于目前出现的一系列撤点并校问题，一定阶段内中央政府应以刚性调解为主，经过一段时间的实践后各级政府通过实践切实找到合适的撤点并校方式，逐步建立起责任机制。在政府管理中，委托人——政治官员和公众掌握了代理人——公务员所从事的活动更加详细的信息，代理人必须对自己的所作所为负责。这种管理体制的改革，提高了我们行政机构的透明度，因此，在执行农村中小学撤并这样的公共教育政策时的效果将会比以前更好，这也会切实改进政府管理的效率，通过责任机制的贯彻落实，目的、行为、原因、结果、后果各个环节都将会很明确。基于这些原则的责任机制一旦建立，对责任机制的需求与职责的划分就能很好地协调一致。希望布局调整和"撤点并校"能够在政府的主导之下越走越稳、越走越好，最终实现教育资源的优化配置和教育均等化。

[参考文献]

[1] 张永飞：《解读"撤点并校"》[J]，《教育旬刊》，2012（1）。

[2] 中西部地区农村中小学合理布局结构研究课题组，执笔人：范先佐、周芬芬、贾勇宏、郭清扬、王远伟、曾新：《我国农村中小学布局调整的背景、目的和成效》，《华中师范大学学报》，2008（4）。

[3] 范先佐、郭清扬：《我国农村中小学布局调整的成效、问题及对策——基于中西部6省区的调查与分析》，《教育研究》，2009（1）。

[4] 褚卫中、张玉慧：《农村义务教育"撤点并校"负面影响分析》，《教学与管理》[J]，2012（3）。

[5] 吉芸：《让撤点并校少走弯路——中美农村学校合并的比较及其启示》[J]，《教育探

索》,2010(8)。

[6] 罗银利:《农村中小学布局调整的问题、原因及对策研究》[D],[博士学位论文],华中师范大学教育经济与管理,2007。

领导科学与艺术

浅谈公务员对突发性事件的防范和应对

浅谈公务员对突发性事件的防范和应对

赵巍泽[①]

[摘要] 突发性事件是指突然发生，造成或者可能造成严重社会危害，需要采取应急处置措施予以应对的自然灾害，事故灾难，公关卫生事件和社会安全事件。应对突发性事件的能力，是政府的一个基本职责，公务员是政府的一个基本组成元素，所以突发性事件的防范与应对就成为公务员必须掌握的基本能力。

[关键词] 突发性事件；公务员；能力；防范；应对

一、突发性事件的基本内涵

(一) 突发性事件主要有以下几个特点

一是突发性和紧急性。突发性事件很少会有发生的前兆，往往是非常突然、急促，给人以压迫感，这件事必须马上采取措施，不采取措施往往会使事件的影响扩大，但怎样采取措施、采取什么样的措施，具体到个体事件又是无章可循的；二是高度的不确定性。例如2008年的四川汶川大地震，这是我国乃至全世界都很少遇到的灾难。三是威胁的社会性。由于突发性事件的非常态，容易打乱使人们的正常生活秩序，使整个社会陷入混乱，威胁到社会的稳定和安全。

综合以上三个特点，作为一名政府工作人员，作为一名公务员在遇到突发性事件，并需要自己着手处理突发性事件时，就需要具备相应的素质和能力，能够及时作出决策，采取措施，使事件的负面影响降到最低，损失降低到最小，保护人民群众的安康生活，促使社会和谐健康发展。

古希腊的一位哲学家曾经这样说过："人类的一半活动是在危机当中度过的。"改革开放以来，中国的公共突发事件呈不断增长的趋势，其所造成的社会危害也越来越大。有统计显示，2005年全国自然灾害所造成的直接经济损失达2042亿元；2004年全国因为各类事故死亡13.67万人，伤残70多万人，一年就有近百万的家庭因为安全生产事故遭遇不幸；2004年全国道路事故的损失全年约2500亿元。我

[①] 作者简介：赵巍泽，男，中央民族大学2011级公共管理硕士研究生，主要研究方向：领导科学与艺术。

国近十年来的突发性事件,包括自然灾害、生产安全等方面的事故,在经济上所造成的损失每年大约6000亿美元,约占GDP的5%—6%,各种事故的总量,每年增长的幅度也在6%左右。最高的年份,增长22%。这是一个庞大的数字。有专家曾经做了一个统计,我国每年发生的事故,平均分摊在公务员身上,数量是每年每人一件。这对我们从中央到地方政府的公务员,是一个巨大的压力。所以提高应对突发性事件的能力,对于公务员来说是当务之急。

(二)我国把突发事件分成四类

第一类是自然灾害,主要包括水旱灾害、气象灾害、地震灾害、地质灾害、海洋灾害、生物灾害和森林草原灾害7个分类。

第二类是事故灾难,主要包括工矿商贸等企业的各类安全事故,交通运输事故,公共设施和设备事故,环境污染和生态破坏事件等。

第三类是公共卫生事件,主要包括传染病疫情,群体性不明原因疾病,食品安全和职业危害,动物疫情,以及其他严重影响公众健康和生命安全的事件。

第四类是社会安全事件,主要包括恐怖袭击事件,经济安全事件和涉外突发事件等。恐怖袭击、危害国家安全事件乃至外敌入侵,也是我们必须高度关注的突发性事件。

我国将突发性事件分为四个等级,主要是根据其对安全的威胁程度来划分的。其威胁程度分别为:特别严重、严重、较重、一般;用颜色来表示,分别为:红、橙、黄、蓝;按照严重程度要报告的上级机构分别为:国务院、国务院及省级政府、省级政府、地市及县级政府。

四级国家预警级别

预警颜色	威胁程度	报告级别
红	特别严重	国务院
橙	严重	国务院、省级政府
黄	较重	省级政府
蓝	一般	地市、县级政府

二、合力攻坚,共同筑牢防范突发性事件的"堤岸"

针对我国现阶段国情,在自然方面是国土幅员辽阔,个别地区自然环境复杂,特别是我国位于世界两大地震带———环太平洋地震带与欧亚地震带之间,受太平洋板块、印度板块和菲律宾海板块的挤压,地震断裂带十分活跃,容易发生破坏性地震;在经济发展方面,我国处于并将长期处于社会主义初级阶段,还没有达到发达国家的经济水平，在防范突发性事件的过程中，可能会显得心有余而力不足；在社会发展方面，我国正处在社会发展的重要战略机遇期，同时又处在社会矛盾凸现期，努力提高预防应对群体性突发事件的能力，是各级党委、政府和领导干部面临的重大公共治理课题，也是实现"保稳定"目标的重要条件。发展是政绩，稳定也是政绩，没有稳定，经济社会就不能实现又好又快发展。

面对新形势、新情况、新问题，作为一名国家公务员，应该从哪些方面提升自身素质，从哪些方面增强个体本领，做好哪些具体工作，来增强政府乃至引导整个社会防范突发性事件的能力呢？

笔者认为应该从以下几个方面做起：

（一）提升个人政治素养，为防范和应对突发性事件打好政治基础

作为一名公务员，必须坚持一种符合社会主流价值观趋势的核心价值观。也就是说，当危机事件发生的时候，领导者一定要首先考虑什么是最重要的，什么是处于第一位的。具体到我们国家来讲，就是要讲以人为本，我们的权力是人民给予的，人民的财产、人民的生命，始终是要摆在第一位的。所以，危机来时，我们要考虑的核心价值观就是人民的安全问题，而不是经济效益。

另外，平时还要加强对马克思主义、毛泽东思想以及中国特色社会主义理论体系，特别是科学发展观的学习，以高度的政治责任感，投入到防范和应对突发性事件的工作中。在突发性事件发生以后，应当抱着对党和人民高度负责的精神，坚持以人为本理念，寻求处理解决问题的良策。

（二）加强个人业务学习，为防范和应对突发性事件做好知识储备

无论是哪个阶层、哪个部门、哪个岗位的公务员，都应该对自己所在部门的业务知识进行系统的学习，并能很好的将学到的知识与过去已发生、预计会发生的突发性事件联系起来，让自己清楚地知道，当诸如此类的事件发生以后，自己该怎么办，自己应该做些什么才能将突发性事件造成的损失降到最低。平时，还应该加强法律知识的学习，做到在工作中习惯性地运用法律解决问题。突发性事件法治属于非常态法治，是关于突发事件引起的公共紧急情况下如何处理国家权力之间、国家权力与公民权利之间、公民权利之间的各种社会关系的法律规范和原则的总和。《中华人民共和国突发事件应对法》已由中华人民共和国第十届全国人民代表大会常务委员会第二十九次会议于2007年8月30日通过，已于2007年11月1日起施行。这就为我国公务人员处理突发性事件提供了法律依据。

（三）编制部门防范预案，使防范和应对突发性事件有备无患

中国有句古语："凡事预则立，不预则废。"居安思危也是我国几千年来施政者的信条。预案的编制，是在认真总结我国历史经验和借鉴国外有益做法的基础

上，经过集思广益、科学民主化的决策过程，按照依法行政的要求，并注重结合实践而形成的。应该说，预案的编制凝聚了几代人的经验，既是对客观规律的理性总结，也是一项制度创新。

对于所在的单位或部门有针对突发性事件预案的公务员，应该在日常工作之余，及时学习预案，知道自己在类似的突发性事件发生以后该做些什么，并能通过自身实践，提出预案中的不足或者说不合适的地方，按照规定予以修改。对于所在的单位或部门没有针对突发性事件预案的公务员，应该在熟悉工作以后，向领导反映或自己提出编制本部门本单位的针对突发性事件的预案。编制制定预案应该实事求是，结合自身实际，多方征求意见，以求达到预案的实用性。

三、统筹协调，共同打好应对突发性事件的"战役"

即便是防范工作做得再好，再到位，总有一些意想不到的突发性事件会发生在你我身边，因为我们有一半的活动是在危机中度过的。在突发性事件发生了以后，作为一名国家公务员，特别是作为一名负责的领导干部，在应对突发性事件的过程中，恰恰是考验能力的时刻，或者也可以说，有什么样的公务员就有什么样的应对方式。公务员突出的应对水平，往往会在突发性事件到来的时刻，形成一个成熟的、敢于负责任的政府，也会造就一批优秀的公务员。在突发性事件发生时，公务员承受着巨大压力，但越是这样就越是考验公务员。这也正是我们选拔人才要经常关注在艰苦环境中锻炼或处理过重大事件的人的道理。

公务员面对的压力有以下几点：第一点，突发事件对生命、价值和目标的严重威胁，会突然对公务员的心理造成一种恐惧的压力；第二点，重任在肩。突发事件发生的时候，处于领导地位的人就会感觉到重任在肩、责任重大，一旦处理不好，就会造成巨大的危害；第三，恐惧局面失控。一旦局面失控以后就惊慌失措，难以把握、控制局面；第四，时间紧迫，信息不确定，接收不到所需要的信息，造成决策中的手忙脚乱，甚至会引起决策的失误。

对于以上所提到的压力，我们该如何在日常和处理突发性事件的过程中，变压力为动力，变压力为能力，妥善处理好突发性事件呢？

笔者认为，我们应该在以下几个方面做出努力：

（一）沉着决策，着力提升公务员的现场指挥能力

决策指挥能力在处理突发性事件中起着非常重要的作用。公务员特别是领导干部在突发事件中的应对决策，实际上有时冒着很大的风险，是一种风险决策，或者说是风险性的管理。管理上有一个著名的定律叫墨菲定律。墨菲是美国一位航空试飞工程师，他曾经说过这样一句话："如果有两种选择，其中一种将导致灾难，则必定有人会做出这种选择。"成功与失败的几率各占一半，这就是在做出决策时最

难把握的一点,也是决策的风险所在。这就要求我们在做决策时,既要听取多方面的意见,分析好各方面的因素,也要果断英明,迅速而正确地做出决策。

应对好处置好突发性事件,是最大的政治,是覆盖全方位的工作。应对突发事件,一分一秒都显得异常宝贵,严密高效的现场组织指挥是实现最佳境界的决定因素。面对本地区本部门突发性事件,各级领导干部和相关工作人员一定要在第一时间亲赴现场、快速反应,在基本判明事发地点和类型之后,立即部署处置方案,做好先期的稳控工作。一方面要及时准确地控制事态发展,有效防范影响的深化,另一方面要特别善于抓住应对和处理的最佳时机,力争主动。

(二) 积极应对,着力提升公务员的统筹协调能力

到了现场,深入了解了情况之后,要根据预案,并结合此次事件的实际情况,具体问题具体分析,制定出完善的应对计划。领导者要做出预案,建立高效的协调机构,成立专门的应急指挥中心,统筹协调好资源的调配、人员的调动、财政的支出等。要充分利用社会资源,调动交通、食品、医疗等各个方面。对于突发自然灾害,要能动员广大人民群众共同来应对,使灾害事件中的利益损失者有信心渡过难关,动员更多的人民群众参与到抢险救灾的活动中,凝聚起力量,共同来应对灾难。2008年5月12日的汶川大地震,中国政府在处理这次灾害中的作为,就给我们公务员上了很好的一课,一方有难,八方支援,获得了国际社会的好评。

(三) 学法懂法,着力提升公务员的依法处置能力

法律是应对处置突发事件的重要保证。在应对突发事件中最有说服力,最有权威性的是法律。掌握法律最重要的是,首先要认真学好法律,其次要维护法律的强制性、严肃性、原则性。在应对某个突发事件中,要牢牢把握住法律"底线"不被突破,力戒随意性。同时要在坚守基本原则的同时善于灵活运用,在情况有所变化的情况下,在请示上级同意并授权,可以对"底线"进行适当调整,不能死抠教条以致错失解决问题的时机。例如"非典"时期,为了防止病毒的蔓延,政府需要将病毒携带者进行隔离,这是强制性的措施,但也需要有法律依据。所以,我们的法制建设,在处理突发性事件的过程中就显得尤为重要。在突发性事件发生时,一定要运用法律的手段去解决问题,如果离开了法律,社会秩序就会被完全打乱。但是,突发事件法治的非常态性,又使得我们在解决问题的时候,会造成一些人的损失,这就需要我们平时多注意学习运用法律,并不断完善法制建设,将损失降到最低点。

(四) 以人为本,着力提升公务员的群众疏导能力

群众不满情绪的积聚,是爆发群体事件的重要原因。由于利益冲突的增多、思想多元化的影响,加上社会出现分配不公、贫富差距拉大,容易使一些群众的"不公平感"、"被剥夺感"增强;一些公务员工作方法简单粗暴,容易引起群众的

反感；少数领导干部的腐败行为，容易引起群众的痛恨等。这些不满情绪容易诱发不和谐、不稳定问题。因此，必须高度重视做好群众情绪的疏导工作，把它作为预防和减少群体性事件发生的重要环节。在处理类似问题时，要时刻想着以人为本的理念，从人民的角度思考、分析、解决问题，最后的结果要以人民满意为目标。要靠前指挥，走到人民群众的中间去，悉心听取民声，主动了解民意。

（五）主动出击，着力提升公务员的运用媒体能力

媒体是一把双刃剑，在处置突发性事件时，尤其要重视对媒体的合理运用。首先作为公务员应该打开胸襟，迎接挑战，不能像小脚老太太裹足不前，不愿接待媒体。其实更应该以快讲事实、慎讲原因为原则，将正负两方面报道合理结合，这样才能体现政府的宽广胸怀和博大胸襟，并为政府防止媒体炒作，特别是某些不负责任的媒体散布谣言争取主动。其次，作为公务员应该有相当的智慧与媒体做好沟通交流，要善待媒体，善用媒体，披露信息要到位。信息的公开，特别是对那些事关重大的灾难性信息，就更应该及时准确地提供给公众。应对突发事件的各级领导和部门，应当及时、准确、客观、全面地在事件发生的第一时间向社会发布信息，避免因信息不畅或失实和错误信息传播使事态扩大，引发公众集体恐慌和社会骚乱，影响社会稳定。最后，要加强对网络等新兴媒体的认识和运用。以互联网为主要特征的信息时代，使世界上任何一个点上发生的事情可以瞬间传遍全球。尤其对于负面新闻具有很强的汇聚效应、放大效应和扩展效应，很容易使分散问题汇集成焦点问题，局部问题放大为全局问题，一般问题演变为政治问题，个人的偏激言论扩展为非理性的社会情绪。所以，作为公务员必须学习网络，认识网络，在处置突发性事件时，充分发挥其正面作用，尽可能消除它的负面影响。

（六）总结拔高，着力提升公务员的善后工作能力

应对处置突发性事件的善后工作也很重要。收尾不好，就可能再次引发事端，甚至引发社会更强烈的反应。要防止和克服个别公务员出了事东奔西忙，疲于应付，一旦事件平息下来就放马南山，一切照旧，甚至对已经承诺的事情也推三阻四、消极应付的问题。应当抱着对党和人民高度负责的精神，深入基层、深入群众，搞好调研，寻求解决问题之道。同时，要做好总结，对每次事件的处理经验教训进行及时的总结，合理地向有可能发生此类事件的地区、单位和部门传授经验教训，以防同类事件再次发生。

四、结　　语

加强防范和应对突发性事件，提高保障公共安全和处置突发性事件的能力，最大限度地预防和减少突发性事件及其造成的损害，切实保障人民群众生命财产安

全，是我们党和政府以人为本执政理念的充分体现，是树立和落实科学发展观的重要举措，也是构建社会主义和谐社会的一项重要任务。作为国家公务员，更有责任和义务"居安思危，思而有备"。有效防范和应对突发性事件，正是检验我们执政能力的试金石。

[参考文献]

[1] 程美东：《瞭望》：处理突发事件考验领导基本素质[J/OL]. http://news.qq.com/a/20080409/001654.htm, 2008-04-09/2012-03-13.

[2] 百度百科：国家突发公共事件总体应急预案[EB/OL]. http://baike.baidu.com/view/2507959.htm, 2011-08-20/2012-03-13.

[3] 刘耀龙：提高领导干部预防应对突发事件能力[EB/OL]. http://news.sohu.com/20100123/n269786776.shtml, 2010-01-23/, 2012-03-13.

[4] 百度百科：中华人民共和国突发事件应对法[EB/OL]. http://baike.baidu.com/view/1177495.htm, 2010-12-26/, 2012-03-13.

[5] 百度百科：预案[EB/OL]. http://baike.baidu.com/view/1083365.htm, 2012-03-18/, 2012-03-13.

[6] 全国干部培训教材编审指导委员会：《公共危机管理》（全国干部学习培训教材）[M]，党建读物出版社。

[7] 黄军建：《方奎明. 应对突发事件能力培训教程》[M]，中国传媒大学出版社，2011。

[8] 卢涛：《应对突发事件能力》（国家公务员九项能力培训教程）[M]，人民出版社，2005。

[9] 肖鹏英：《危机管理》[M]，华南理工大学出版社，2008。

[10] 张永理：《公共危机管理》[M]，武汉大学出版社，2010。

[11] 秦启文等：《突发事件的管理与应对》[M]，新华出版社，2004。

[12] 河南省社会科学界联合会：《领导者在突发公共事件中要善于把握话语权》[J]，《领导科学》，2011（15）。

[13] 河南省社会科学界联合会：《危机事件的社会耦合机理与决策控制》[J]，《领导科学》，2011（16）。

[14] 龚霁：《公共危机中政府作用启示录》[J]，《中国青年》，2007（9）。

[15] 祝聿、闫岩峰：《关于我国公共危机管理的问题及对策》[J]，《中共郑州市委党校学报》，2008（3）。

[16] 周林：《我国当前公共危机管理机制中存在的问题及对策研究》[DB/OL]. http://wenku.baidu.com/view/11254022af45b307e8719755.html, 2011-08-18 /2012-03-13.

[17] 清华大学领导力培训网：我国政府公共危机管理存在的问题及对策[EB/OL]. http://www.thldl.org.cn/news/1104/53918_2.html, 2011-04-20 /2012-03-13.

社会保障

新型农村社会养老保险制度实施中的困境及其对策研究

农村公共卫生管理现状调查

新型农村社会养老保险制度实施中的困境及其对策研究[1]

——基于重庆市忠县黄金镇的实证研究

金红磊　周冰灵[2]

[摘要]　近年来，我国农村人口老龄化和家庭空心化的趋势日益加剧，农村传统的养老模式已经远不能解决农民的养老问题。为缓解农村养老的巨大压力，我国于2009年9月开始在全国范围内试点实施新型农村社会养老保险。目前，新农保已成为我国农村社会保障的重要组成部分，在解决我国农民的基本养老问题中发挥着重要作用。然而，随着新农保试点的逐步扩大，新农保在实施过程中的困境却严重地制约着新农保的实质输出效果。本文基于重庆市忠县黄金镇的实地研究，深入剖析了新农保在公平性、参保对象、保障水平、筹资情况和监督管理五方面的困境，并提出了重构补助模式，实行政策倾斜，取消捆绑式缴费，提高补助水平，落实集体补助，加强监督管理等对策建议，以期为新农保在国内的全面普及提供有益借鉴。

[关键词]　新型农村社会养老保险；困境分析；对策建议；重庆市

一、引　　言

（一）背景和意义

近年来，我国农村养老问题日益严重，它主要面临以下三大挑战。第一，我国农村老龄人口基数大，养老问题迫在眉睫。国家统计局2011年4月28日公布的第六次全国人口普查的主要数据显示，我国总人口为13.7亿，60岁以上老年人口为1.78亿，占全国人口的13.26%，我国已经跨入了"老龄化社会"；同时，我国农村60岁以上的老人高达1.23亿，占全国60岁以上老人总数的69.1%。由此可见，尽快解决农村居民的养老问题已经成为我国的一项重要议题。第二，由于我国计划生育政策的实施，逐渐形成了"421"的家庭结构模式，即一对独生子女结婚生子后，要负担四个老人的养老重任

---

[1]　该研究成果为教育部人文社会科学青年基金项目11YJC630082和中央民族大学自主科研计划项目1112KYQN10的阶段性成果。

[2]　作者简介：金红磊（1980—），女，河南濮阳人，管理学博士，中央民族大学管理学院副教授，研究方向：社会保障、社区管理；周冰灵（1988—），女，重庆人，中央民族大学管理学院学生。

和至少一个小孩的家庭压力，农村青年一代养老负担过重。第三，随着我国城市化和工业化进程的推进，人口流动进一步加剧，大部分青壮年流向大中型城市，农村"空巢"现象严重，家庭养老功能进一步削弱。因此，我国农村养老问题变得日益突出和紧迫，原有的家庭养老模式已经不能满足农村居民的养老需求，农村的养老方式应尽快从"单一的养儿防老"转变为"社会与家庭联合养老"，建立并完善农村社会养老制度成为破解当前农村养老问题的当务之急。

2009年9月5日，为缓解农村居民的养老压力，充实农村社会养老，促进社会和谐，实现共同富裕，中国政府出台了《国务院关于开展新型农村社会养老保险试点的指导意见》（以下简称《指导意见》）。新型农村社会养老保险（以下简称"新农保"）是一项重要的惠民政策，它旨在解决我国农村居民"老有所养"的问题。新农保不同于20世纪80年代中期开始施行的老农保制度，它的主要特色在于"保基本、广覆盖、有弹性、可持续"。首先，新农保相当于一种普惠式的农民养老保障制度，只要年满60周岁的农村老人均有领取基础养老金的权利；其次，新农保的筹资标准和待遇水平与经济发展水平和各方面的承受能力相适应，从较低水平起步，设立不同缴费层次，基本满足农民的需求；再次，新农保采取个人缴费、集体补助和政府补贴相结合的缴费形式，实现政府主导与农民自愿相结合，积极引导农民普遍参加养老保险；最后，新农保还强调领取养老金的权利和缴费的义务要相对应，保证了新农保的可持续发展。

自2009年试点实施以来，新农保在全国的覆盖率逐年增大。2009年，新农保覆盖了全国10%的试点县（市、区、旗），2010年扩大到了全国24%的试点，2011年则扩大到全国60%的试点。人力资源和社会保障部于2012年1月19日宣布，新农保将于2012年在全国范围内实现制度全覆盖。因此，2012年将是新农保的又一个新纪元。虽然新农保的试点实施取得了"发展快、覆盖广、口碑好"的积极成效，但是，我国各大试点在实施新农保的过程中仍然存在部分困境，这些困境严重影响了新农保的实质输出效果，制约着新农保参保率进一步地提升和新农保更广泛地推行。因此，探索新农保在实施过程中的困境，并针对这些困境提出可行性的改善方案，对新农保的全面普及具有很强的现实意义。

本研究选取重庆市忠县黄金镇为研究对象。重庆市忠县是我国西部的一个贫困小县城，作为国家第二批新农保试点之一，它于2010年便开始在全县范围内施行新农保，目前新农保制度在当地的运行已经基本成熟。本研究主要通过对当地黄金镇的实地调研走访，获取第一手的实证资料，并从深层次分析新农保在实施过程中的困境，进而提出针对性的对策建议，以期进一步优化新农保制度的运行，为新农保在全国范围内的普及提供借鉴。

二、重庆市忠县黄金镇新型农村社会养老保险的实施现状

调查显示,新农保制度自 2010 年在重庆市忠县黄金镇试点以来,取得了良好的成效。从整体上看,忠县黄金镇达到参保条件的人数为 26681 人,而黄金镇目前参保总人数 23896 人,参保率高达 92.56%。[①] 其中,60 周岁及以上的农民 6916 人全部参保,而 16—60 周岁的缴费参保人数为 17780 人,占符合参保条件的适龄人员的 84.46%。下面将具体从参保档次分布、参保动机、保障水平、筹资情况和监督管理五个方面来具体描述新农保在重庆市忠县的实施现状。

(一) 参保档次分布

据调查,重庆市忠县黄金镇的参保档次情况如表 1 所示:

表 1　中青年参保情况统计表

	一档 100元	二档 200元	三档 400元	四档 600元	五档 900元	总计
人数	16718	433	224	90	405	17870
比率	93.55%	2.43%	1.25%	0.50%	2.27%	100%

重庆市忠县黄金镇 16—59 周岁的中青年参保档次主要集中在一二档,参保水平普遍较低。从整体分布的走势来看,五个档次的分布主要呈偏向低档次的"U"型(如图 1 中的曲线 1),而不是符合当地农民家庭收入情况的倒"U"型(如图 2 中的曲线 2)。同时,由于农民贫富差距的存在,导致参保结构形成"低"与"高"的两个极端,而新农保的资金再分配又是遵循"多缴多得,少缴少得"的原则,因此,这将最终导致再分配的不公平。

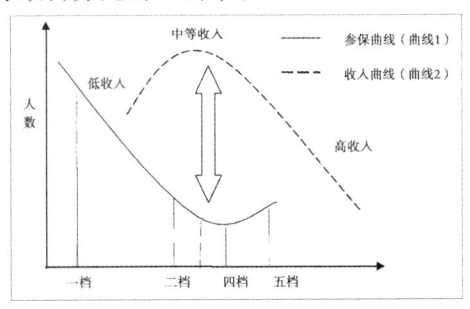

图 1　参保曲线与收入曲线对比图

[①] 根据重庆市忠县黄金镇社保所相关资料整理而成。

（二）参保动机

如图2所示，农民在参加新农保的过程中，反映出政府的强制性较强。笔者通过深度访谈了解到，这主要体现在捆绑缴费上，即是"老人要领钱，子女必须全部参保"。这就使新农保政策的规定和执行间形成一定的矛盾，一方面，新农保政策遵循农民自愿参保的原则；另一方面，在新农保实施过程中又要求家庭必须联动参保。虽然农民通过"算细账"（即两位老人年收益＝月领取养老金数×2×12－子女数×缴费档次）的方法会最终选择参保，但是仍有不少农民觉得政策强制性较强，感觉是"被参保"。

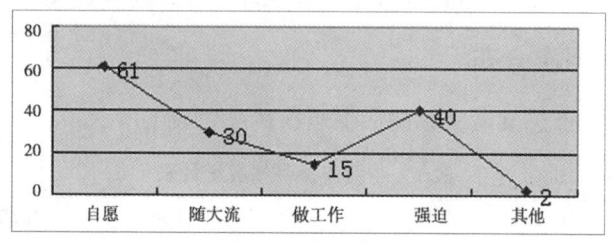

图2　参保动机分布图

（三）保障水平

新农保旨在保基本，然而新农保每月提供给老人80或90元的养老金，根本无法满足保基本的目标。据调查显示，新农保每月的基本养老金大多只占老人月消费的40%（如图3所示），而能为老人生活起到决定性作用的更是微乎其微，尤其是在家中有老人患大病或者残疾的情况下，新农保提供的月基本养老金并无多大作用。对此，在深入调查中，85.5%的人认为参加新农保能缓解养老压力，但这也只是相对于过去没有养老金而言，事实上，大量农民反映新农保并未真正解决农民的基本养老问题。同时，14.5%的人认为参加新农保不能缓解养老压力，主要原因是物价太高，而政府补助太少，根本不能满足养老的基本需求。

（四）筹资情况

新农保基金由个人缴费、集体补助、政府补贴三部分构成。其中，由于当地个人缴费档次低，中青年参保不足，个人缴费部分筹资较少。而在集体补助部分，当地村集体基本贫困，没有条件为参保人缴费给予补助，同时经济组织、社会公益组织、个人也未积极参与到补助参保人缴费中来，因此，当地的集体补助名存实亡。至于政府补贴部分，国家给每位60周岁以上的老人补助55元/月的基础养老金，而剩下的部分在当地由重庆市市级承担70%，忠县承担30%，虽然重庆市市级承担较多，但是忠县属国家级贫困县，因此，30%的负担也已经相当困难。综合以上三个方面，当地的筹资情况还是相当严峻，加上当地农村人口老龄化现象严重，新

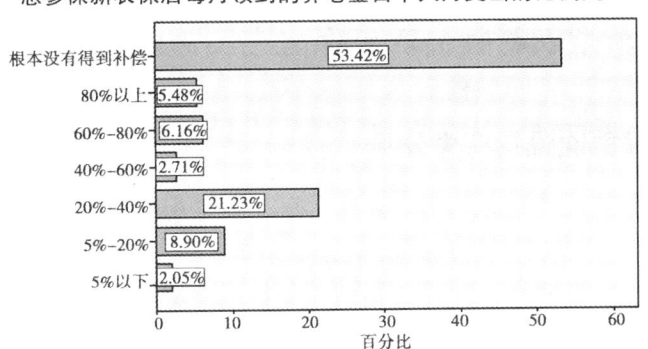

图3 月基本养老金占月支出比例分布图

农保给当地增加了沉重的财政负担。

(五) 监督管理

1. 村民监管情况

由实地调研统计数据可得，217个调查对象中有90.78%为农民，97.69%的文化水平为初中以下（包括初中），由此可见当地农民普遍文化水平较低。而当提及维权、基金监管、基金透明度时，几乎所有的村民都表示无法理解，即使经过解释让村民能够理解，他们也表示文化水平低，没有能力去对政府的相关工作进行监管，也完全没有意向去尝试参与。当被问到"是否知道新农保的举报电话、上访和意见箱"时，95.27%的参加新农保的村民表示"不知道"，由此可见，在新农保方面，村民维权意识薄弱，监管不足。

表2 文化水平与监管情况交叉表

		文化水平					合计
		小学以下	小学	初中	大专和高职	大学本科	
您是否知道新农保的举报电话、上访和意见箱	知 道	0	3	3	0	0	6
	不知道	48	58	31	1	1	139
合 计		48	61	34	1	1	145

2. 政府监管情况

据调查，县镇两级政府并未设置监管单位或者投诉信箱等监管途径，新农保基金是直接通过信用社转送给市级统筹，新农保相关申报数据也是直接输入专门的数据库，由市级统一管理。除此之外，当地政府在新农保具体实施工作中的监管还有相当多的不足之处。

三、新型农村社会养老保险在实施中的困境分析

（一）参保档次设置有失公平

根据《重庆市人民政府关于开展城乡居民养老保险试点工作的通知》（以下简称《通知》），重庆市新农保基本养老金的构成为：月基本养老金＝基础养老金＋个人账户养老金。其中基础养老金是统一规定的相同数目，而个人账户养老金根据个人缴费档次来确定。中青年参保者的缴费标准目前设为一年100元、200元、400元、600元、900元五个档次。参保人自主选择档次缴费，并在年满60周岁以后可按照"个人账户累计储蓄额除以规定的记发月数"来获得个人账户养老金，也就意味着这完全遵循了"多缴多得，少缴少得"的原则，政府并没有通过任何途径对贫富农民的养老金进行合理调节。据调查数据显示，在重庆市忠县黄金镇的缴费参保对象中，96.47%都集中在一二档，而从第一档到第四档显现出了明显的下降趋势，但是在第五档却有突然的回升现象。据了解，当地家庭较富裕的农民都选择了最高档次，旨在获得"多缴多得"的待遇，即出现了越富裕的人得到越多的养老金的逆向选择；而家庭较贫穷的都选择了低档次，遵循了"少缴少得"的原则。这样的缴费模式必然会导致社会保险资金在进行再分配时，仍然是富人获得了更多的社会福利，而穷人相对获得较少。这就促使经过新农保再分配调节后基尼系数进一步增大，有失社会公平。

（二）"强制"和"自愿"难以平衡

与其他保险制度相比，社会保险制度具有强制性，该强制性包括任何社会劳动者，只要符合法律法规的规定，都必须参加并有权享受社会保险。新农保是社会保险的一种形式，也即新农保从理论上讲应具有强制性。但是根据《指导意见》和《通知》的相关规定，它以"政府主导和农民自愿相结合"为原则，并具体规定"已年满60周岁、未享受城镇职工基本养老保险待遇的，不用缴费，可以按月领取基础养老金，但其符合参保条件的子女应当参保缴费"，也就是说农民在参与新农保中是可以"自愿参保"的，而新农保的强制性则体现在最终达到全民保的目的，即目的具有强制性。但是，在新农保的具体实施中，重庆市忠县黄金镇的具体做法是"父母要领钱，子女则需全部参保"，如果其子女没有参保缴费，那么其年满60周岁的父母就不能领取基础养老金，这是对老年人享受社会养老保险的权利的剥夺，会引发一些负面效应。一方面会产生子女缴费给父母养老，依旧是家庭养老的假象；另一方面是一旦贫困家庭的子女选择不参保，那么老年人就无法领到基础养老金，也就是真正需要保障的老年人反而得不

到保障。从政府层面看是"捆绑式缴费",但基层政府的做法是"上有政策,下有对策"中的替换性执行①,但此对策重在保证参保率,提高新农保抵御风险的能力,不失为一个行之有效的对策;但是从农民的层面看,捆绑式参保让很多60周岁以下参保的农民感觉是"被参保",进而造成对国家惠民政策的误解,认为新农保有利用老人骗保费的嫌疑。因此,政府和农民之间便形成了一种互不理解互不相让的尴尬状态。

(三) 保障水平低

新农保是一种普惠式的养老保险,它强调"保基本"的作用。新农保的保障水平低主要表现在三个方面。一是重庆市忠县农村最低生活保障线是 150 元/月,而政府提供给农民的基础养老金为 80 元/月或 90 元/月,仍旧与当地的最低生活保障水平存在一定差距,即当地的基础养老金无法保障当地老人的基本生活水平。二是当地老人所领取的月基础养老金占实际月开销的比例小,少量的月基础养老金难以发挥保基本的作用。三是重庆市在西部是一个经济较发达的城市,物价水平相对较高,而月基础养老金往往不与当地物价水平相匹配,进而导致养老金的实质作用小、效率低。

(四) 集体补助缺失

政府与集体的补助能极大地提高农民的缴费能力和缴费意愿,较快地提高农村养老保险的覆盖面和投保率。农村集体经济组织大多成立于 20 世纪 80 年代,由当时的生产队、生产大队或几个生产队与生产大队联合设立。农村集体经济组织的建立对落实和完善农村以家庭承包为基础的统分结合的双层经营体制、发展壮大农村集体经济、引导农民走共同富裕道路、建设社会主义新农村发挥了不可替代的作用。然而,自 20 世纪 90 年代末,乡镇企业、集体经济组织由于人才匮乏、管理方式落后、产品缺乏竞争力和国家产业升级与结构的调整而普遍走向衰落,幸存下来的乡镇企业、集体经济组织寥寥无几。特别是在经济欠发达地区,集体经济组织几乎不复存在,集体收入更是微乎其微,这直接导致"新农保"集体补助实现乏力。以黄金镇黄土村为例,如果该村应保农户全部参保,则该村集体总共需要为农户每年补助近 2 万元,而该村集体目前收入相对补助款项来说,根本是杯水车薪。

(五) 监督管理缺位

重庆市忠县黄金镇"新农保"政策执行的监督机制不健全表现在以下三个

---

① 替换性执行是指当执行机关和部门所执行的政策与自身利益不匹配时,执行者就制定和上级政策表面一致,实际却相违背的实施方案。

方面。第一,制度性监督机制不健全。调查显示,县镇两级并未设置新农保监管单位,该地新农保基金是直接通过信用社转送给重庆市进行市级统筹的,因此并未设置机关对新农保基金进行监管,而地方政府对新农保的实施过程也无任何监管。第二,外部性监督缺失。其一,当地农民文化水平低,缺乏必要的维权意识。调查显示,217个调查对象中有90.78%为农民,97.69%的文化水平为初中以下(包括初中),他们一方面没有理解维权、基金监管、基金透明度等的能力;另一方面由于自身文化水平低,也没有意愿对政府的相关工作进行监管。其二,民意表达不通畅。调查显示,重庆市忠县黄金镇社保所并未设置举报电话和意见箱,95.27%的参加新农保的村民也表示并不知道新农保的举报电话、上访和意见箱,村民遇到问题只有通过主动上访的形式解决,诉求方式单一,严重阻碍了民意的表达,影响了"新农保"政策执行的公正性。

四、破解新型农村社会养老保险困境的对策建议

(一)重构激励模式,实现新农保的公平性

实现社会分配的公平和效率,是社会保险的根本目的。而新农保政策在构建"多缴多得、少缴少得"的有效激励模式时,却忽视了新农保基金分配的公平性,当然,要实现分配完全平等也是不可能的,完全平等也会降低新农保实施的效率。这里提出的是平衡新农保公平和效率的建议。

1. 创新补助模式

新农保基本养老金的构成为:月基本养老金=基础养老金+个人账户养老金。基础养老金的供给由国家财政和地方政府双方提供,国家财政为60周岁及以上的老人统一提供55元/月的基础养老金,地方政府在基础养老金的供给上具有一定的灵活性。而个人账户养老金是根据参保者个人缴费档次而定,相当于储蓄式养老。因此,从国家财政、地方政府和个人三方来看,仅有地方政府补助可以适当调整,况且政府又是维护公平和正义的主体。为了协调参保档次,实现社会公平正义,建议将地方政府补助转化为灵活补助,适当采取差别补助法,即在对从低到高五个不同的档次均进行补助的情况下,降低地方政府对基础养老金的补助金额,如表3所示。虽然基础养老金金额从低档到高档有所减少,但是最终高档参保者所获得的月基本养老金还是远高于低档,这样便可在一定程度上补助贫困农民,更好地解决公平问题。

表3 地方政府创新补助模式

	100元档	200元档	400元档	600元档	900元档	
地方政府补助金额	a	b	c	d	e	max > a > b > c > d > e > min
基础养老金数额	A = 55 + a	B = 55 + b	C = 55 + c	D = 55 + d	E = 55 + e	A > B > C > D > E
月养老金数额	$A^* = A +$ 个人账户总额/计发月数	$B^* = B +$ 个人账户总额/计发月数	$C^* = C +$ 个人账户总额/计发月数	$D^* = D +$ 个人账户总额/计发月数	$E^* = E +$ 个人账户总额/计发月数	$A^* < B^* < C^* < D^* < E^*$

2. 政策向特殊群体倾斜

新农保政策在制定和实施的时候，在注重效率的同时也要考虑其公平性，可以适当对农村弱势群体进行一定的倾斜。《通知》有对70岁以上的高龄老人和残疾人在养老金给付上的倾斜机制，但这还远远不够。根据重庆市忠县黄金镇的具体情况，当地存在大量的三峡移民和失地农民，对这部分农民也应该给予一定的倾斜，可以对60岁以上的老人增补一定的养老金或者允许缴费参保者降低缴费金额。而对农村"低保"、"五保"家庭、年轻人可适当降低或直接由政府代缴最低档次缴费。同时，我国宪法肯定妇女的平等地位，我国劳动法也采用差别原则规定男退休年龄为60岁，女为55岁。而新农保政策统一设定男女都从60岁开始领取基础养老金，这就与劳动法产生了一定的矛盾。女若55岁退休回农村，在5年内无法领取养老金，生活上较为困难，这就在男女之间造成一种不公平的待遇。为了遵循社会保障制度公平与效率的原则，应同我国现行劳动法配套，将女性领取新农保基础养老金的年龄设为55岁。

（二）取消"捆绑式"缴费

在当地新农保的实施中，把子女参保缴费作为老人领取养老金的前提。这种把绑定式缴费作为维持参保人缴费意愿的制约措施，往往使那些生活较困难的家庭难以支付参保金额，或者导致一些老人为享受养老金而替子女缴费，这就与政策设计的本意相悖，造成新农保制度自身机制的矛盾。因此，首先应当在《指导意见》中明确子女自愿参保的原则，建立全国统一的行动方案，而不是像不同试点"父母参保子女全被参保"、"父母参保户籍内子女参保"和"父母参保至少一位子女参保"三种作法均有出现，地区差异很大。其次应当取消"捆绑式缴费"，可以通过提高基础养老金待遇标准，明确"新农保"个人账户中资金的保值增值政策（如保底收益率高于同期银行利率等），对缴费年限超过15年的参保者每多缴费一年每月的基础养老金再提高一些，并在条件成熟时完善新型农村社会养老保险与城镇相应保障项目的衔接关系，以此来激励农民参保。同时，还应尊重农民的意愿，多设计几种参保和衔接方案供农民选择，使农民选择"有余地"，相关政策"有配套"，制度之间"可转移"。这样才能保证新农保制度健康、长效地运行下去。

（三）提高保障水平

保障水平偏低不仅不能发挥新农保的本质效用，实现社会保障的目的，而且也难以起到应有的激励作用。新农保的养老金待遇由基础养老金和个人账户养老金组成，提高新农保的保障水平主要应该从基础养老金和个人账户养老金两方面努力。首先，加大财政对基础养老金的投入力度。一方面，新农保的建设应该朝着准公共物品，甚至是纯公共物品建设的方向推进，即适度增加中央和省级财政对基础养老金的补贴额度，补贴标准不应低于当地的农村最低生活保障线，以保障老人的基本生活需求，实现保障农民晚年生活的根本目的。另一方面，建立合理的基础养老金调整机制。建立新农保基础养老金与农民年平均收入水平和物价上涨联动调整机制，当农民年平均收入增长或物价上涨达到一定的标准时，就启动基础养老金调整窗口，调整的幅度充分考虑农民年平均收入、物价上涨的幅度以及政府财政承受能力。其次，尽量提高农民的个人账户累计储存额。新农保的个人账户主要由个人缴纳保费数额和年份决定。根据现有新农保政策相关规定，参保时间越长，个人缴纳的费用越多，个人账户的积累也就越多。因此，要做好宣传发动工作，积极引导农民自愿参保，鼓励农民在年轻时选择较高的标准参保缴费。

（四）落实集体补助

集体经济补助苍白无力，能对参保对象发放集体补助的村少之又少，究其原因，一是不愿补，二是无力补。多数地方村组经济底子很薄，村级债务较多，对集体补助有心无力。可以预见，集体补助的多少将逐步拉开各地新农保推进水平的差距。党的"十七大"强调大力发展村级经济，各地政府应加大对集体经济的扶持力度，出台鼓励发展集体经济的优惠政策，想方设法把集体经济这只"鸡"养活，以确保集体补助的资金来源。新农保应以集体补"进口"、财政补"出口"为原则进行明确分工。目前，落实集体补助可以通过以下两个方面进行。一方面，积极发展农村旅游行业、水果行业、手工业等二三产业的村集体经济，通过乡镇企业、招商引资、规模化农业等方式壮大集体经济，增加集体经济收入，从而落实村集体补助，使农民得到集体经济补助的养老金。另一方面，通过在新农保政策中改设硬性条款，固化集体经济组织的责任。比如，可规定集体必须每年补助参保对象一定比例的参保费，允许集体经济可通过多种方式筹集资金，这样，不仅使集体补助和财政补贴一样真正落到实处，还能进一步推动集体经济的发展。只有村集体经济真正发展并落实补助，才能切实提高农民的养老金水平，从而提高保障水平。

(五) 加强监督管理

新农保运行过程中，呈现出政府监督和农民监督严重不足的状况。对此，首先要建立和健全新农保机构内部监督部门，明确部门监督责任，完善监督机制，进行制度性监督；其次，充分发挥社会性监督职能，建立通畅的多元的监督渠道，鼓励农民建立"农民监督协会"等，提高广大参保者的维权意识和参与度，从而建立制度监督和民主监督的双效机制，切实保障新农保的社会意义。

此外，相关政府部门还应将新农保基金信息透明化。可定期通过村务公开栏向农民披露地方基金总额、基金流向等信息，既防止基金被挤占挪用，又提高政府公信力，促进新农保投保率的增长。同时，我国应分别建立全国统一的新农保信息管理系统和地方统一的新农保信息管理系统，针对农民居住分散的特点，实行国家和地区的信息统一监管。

六、小　　结

2009年至今，新型农村社会养老保险早已深入人心，成为农村社会保障的重要组成部分，它是当前解决农村居民养老问题的主力军，为保障广大农村居民"老有所养"发挥着重要作用。然而，新农保在实施过程中的种种困境，严重地制约着新农保制度的进一步发展和优化。本文主要以重庆市忠县黄金镇为例，通过对黄金镇新农保实施状况的实地调研，对所取得的第一手资料进行定量和定性双方面的深入剖析，并提出了新农保在实施过程中缺乏公平性、参保强制性大、保障水平低、集体补助缺失和监督管理缺位等五个方面的困境，并从新农保政策约束、基层政府运行机制、农民的互动程度等多方面分析了造成这些困境的原因，进而有针对性地提出对策建议。然而，由于笔者知识水平和理论深度的不足，部分观点仍有欠缺，望后续研究者能进一步探讨及完善。

[参考文献]

[1] 余桔云：《关于普惠制"新农保"几个问题的探讨》[J]，《经济问题探索》，2009 (10)。

[2] 李艳荣：《浙江省新型农保制度中的政府财政补贴及其效应研究》[J]，《农业经济问题》，2009 (8)。

[3] 姜作培、陈峰燕、马亮：《推进新农保制度建设的几个问题——对江苏南通市新农保工作的调查和思考》[J]，《国家行政学院学报》，2010 (3)。

农村公共卫生管理现状调查

——以重庆市石柱土家族自治县万朝乡为例

杜宇　华雪　谭方钧　李银雪　钟镭[①]

[摘要] 近年来，随着 SARS、甲型 H1N1 流感等流行疾病的暴发，公共卫生的管理逐渐成为社会关注的焦点。公共卫生的管理状况直接关系到居民的日常生活，而在经济发展滞后的广大西部少数民族地区的农村，公共卫生管理很容易成为政府工作的盲区。提高农村公共卫生管理水平，对改善农村地区卫生服务和生活状况都有着很强的现实意义。本文以重庆市石柱土家族自治县万朝乡为调查对象，深入西部少数民族农村地区，采用文献研究法、问卷调查法、深入访谈法和参与观察法对当地的公共卫生状况和管理现状进行研究。通过对当地居民和政府相关人员的访谈以及实地观察，并结合定性与定量分析，发现农村公共卫生管理状况与乡镇相比存在较大差距，政府在农村公共卫生方面存在财政投入不足和宣传方式过于形式化等问题。

[关键词] 农村；公共卫生管理；政府；垃圾处理

一、前　言

公共卫生是关系到一个国家或地区人民大众健康的公共事业，广义上包括对重大疾病尤其是传染病（如结核、艾滋病、SARS、甲型 H1N1 流感等）的预防、监控和医治；对食品、药品、公共环境卫生的监督管制，以及相关的卫生宣传、健康教育、免疫接种等。本文通过对西部少数民族地区农村和乡镇的公共卫生管理现状的描述对比侧重分析和探讨由政府、村民等多方参与的管理互动体系。

公共卫生是社会性问题，它关系到人们的生命健康以及整个社会的稳定。农村公共卫生则是整个公共卫生体系中重要的一环，与之相关的农村的公共卫生管理也显得愈加重要，它是指对农村的防疫、医疗、保健等方面工作管理的总和。我国有九亿多人口在农村，农村的公共卫生管理工作状况如何，不仅关系到我们在遇到突发公共卫生事件时能否有效地控制其在广大农村的蔓延，把危害降到最低限度，而

---

① 本文系北京市优秀教学团队"公共管理核心"课程、国家特色专业"行政管理"建设点项目"本科生公共管理专题研究训练"成果，指导老师为姚丽娟。

且还关系到农村两个文明建设的成败,关系到农村乃至全国的经济和社会事业能否快速、稳步和持续地发展。因此,做好农村的公共卫生管理工作,特别是西部少数民族地区的农村公共卫生管理工作是我们面临的一项具有深远意义的重要任务。我国是农业大国,西部少数民族地区的农村公共卫生管理工作直接影响到我国农村的经济发展和社会稳定。

由于我国经济体制改革的不断深化和社会主义市场经济体制的逐步建立,在现阶段的农村,作为公共服务最基本要求的公共卫生服务领域,同时存在着"市场失灵"和"政府失灵"两种状况。近年来,不少学者也发现了我国在公共卫生管理,尤其是农村公共卫生管理方面政府责任缺位、体制不顺、机制不活等问题,更多的专家学者开始呼吁卫生体制的改革。

我们此次的调查地万朝乡位于重庆市石柱县东北部,长江南岸,距县城32公里。作为较典型的西部少数民族农村地区,万朝乡的交通极不方便,经济发展相对落后,并且因为地理、文化、经济等各方面因素,造成了万朝乡在公共卫生管理建设方面的发展滞后,使之成为我们关注的焦点。

二、文献综述

调研命题确立后,本小组成员在中国知网、万方数据以及国家图书馆等处查阅了大量资料,并选择其中相关部分进行初步分析研究。通过仔细阅读和分析,我们发现文献中对农村公共卫生管理的研究主要集中在以下两个方面:

(一) 我国农村公共卫生管理现存的问题

历史资料显示,我国的公共卫生预算占卫生费用的比例从1988年最高的28.81%呈逐年下降趋势,直至2000年达到历史最低的9.43%。进入21世纪,很多学者开始注意到我国公共卫生管理,尤其是农村公共卫生管理在制度、组织、投入等方面存在诸多问题。

从宏观上讲,我国当前农村公共卫生管理存在以下三个困难:1.制度层面:缺少公共卫生根本法,管理机构职能交叉;2.组织层面:免疫接种监管不力,补偿机制扭曲,监督执法问题丛生,疾病监测网络不健全;3.机制层面:政府公共卫生投入总量不足、结构失衡,公共卫生人力资源配置不合理。[①]

具体到民族地区,在公共卫生事业得到长足发展的同时,公共卫生管理也存在一些问题:1.对公共卫生管理的重要性认识不足;2.在公共卫生管理上,投入不公平;3.公共卫生管理体系不健全;4.公共卫生管理法制不健全;5.公共卫生

---

① 时先锋:《农村公共卫生管理的职能分工与优化策略研究》,硕士学位论文,2008。

管理事业人才和技术缺乏。①

另外，关于重庆市公共卫生管理方面的调查资料也反映了其存在的诸多不足：1. 公共卫生环境脏、乱、差，威胁农民健康；2. 农村卫生技术人员学历较低，专业人才严重缺乏；3. 镇卫生院医疗装备差，履行农村卫生机构职能难度大；4. 镇卫生院亏损面大，生存与发展面临严峻考验；5. 三级防保网不健全，农村公共卫生管理工作薄弱。②

（二）针对我国农村公共卫生管理的对策

西部少数民族地区的农村公共卫生管理状况直接影响着我国广大农村的经济发展和社会稳定。在我国的公共卫生管理问题中，每个地区有其自身的特点，民族地区与汉族地区存在不同的问题。在这些问题中，既有互相交织、共同存在的问题，也有反映不同地区自身特点的一些问题。这要求我们解决这些问题必须采取明确方向、因地制宜的方法。

近些年来，广大学者也在积极寻求针对农村公共卫生管理问题行之有效的对策。例如吴承平在《我国农村公共卫生管理的问题及政策建议》③一文中建议：1. 适当调整政府的施政目标与政策；2. 提高农村干部对公共卫生管理工作的认识；3. 加快法制建设的步伐；4. 加强对农村公共卫生工作的管理；5. 重构农村的合作医疗制度。6. 加大对农民的教育、宣传力度。时先锋、冯占春在《农村公共卫生管理政府责任缺位的原因分析与对策研究》④中认为，政府应该：1. 加紧公共卫生基本法的立法工作；2. 协调公共卫生与经济的发展；3. 调整公共卫生的投入结构与水平。

又如李志友、易启鸿在《我国农村公共卫生事业管理中存在的问题及对策》中提出：1. 加强对农村公共卫生事业的行政管理；2. 改革是加强农村公共卫生管理的重要途径；3. 加强公共卫生事业的法制化管理；4. 依靠科技振兴和发展农村公共卫生事业；5. 建立新型农村合作医疗制度是目前我国完善农村公共卫生管理的关键。⑤

针对民族地区公共卫生管理的建议，主要有以下几方面：1. 加大对民族地区公共卫生事业的投入力度；2. 完善公共卫生体系，提高公共卫生保障水平；3. 完

---

① 乌云高娃：《浅谈民族地区公共卫生管理》，《内蒙古农业大学学报》，2007（3）。
② 陈捷、潘舰萍：《重庆市农村公共卫生管理的问题及对策建议》，《当代经济》，2007（7）。
③ 吴承平：《我国农村公共卫生管理的问题及政策建议》，《中国行政管理》，2003（8）。
④ 时先锋、冯占春：《农村公共卫生管理政府责任缺位的原因分析与对策研究》，《中国卫生事业管理》，2008（6）。
⑤ 李志友、易启鸿：《我国农村公共卫生事业管理中存在的问题及对策》，《农业考古》，2006（3）。

善公共卫生法律体系，加强监督执法；4. 加快推进民族地区新型农村合作医疗制度建设，提高农村卫生服务能力；5. 加强民族地区医疗卫生设备和专业技术人才的建设。①

通过查阅资料，我们发现近年来学者对我国农村公共卫生管理现状的调查研究主要集中在旧体系失效、新体系建立过程中出现的大量问题以及作为公共卫生管理主体的政府应尽的责任等方面；研究的重点主要集中在问题出现的原因和解决问题的方法上，很少有对农村公共卫生管理现状进行直接描述的实地调研。在我们所查阅到的大量资料中，大部分关于农村公共卫生管理的研究都是针对我国中东部地区，涉及西部地区的调查文献相对较少，特别是西部少数民族农村地区。本课题小组进行的调研以西部少数民族地区的农村为研究对象，在对其公共卫生管理现状作现实描述的基础上对由政府、村民等多方参与的农村公共卫生管理互动体系进行探讨，这从一定意义上弥补了现有研究的空缺。

三、研究方法

（一）文献研究法

主要利用国家图书馆、本校图书馆、中国知网、中国期刊网资源，围绕农村公共卫生管理的现状、存在问题及对策、前景等专题性的研究成果，进行检索和梳理。主要查阅了民族类相关文献，选取重庆市石柱土家族自治县万朝乡为调查地；进而查阅万朝乡的地方志、民族史等相关书籍，了解当地的地理位置、人口结构、民族发展史、文化现状以及当地民族发展情况和公共卫生管理现状等基本概况；阅读相关领域的论文和研究成果，了解前人在农村公共卫生管理方面的研究成果和研究经验。并利用 Google、Baidu 等搜索引擎，进行辅助性搜索，分类整理，形成国内外相关问题研究现状资料，总体把握农村公共卫生管理的现状、特征和历史源流。实地调查时针对村民、村长以及乡政府提供的口头和书面资料进行汇总和整理，为本研究提供基础性的现状研究资料。

（二）问卷调查法

问卷调查是我们收集数据的重要方式，我们采取到村寨农户家派发问卷的方式，问卷对象覆盖留在家中的村寨儿童、青壮年、老年人、村干部工作人员等，针对当地不识字的村民，我们在整个调查过程中用翔实朴素的语言为其详细解说，从而全面了解政策对村民生活的实际影响和具体落实现状。

我们对回收的所有问卷进行了认真的审查，整理问卷数据时剔除了回答不完整

---

① 乌云高娃：《浅谈民族地区公共卫生管理》，《内蒙古农业大学学报》，2007（3）。

及不按要求回答的无效问卷，最大限度地保证了问卷调查结果的真实性和研究结果具有较高的信度，进而为我们判断万朝乡公共卫生管理现状和政策的具体实施情况提供有力证据。共计发放 50 份问卷，全部回收。

（三）深入访谈法

访谈也是我们了解农村公共卫生管理现状的重要方式。在问卷的基础上，我们按照年龄、受教育程度等标准选择访谈人群，针对不同人群设计访谈提纲，了解不同人群对于农村公共卫生管理的看法以及对自身卫生观念和行为造成的影响。我们围绕研究主题对乡政府、村防疫站、乡卫生所、村委会的工作人员、当地村民进行比较自由的深度访谈，做好访谈记录，了解相关情况。

为了避免访谈中各种人为因素，特别是个人主观因素影响访谈过程，并增加访谈过程的客观性和资料的可信度，也为了使访谈资料便于统计处理和定量分析，我们设计了结构式访谈、非结构式访谈、专题小组讨论等访谈形式。我们按户进入村民家中，利用他们不做农活的闲余时间进行聊天，并做好记录。通过对获得的丰富生动的定性资料的主观性、洞察性的分析，从中归纳和概括出当地公共卫生管理的现状。共计访谈了 5 位村民及干部。

（四）参与观察法

本小组成员深入到研究对象即万朝乡的村民生活中，成为他们当中的一员，在与村民的共同活动中，从内部进行观察，并实际参与村民日常社会生活，同村民同吃住、共劳作。我们观察村民的生活习惯、处理垃圾的方式、村中街道的卫生情况、村中河流的清洁程度等。通过这种参与观察，我们获得了直观的第一手资料。

（五）定性分析为主，定量分析与定性分析相结合

本小组在调研中以定性分析为主，同时结合定量方法来分析。运用参与观察、深度访问等主要资料收集技术，并结合举例说明法、比较分析法等多种方法进行描述性分析，深入地理解万朝乡公共卫生管理的现状，从杂乱的农村公共卫生社会现象中描述出主要的规律和特征，从特殊情景中归纳出一般的结论。此次调查点为石柱土家族自治县，村民生活在共同地域中，有相同的自然环境，调查对象的同质性程度较高，从而在一定程度上达到普遍性的概况；定量分析中，采用调查问卷、结构观察等资料收集技术并利用 SPSS 统计分析软件对研究变量数据进行分析。

四、调查结果与分析

（一）万朝乡概况

调查地万朝乡位于重庆市石柱土家族自治县与忠县的交界处，但隶属于石柱土家族自治县。石柱土家族自治县简称石柱县，位于重庆市东部、长江南岸、三峡库区腹心，是集少数民族自治县、三峡库区淹没县、国家扶贫工作重点县于一体的特殊县份。本调查以该县下辖的万朝乡作为研究对象，具体在万朝乡的万乐村和乡政府所在地展开，通过对乡镇领导及村领导的访谈，本课题小组成员获得了对该地概况的了解。

万朝乡属于典型的丘陵地带，最低海拔 300 米，最高海拔 1300 米，四季分明，立体气候明显。面积 74 平方公里，下辖 6 个行政村，共有居民 21532 人。从整个乡来看，财政收入以第二产业为主，企业创造的效益占到了该乡总收入的五分之一，煤矿、水泥矿、木材、陶瓷是其支柱产业。村民多在当地解决就业问题，外出务工的人员仅占小部分。万朝乡还是一个林业资源丰富的地区，森林覆盖率达到 49%，林地面积达 47000 亩。

万乐村是万朝乡下辖的一个小村庄，约有 270 户人家。村中没有学校，村民教育水平多为初中或高中。万乐村经济与周边农村相比处于中等水平，村民以务农为主，部分村民在村内的养殖场和木材加工厂工作，青壮年多选择外出打工。

（二）村内公共卫生及管理现状

1. 村内道路环境差，政府管理职能不明确

通过直接观察，本课题小组成员首先对万乐村的公共卫生现状有了一个直观的印象。该村庄的主要交通道路均为泥土路，没有进行过任何修整，表面有较多坑洼，并且动物粪便（多为村内牛、鸡、狗的粪便）随处散落，日常生活中的食品塑料包装袋悬挂隐没在泥土路边的草丛中。此泥土路与该村的公共卫生及管理现状有很大关系。作为村内主要交通要道的泥土路与赶往集市的水泥公路之间有很长的距离，因此村内交通不便，本村村民多在内部交往，与邻村的交往比较少。乡政府的工作人员表示，他们了解该村交通不便的情况，但由于万乐村的地理位置位于石柱县和忠县的交界处（有小部分土地延伸至忠县），两县地理界线的具体分化不明确，导致两个县政府在道路修建的工作中的管理职能和分工不明确。因此在实施修建公路工程时造成万乐村的空白断裂。

2. 村民缺乏公共卫生保护意识，政府对村内垃圾处理的宣传工作不到位

我们在村内也没有发现公用垃圾桶。通过对村民的访谈，我们了解到村民是各自负责自家门前的环境卫生，村内并没有专门的人员负责卫生清洁工作，所以对于

出现在道路上而又不属于居民住宅范围内的垃圾就只能任其自然分解或被雨水冲刷。村内的垃圾多是倒入村内河流中或倾倒在泥土路上。当问及公共卫生的宣传情况时，村民们普遍反映，"没有见过有啥子形式的宣传"。我们在村中也确实没有见到关于保护环境的标语或者宣传环保的小册子。可见政府在农村卫生这一领域的宣传工作还有所欠缺。

从此处可看出，政府对农村内部的垃圾处理工作没有宣传及解决措施，村民普遍缺乏关于农村公共卫生环境的保护意识。

对于人类粪便的处理，该村主要采用了两种方式。村中没有公共厕所，但是每户人家中都设有厕所。一部分是旱厕，比较简陋，几块砖头作为垫脚石，下面连接储粪池，最终将粪便收集起来后作为肥料施给庄稼；还有一部分采用冲水式厕所，但下方连接沼气池，粪便经过发酵后，作为沼气使用。但这样的厕所在村中数量极少，还未普及。从对乡政府工作人员的访谈中我们了解到，乡政府正在各村进行普及冲水式厕所的工作，若要做到全面覆盖还有待时日。

当我们询问垃圾的处理方式时，多数村民表示从来没有听过"分类处理"这个词（如图1所示），而且村民们强调"生活中其实也没什么垃圾"，"剩菜剩饭下顿就解决了，或者喂给牲口吃"，"塑料瓶子、纸箱攒着卖钱"，"再有什么垃圾直接就倒河沟里了"。通过访谈，我们发现向河中倾倒垃圾一事对当地村民来说已习以为常，这几乎是所有村民处理家中剩余垃圾的方式。在村民眼中不再有价值的东西最后都会被弃置在河沟中，譬如穿坏的鞋、用过的手纸、破了的塑料盆……小河是万乐村最终的垃圾箱。

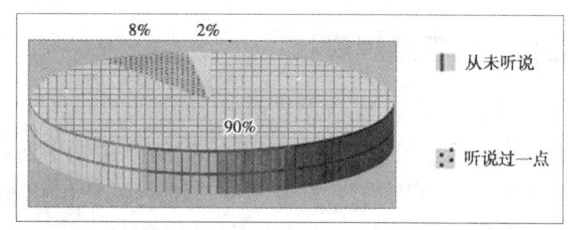

图1　是否听说过垃圾分类

3. 煤矿厂严重影响村内公共卫生状况，政府对其缺乏干涉和管理

小河贯穿数个村庄，而万乐村位于小河下游。据本课题小组成员的观察，虽然开展调查时已经进入夏季7月，但河流水势很小，仅没过脚面。河水呈浊黄色，此为上游矿厂和煤场排放进河流的污水，我们在河中没有发现动植物。

日常垃圾并不是小河最主要的污染源，应该说村民向河中倾倒的垃圾依然在小河自身净化范围内。真正对小河造成污染的是其上游的企业。为此，小组成员特意前往上游村庄走访，掌握到了一些相关资料。小河上游水势较大，但颜色与下游相比更为污浊。紧邻小河源头的是一家大规模的国有煤矿，24小时不停歇地生产，矿区的所有厕所都直接与河流相连，所有排泄物均被河水直接带走。炼矿剩下的黑色残渣直接倾倒入河流中，对河流造成了巨大污染。矿区的房屋、门窗全部被蒙上厚厚的黑色灰尘。居民反映，这里"空气质量十分糟糕"、"尘埃密布"，不少矿区职工都患有呼吸道疾病，多次找厂领导协商但悬而未决。把污染严重的工厂建在河流上游是十分不明智的选择，然而这个工厂在这里已经存在了十多年之久！谈及此事，村民对当地政府相关部门表现出强烈的不满，认为政府一味考虑该厂的经济效益，而忽视该厂的生产对人民身体健康及环境造成的危害。目前村民并不饮用小河中的水，村中修有专门的水库，村民反映"水库的水是没有受到污染的"。

从对小河上游村民的访谈中我们了解到，煤矿厂是促进当地经济发展的重要力量，但政府对其随意排放的废水、废气、废渣没有完善有效的管理制度和处理措施，造成村民严重的生活困扰。

（三）乡镇公共卫生及管理现状

在了解万乐村内的情况后，我组成员又特意前往万朝乡政府所在地进行调查，以期了解镇上的公共卫生管理现状，并与村内情况进行对比。

1. 乡镇公共设备及卫生人员配置完善，公共卫生管理颇有成效

镇上的直观印象同村中截然不同。万朝乡的镇上从早晨开始就人来人往，各类汽车的鸣笛声不绝于耳。道路是平整的水泥路，路上每隔一段距离就能看到分类垃圾箱以及垃圾中转站，其旁边有不少包装袋、果皮等垃圾。

该镇公路两旁分布着不同的商店和餐馆。我们发现在人行道上，每隔一段距离（约70米）就放置着一个较为标准的分类垃圾箱。在垃圾箱和垃圾中转站附近散布着较多垃圾。小组成员选择靠近政府大楼附近的部分商店，分别入店对店主及顾客就垃圾的类型和分类、生活用水的使用、流行疾病的预防以及对环境的感受等方面进行了访谈。

从访谈中我们了解到，乡镇居民家中都备有垃圾桶，垃圾最终会丢弃在固定的地方，例如镇上的垃圾站以及街道上的垃圾箱。每天早晨会有清洁工清扫道路垃圾并有垃圾车来收集前一天的垃圾。由此看出，乡政府对于乡镇上的公共卫生管理较重视，垃圾箱及清洁工设备和人员配置较完善，其公共卫生管理取得了一定的效果。虽然垃圾箱是分类垃圾箱，但当被问及是否了解垃圾分类的时候，大多数受访人表示并不了解垃圾分类的具体含义和做法。由此可看出，当地政府对于垃圾分类的常识普及和宣传工作不到位。另外由于回收垃圾能得到的钱很少，所以人们几乎不会考虑垃圾再利用或者回收垃圾。我们进行了一个对比，由于经济发展水平的不同，万乐村的村民愿意把一切可以卖钱的东西留着（如空塑料水瓶、酒瓶、纸板等），而镇上的商户则对此不太在乎，把其当做垃圾扔掉。因此从结果上看，村民们的做法减少了垃圾的产生量，在一定程度上有助于农村公共卫生的管理工作。

2. 政府重视乡镇的公共卫生宣传和管理工作

当被问及镇政府对环保的宣传如何时，镇上居民普遍表现出认可的态度。政府宣传关于公共卫生保护的口号和意识等多是以召集开会的形式，同时也会向乡镇居

民发放宣传册。乡镇居民普遍表示，这些易于理解和接受的宣传方式对提高其公共卫生意识有很大影响，较以前没有分类垃圾箱和垃圾中转站时，现在随手乱扔垃圾的现象明显减少。通过对商店店主的访谈我们了解到，对于他们这种有店面的居民，店面前公共空地的清洁多由本人和固定清洁工打理，政府也会派专人来收取一定的卫生管理费用。

除乡镇对日常生活垃圾处理的宣传和处理措施外，乡镇上的卫生所也会定期召集居民们打预防针并且普及疾病预防的常识，尤其是在 SARS 等大型传染病流行期间，乡镇卫生所做了很多宣传、预防的工作。这里可以看到一个鲜明的对比：政府对乡镇上的公共卫生的宣传和管理工作是相当重视的，定期或不定期地会进行宣传，而且有规范的制度约束；然而对农村，镇政府则采取一种"放任"的态度，可能是由于距离较远的缘故，乡镇政府对农村的公共状况缺乏管理。

3. 政府对乡镇居民受煤矿厂影响的处理措施

通过与受访者的深度访谈，我们了解到镇上居民和村内村民都感受到乡镇企业尤其是煤矿厂的废气、废水、废渣对其日常生活的影响。当提及工业污染的时候，受访者均表现出不悦的情绪，表示工厂排放废水、废气的行为确实让小镇受到了污染。但煤矿厂的地理位置离乡镇较远，因此受影响程度远没有万乐村上游村民受影响程度严重。对乡镇影响较严重的是乡镇居民生活用水的来源问题。当用水出现问题后，政府找煤矿厂负责人协商如何解决用水问题，随后政府与企业共同出资修建了水库。目前乡镇居民的饮用水来自才建成不久的水库。乡镇居民每月缴纳一块五的费用，每家每月便可享受到一吨的免费用水。

从政府对乡镇和村内受到煤矿厂影响事件的管理和处理措施来看，政府及时与企业沟通并妥善处理了乡镇居民面临的用水问题，但对处于万乐村上游、受废气污染严重的万乐村村民反映的问题却没有采取及时妥善的处理措施。

（四）万朝乡政府对公共卫生管理的绩效评估

本小组成员对万朝乡政府的书记进行了访谈。在访谈中他提到了政府目前正在开展的一系列整治公共卫生的措施。就城镇来说，正在修建包括垃圾站、水库等在内的全面配套管理设施。他承认，对于农村公共卫生的管理难度较大，因为各个村庄分布较散乱，管理成本巨大，而政府资金有限，因此农村公共卫生的管理成为一个薄弱环节。但他表示，政府会争取在三年内使农村的公共卫生状况有一个较大的改善，建立完整沼气池、标准化垃圾站等大型设施。此外他还提到该乡在农村医疗卫生管理方面取得的显著成绩。如自 2012 年 6 月 27 日起实行了零利润政策，即以成本价出售药品。而防疫方面的服务是无偿的，并且要求村级医生统一开展医疗服务。城乡医疗保险方面，针对大病患者、住院病人进行补偿，具体措施为交 30 元的保险，最高赔偿 15 万元。

鉴于村民和乡镇居民都普遍反映煤矿企业存在污染问题，为弄清政府对该煤矿企业的管理情况，本小组成员对政府中参与煤矿管理的一名负责人进行了访谈。在访谈中我们了解到，万朝乡共有煤矿企业5家，污水和废气都会"经过严格处理再进行排放"，民营企业都建在山上，政府会进行不定期的检查。而煤矿企业最危险的瓦斯，因为还有其他用途，所以不会随意排放，危害和污染并不大。该政府官员对整个乡的公共卫生管理状况比较满意，认为村民的公共卫生意识还有待提高，同时政府也在努力进行宣传，村民和乡镇居民可能还需要一段时间来改变习惯。此外，他还特别提到在解决城镇居民饮用水库的水源问题时，政府和企业协商共建水库并且乡镇中每家每户都有每月一吨的用水优惠。

可以看出，该乡政府在公共卫生管理方面有一定的成效，但在万乐村和乡镇间存在着严重的管理不均衡现象。在万乐村，政府与村民在农村公共卫生管理方面的互动较少，采取的相关措施较少，因此管理的成效不明显；在乡政府所在地的乡镇，政府与乡镇居民在农村公共卫生管理方面的互动较多，公共卫生设施与卫生人员配备完善，因此管理的成效明显。仅仅在村和镇这两级中，就已经出现严重的倾斜，更可以想象我国农村和城市之间的差距之大，这需要引起足够的重视。农村在很多方面都处于不利的地位，能获得的资源本身就比较少，如果政府再在管理上有所疏忽，则更会加剧城乡间的发展不均衡。农村公共卫生管理得利与否直接关系着农民的健康、农村的发展以及三农问题解决的成效，应当引起各地政府足够的重视。

（五）分析和建议

1. 政府完善其职能并赋权于弱势群体

万乐村是位于西部少数民族地区的农村，该村主要交通要道是泥土路，交通非常不便，这也在很大程度上影响了村民的公共卫生意识的提高并给政府实施公共卫生管理带来不便。虽然万乐村位于石柱县和忠县的交界处，但政府也应该明确并履行其负责管辖区域内的职能，做到真正为村民谋福利。

该村存在文化程度普遍不高的状况，即使村民利益遭到侵害，心存不满，也没有能力为自己争取正当权益。譬如煤矿企业附近的村民咽部不适，他们前去找厂区领导协商，但并未得到妥善的处理。一位村民感叹说，"只可惜我文化程度不高，不然我一定要跟他们讨个说法"。针对此类现象，政府部门应该考虑自己该在这样的纷争中扮演何种角色。固然企业会给乡镇的经济带来利益，然而其造成的伤害也是不容忽视的。经济利益与环境代价、短期发展与长远生存之间的矛盾是个无法逃避的课题。针对在这个过程中受到伤害的弱势群体，政府应当完善相关机制，保证村民合法利益得到保护。

2. 健全农村公共卫生管理体系

虽然国务院一直强调加强区域卫生规划，要求地方政府按照经济发展水平和人民健康需求，统筹各地卫生资源，规划建设公共卫生体系，但是，在民族地区这项工作一直做得不好，特别是西部少数民族农村地区。有的规划难以制定，有的制定了规划难以落实。这种情况直接影响着当地卫生事业的发展和人民群众健康水平的提高。为加快西部少数民族农村地区的农村公共卫生管理体系建设，应该重视以下四个方面问题：

(1) 加大对农村公共卫生管理的投入

据本小组成员的调查，万乐村的公共卫生管理应该加大公共卫生设备和公共卫生资金的投入。首先，和万朝乡镇相比，万乐村村内无公用垃圾箱和垃圾中转站，针对小河里丢弃的日常生活用品，如破旧塑料盆、破鞋等无统一回收再利用的相关体系。此外村内也没有固定卫生人员负责公共卫生的清洁工作。对万乐村泥土路上随处可见的牲畜粪便没有统一管理规定和解决措施。其次，通过对乡政府工作人员的访谈我们了解到，在村内做公共卫生管理工作有一定难度的原因是资金有限，因此有利于农村公共卫生管理的相关设备和措施还不能覆盖村内。因此，加大农村公共卫生设备和资金的投入是健全农村公共卫生管理体系的重要条件。

(2) 建立从乡政府到村委会完善的农村公共卫生管理宣传体系

首先，从乡政府到村委会再到村民，自上而下地宣传普及农村公共卫生管理的重要性和实施方案。在村内可以通过大喇叭通知宣传、张贴大字报、入户讲解宣传的方式培养当地村民关于农村公共卫生的意识，从思想层面上落实农村公共卫生管理的工作。其次，乡政府拨款在村内设置统一垃圾桶用于回收村民丢弃的日常生活用品，并宣传和做好垃圾分类的工作，从源头上消除随意向河流倾倒垃圾的陋习。

(3) 建立农村公共卫生综合目标管理，健全各级考评体系

全面推行农村公共卫生综合目标管理。上级政府对下级政府，卫生行政部门对下级业务机构均应下达公共卫生管理的目标任务，公共卫生管理组织与公共卫生管理员间明确具体的任务和激励办法，形成一级管一级并逐步实行项目管理，使职责落实，定期考评，绩效挂钩，农村公共卫生管理才能落到实处，真正做到科学、公平、合理。

(4) 通过信息公开和民主参与，完善监督机制体系

在农村建立公共卫生管理体系的重要前提是获得农民的信任，打消农民的顾虑至关重要。从体系的可持续性出发，一个有效的办法就是实行信息公开、民主参与，完善对农村公共卫生管理体系的监督。一是政府中的财政、卫生、审计部门应将自己的管理信息定期公布；二是在乡镇和村内两级成立有农民代表参加的农村公共卫生管理委员会，专门行使对政府的公共卫生管理工作的日常监督权。

3. 注重农村和乡镇的同步发展，促进社会公平

万乐村和乡政府所在地的乡镇在公共卫生设备和卫生人员配置方面，在对万乐村和乡镇关于公共卫生意识及管理的宣传方式和手段方面，在政府及时处理煤矿企业对村民和乡镇居民造成危害的措施方面等都明显体现出政府对乡镇公共卫生管理的重视，万乐村却未得到相应的重视，这造成本身资源有限的村内与乡镇的发展更

加不平衡,这在很大程度上影响着整体农村公共卫生管理体系的建立和成效。因此,政府在重视乡镇公共卫生管理的同时也不能忽略农村内的公共卫生管理工作,要注重农村和乡镇的同步发展,促进社会公平。

4. 协调农村公共卫生与经济的发展

农村公共卫生保障的是人口占绝大多数的农村居民的健康,经济发展保障的是人民物质生活的不断改善,是相辅相成的两个方面,理应同等对待。万朝乡万乐村小河上游的大型煤矿企业的污染对当地居民身体健康和公共卫生环境的保护是不利的。煤矿企业的存在在相当大程度上带动了当地居民的就业,一定程度上缓解了土地对农民的束缚,农民增加收入的形式不再局限于农作。但是在促进当地经济发展的同时更要协调好经济与当地环境承载量和农民身体健康的关系。

五、小　　结

通过调查,我们发现以下几点:1. 村民环保意识淡薄。村中居民对环保并没有一个清晰的概念,也不会刻意关注环保事项,甚至连"垃圾分类"都鲜有耳闻。村民的日常生活行为中也存在譬如直接向河中倾倒垃圾等对公共卫生造成破坏的行为。2. 农村和乡镇在公共卫生设备配备和宣传力度等方面差异较大。村庄公共卫生的受重视程度远不及乡镇,具体表现为乡镇上随处可见分类垃圾箱,有专人负责清理;而村庄中无一处垃圾箱,也没有环保宣传标语。3. 政府存在逃避责任的现象。针对村内泥土路修建成公路的职能所属范围问题以及村民提出的煤矿企业对公共卫生和身体健康造成巨大影响的问题,乡政府未采取及时妥善的处理措施。

六、不足之处

这次调查先后经历查阅文献、设计问卷、实地调研、后期整理等过程,小组成员都付出了很大的努力,最终完成了这篇调查报告。在本小组看来,由于是第一次进行实地调研类的项目研究,经验不足,考虑不周,这次项目也留下了一些遗憾。

(一) 前期准备工作略显不足,没有考虑突发事件的应急预案

由于小组成员组队仓促,导致在选择最初调查地点未考虑充分,得到老师建议后匆忙调换调查地点,影响了整个项目的调研进度。倘若前期的准备工作更加充分一些,对调查地点多一些了解或是准备一个应急预案,此类情况就可以避免。

（二）对农村公共卫生管理的调查对象界定不明确，对理论的运用还不娴熟

小组成员虽然是社会学和社会工作的学生，但是对于农村公共卫生管理具体的调查对象界定不明确，对农村公共卫生管理相关理论的理解并不深刻，对如何在实际调研中应用该理论也没有经验，因此，就出现了在运用理论分析和解决问题时无法掌控的局面，导致在实地调研中对于具体要做哪些调研认识不清楚，全面撒网、重点捕捞的做法，费时费力，影响了效率。

（三）问卷的设计出现一些瑕疵，导致问卷分析时遇到一些阻碍

由于设计问卷时对于实地调研地的具体情况理解不深，过于主观和理想化，从而使得调查问卷出现一些瑕疵，例如过于乐观地估计了当地村民的异质性，导致获得问卷信息同质性强；问卷中某些题目带有一些设计者的主观色彩，选项设置不全面等。这些瑕疵导致整个研究结论不够严密，整体效果打了折扣。

（四）实地调研时间太短，不能真实全面地描绘当地农村公共卫生管理现状

小组成员的调研时间只有一周左右，而想要真正描绘出一个村庄公共卫生管理现状，一周的时间显然太短，无法对一些情况进行深入的挖掘，导致结论的得出建立在一个不十分稳固的基础之上，使研究结论有一定瑕疵。

[参考文献]

[1] 时先锋：《农村公共卫生管理的职能分工与优化策略研究》，硕士学位论文，2008。
[2] 乌云高娃：《浅谈民族地区公共卫生管理》，《内蒙古农业大学学报》，2007（3）。
[3] 陈捷、潘舰萍：《重庆市农村公共卫生管理的问题及对策建议》，《当代经济》，2007（7）。
[4] 吴承平：《我国农村公共卫生管理的问题及政策建议》，《中国行政管理》，2003（8）。
[5] 时先锋、冯占春：《农村公共卫生管理政府责任缺位的原因分析与对策研究》，《中国卫生事业管理》，2008（6）。
[6] 李志友、易启鸿：《我国农村公共卫生事业管理中存在的问题及对策》，《农业考古》，2006（3）。
[7] 保罗·J.费尔德斯：《卫生保健经济学》，经济科学出版社，1998。
[8] 龚志成等：《对加强农村公共卫生体系建设的思考》，《湖南行政学院学报》，2004。
[9] 顾杏元：《关于我国贫困农村卫生改革策略的探讨（上）》，《中国卫生政策》，1996。
[10] 海闻等：《农村卫生服务体系探讨》，《国际医药卫生导报》，2005。
[11] 宋松等：《从昆山实践看如何完善农村新型合作医疗》，《农村经济与科技》，2005。

［12］王俊华：《中国农村公共卫生：问题、出路与政府责任》，《江苏社会科学》，2003。
［13］王绍光：《中国公共卫生的危机与转机》，2003。
［14］张梦中：《美国的危机管理系统及其在"非典"防范中的作用》，《中国行政管理》，2003。
［15］张煜：《英国医疗卫生考察体会及启发》，《中国卫生资源》，2007。
［16］夏冕：《政府对农村公共卫生投入的现状分析及方向选择》，《湖北社会科学》，2004。

社会管理

转变基层管理方式，探索创新社会管理新路径

社区幼儿园模式简析

新媒体时代下政府公共沟通艺术

转变基层管理方式，探索创新社会管理新路径

李 冈[①]

[摘要] 针对当前我国既处于发展的重要战略机遇期，又处于社会矛盾凸显期的新形势，党中央提出了加强和创新社会管理，提高社会管理科学化水平的重大战略部署，对于构建社会主义和谐社会，提高党的执政能力和巩固党的执政地位，实现国家长治久安具有重要意义。

[关键词] 街道社区；社会管理；创新模式

目前，我国的社会问题明显增多，这是一个不可否认的事实。胡锦涛总书记在省部级领导干部专题研修班上指出，"我国社会管理领域存在的问题，是社会发展水平和阶段性特征的集中体现"。这些问题直接表现在基层的管理工作中，特别是对街道社区管理体制和方式提出了新的挑战和要求。这些问题主要表现在：

一是基层管理力量薄弱。近年来，随着经济社会的快速发展和政府职能的转变，基层承担了越来越多的社会管理工作，政府部门的许多工作都延伸到了社区，由于基层管理力量薄弱，责任大、任务多，人员素质相对较低与基层的无职无权无资金和工作难度大、复杂化的矛盾和问题比较突出，如居委会干部职业定位模糊，专业知识普遍缺乏，知识结构不合理；直接从事社区服务工作的人员主要由家庭妇女、下岗职工和社会闲散人员组成，整体素质不高，提供的都是简单劳动服务，难以为残疾人、弱智儿童、老年人等特殊群体提供应有的专业服务，由此导致许多工作得不到有效落实，社会管理职能缺失。

二是社区民主自治职能弱化。理论上，社区居委会属于群众自治组织，并不是一级行政机构。但长期以来，居委会承担着政府延伸到社区的大量工作，在现实中呈现出明显的行政化特征，成为继"两级政府、三级管理"之后的第四级网络。同时，作为群众性自治组织的社区居民委员会，除了法律明确赋予的协助政府开展部分工作的职责外，其主要职能是开展社区自我管理和自我服务。在实际运行中，存在一些部门和单位工作任务大都向社区倾斜的现象，造成社区工作任务多、压力大。

三是涉法涉诉案件解决机制不完善。当前，有关涉法涉诉方面的信访案件回流

---

① 作者简介：李冈，男，中央民族大学管理学院博士研究生，中共青山区区委常委、办公室主任，主要研究方向：民族政治学。

现象比较严重。有相当一部分涉法涉诉案件，已经通过法律程序，由法院判决完毕，但当事人由于诉求得不到满足，不执行法院的判决结果，仍然不断地到政府部门上访，要求重新改判。对此，我们还缺乏明确的、可操作性强的上访问题办结退出程序，亟待制定出台相应的解决办法。

四是信访惩处机制不健全。由于信访条例立法权限有限，未能对无理缠访、扰乱信访秩序的人员制定具有可操作性的制裁措施，对蓄意闹访、缠访人员的非法行为依法处置手段缺失，造成部分信访人以访牟利，以访为业。上访人诉求明显不合理，漫天要价，没有合理解决问题的诚意，而是恶意越级上访，给社会管理工作带来了极大的隐忧，也在社会层面上形成了越来越严重的负面导向和负面影响。

这些问题的存在，究其原因，既是社会制度不完善的表现，也是经济制度、行政制度和政治制度不完善的表现。这一系列问题的出现是不以人的意志为转移的，是社会发展与社会治理不同步导致的一种客观现实，也是社会发展到一个时期的"阶段性特征"，而引发这些社会管理问题的深层次原因主要表现在：

一是社会群体矛盾不断增加。传统中国社会的社会阶层结构是相当单一的，就是工人阶层、农民阶层和知识分子阶层。在计划经济背景下，他们之间的利益是高度趋同的，不仅没有根本性的冲突，甚至直接的冲突也几乎没有。但这些年来随着我国社会新的阶层和利益群体纷纷出现，新的社会阶层与传统社会阶层之间，新的社会阶层内部由于利益获取模式的不同往往会发生各种冲突与纠纷，这些冲突与纠纷极易引发社会问题。例如，农民工因讨薪未果自杀，土地征拆中的暴力争端等社会事件，背后其实都是阶层利益的冲突。

二是流动性问题日益凸显。目前我国已有超过两亿的流动人口，在东西部地区之间、城市与农村之间流动，这种流动对社会管理提出很大挑战。大规模的人口流动引发了社会福利保障、公平正义诉求以及社会治理等一系列问题。人口流动是看得见的，而信息的传播与扩散是看不见摸不着的。信息开放与信息封闭状态下的社会管理方式是截然不同的，难度更是有天壤之别。在信息不畅通的情况下，可以大事化小，小事化了。可是互联网让信息迅即甚至呈几何级数传播，往往"网下刚冒烟，网上已燃烧"。同时，随着我国经济社会的快速发展，群众生活质量的不断提高，尤其是随着社会公众权利意识的不断增强，各种利益诉求越来越多，过去不是问题的问题今天可能成为大问题。

三是社会问题引发社会风险。社会发展可以突变，社会价值观的培育却不能一蹴而就。中国社会用30余年走过了西方社会数百年的历程，既有价值观已经失去了共识，新的价值观又没有真正形成。而一个社会只有存在共同的价值观才可能产生一致的行动，当出现价值观真空的时候，一切行为都可能自以为是，都可能无所顾忌，都可能不可预期。例如，一些有权有钱的"官二代"、"富二代"信奉赢者通吃，自鸣得意而视法如无法；一些弱势群体则绝望无助，看不到过上好生活的希望便铤而走险，走上犯罪的道路。

在经济社会发展过程中，没有社会的稳定，就不可能有经济政治的繁荣发展，而社会稳定的基础在基层，街道社区是基层社会管理的重要载体。面对新问题、新要求，我们用惯了的、会用的、曾经很管用的、数十年来延续下来的街道社区管理模式与管理方法越来越不适应形势的需要。在新形势下，如何更好地理顺职能、创新方法，有效地发挥街道社区对群众的服务功能是摆在我们面前最紧迫的问题。

因此，在工作实践中要始终坚持以人为本、服务优先、多方参与、共同治理、统筹兼顾的原则，不断创新思路和方法，努力探索一条适应新形势的街道社区社会管理新路子。

一是加强政策引导，健全社区民主自治职能。发挥自治职能：街道、社区从引导居民树立"当家做主"意识入手，加大教育宣传力度，使他们充分认识基层民主自治在社会管理中的地位和作用，明白如何在社会生活中正确行使民主权利，调动居民支持和参与社区事务管理的主动性和积极性，实现合法有序参与社区管理的目标，真正发挥居委会自治职能。理顺内外关系：努力使街道办事处转变工作方式和作风，尊重和保障法律规定的居委会自治地位，变管理社区为服务社区。居委会应代表居民与辖区单位加强沟通联系，履行协调、监督、服务等职能。同时，社区居委会与居民的关系要始终体现"共治、共享、共有"特征，居委会干部能够真正做到"进百家门、知千家事、暖万人心"。拓展服务功能：大力指导和引导驻社区单位、物业管理机构和社区民间组织积极参与社区事务管理，加强与各类专项服务相配套的社区公共服务设施建设，拓展社区服务领域，建立健全功能完善、质量较高的城市基层服务和管理网络。充分发挥"一站式"服务大厅作用，逐步开展就业、救助、安全、文体等公共服务项目。

二是加快制度规范，建立社区居委会工作新机制。健全日常工作机制：努力适应新时期居委会建设需要，尽快淘汰落后工作机制和管理制度，以保证和发挥居民自治权利、职能为目标，在尽快出台社区工作规范和标准的基础上，结合社区工作新形势、新要求，进一步完善具有地区特色的居委会《自治章程》。健全议事决策机制：建议在居委会推行议事决策、执行两种工作机制。议事决策层由通过选举产生的居民委员会成员组成，主要负责社区规划实施、经济发展、经费落实、重大事项决策、检查和督促；执行层由经过考核合格后的社区工作者组成，主要负责议事决策层交办的各项事务，接受议事决策层管理。这样，更有利于提高居民自治水平，符合城市社区的发展趋势。健全人才引入机制：逐步转变社区干部岗位定位，建立居民推选与专业聘用相结合的人才引入机制，引进接受过高等教育的社区管理和社会工作专业人才。对现有人员进行培训筛选，建立优胜劣汰的竞争机制和奖惩制度。同时，在推广"社区志愿服务行动"等活动基础上，积极探索在大专院校建立实习档案，每年安排一批大学生到社区实习，充实队伍，更新观念。

三是加大资金投入，解决社区工作经费瓶颈问题。严格经费投入政策：按照"权随责走，费随事转"、责权利相结合的原则，严格遵守社区经费投入政策，推行社区工作事务准入制度，制定社区"费随事转"具体实施办法，进一步明确社区工作职责范围，建立部门事务进社区审核把关制度，区分居民自治事项和政府职能部门服务事项。建立资金投入体系：由政府牵头，协调驻社区单位，逐步建立办事处——驻社区单位——居民三级资金投入体系和共驻共建长效机制。在政府投入的基础上，充分调动驻社区各机关、团体、企事业单位力量，广泛参与社区建设，最大限度实现社区资源共建、共享，营造良好氛围。同时，大力发展社区服务业，扩大领域，增加收入，弥补经费不足。加强硬件设施投入：针对一些居委会办公用房和硬件设施不完善等问题，将居委会办公用房等硬件设施建设作为硬性条件，对房地产开发企业加以制约，使小区建成后居委会能够及时入驻，开展工作，以便更好地进行社区管理，更好地服务居民群众。

四是建立长效机制，化解基层社会矛盾纠纷。建立排查预测机制：街道、社区经常性地开展社会矛盾纠纷排查治理活动，及时发现和研究矛盾纠纷的苗头、倾向、原因和规律，掌握工作的主动权，将不安定因素化解在萌芽状态和初始阶段。要坚持制度创新，建立健全矛盾纠纷登记制度、分析报告制度、分流督办制度、检查考核制度、研究预测制度等，用制度规范化解矛盾。建立联动联调机制：当前，矛盾纠纷具有复杂性和多样性，仅靠个别部门是难以解决的，要通过建立多部门共同参与的信息共享、预警联动、部门协作、联调联处机制，通过纠纷排查和调解网络的信息反馈，将带有共性、倾向性、全局性的不安定因素通报各调解组织，及早开展预防工作；对于情况复杂、跨区域、跨系统、跨单位的问题，确定参与调处部门，共同商定解决问题的方案和措施；对于涉及全局性矛盾纠纷的排查处理，实行党委、政府统一领导，全员行动，共同化解。通过这一机制运行，将分工负责与联合调处相结合，将属地管理与集中调处相结合，将按程序调处与急事急调、特事特办相结合，使矛盾纠纷得到有效化解。建立法制道德教育机制：深化法制道德教育，加强诚信建设，提高全体公民的整体素质，是预防和化解社会矛盾纠纷的基础环节。在法制道德教育中，要坚持内容、形式和方法的创新，增强法制教育的实效性；要根据不同对象，区分层次，有的放矢地进行法制道德教育，因人施教，因事施教，因时施教，增强针对性和约束力；要坚持法治与德治相结合，以规范、教育、监督为手段，以提高干部群众的法律道德素质为目的，发挥法律、道德在平衡矛盾、调整社会关系中的作用，实现自我教育、自我管理、自我约束、自我提高和自我发展。

五是建设"数字社区"，强化顶层技术保障。目前，虽然一些部门在社区的工作已经实现了信息化，如人口、民政、统计等部门，但信息资源相对独立、不能实现共享的缺点日益凸显，这就造成了工作中数据重复录入、交叉使用等问题，一定程度上降低了工作效率，影响了工作效果，因此，迫切需要实施"数字社区"建设。"数字社区"项目建成后，可以统一各部门独立业务系统建立的专项居民档案，将居民基础信息与各业务系统相结合，实现居民基础信息一次录入，专项信息分类使用。将居民健康档案、低保管理、优抚管理、残疾人管理、计划生育管理、再就业管理等各类专项数据完整地统一起来，提供分类自由组合查询，可以解决居民档案管理混乱、数据不统一的问题。根据各类信息系统上报要求，生成对应的数据报表以供上报，能够有效减少社区服务站工作人员的工作量，减轻重复录入的工作压力。社区政务服务预审系统可以形成"三级联网"的工作模式，使相关委办局的部分职能下沉到社区服务站，政务服务中心办事窗口前移至社区服务站，提高社区服务站工作效率，逐步让居民不出社区便可办理相关业务。

总之，加强和创新街道社区社会管理，做好居民群众的服务工作，既不能单兵突进，也不能因循守旧，更无法一蹴而就。只有在社会管理的新格局中，不断健全机制，创新工作方法，加强协调配合，形成强大合力，才能逐步走出一条社会管理创新的新路子。

社区幼儿园模式简析

——以包头社区幼儿园建设为例

贾 倩[①]

[摘要] 近些年,我国大中城市普遍面临"入园难"的问题,如何完善幼儿教育成为社会广泛关注的话题。包头市社区幼儿园模式的兴起,为入园难问题的解决提供了一些有益探索。促进社区幼儿园模式的完善将是幼儿教育未来发展的必然趋势。

[关键词] 包头;社区;幼儿园模式;推广

"绝不让孩子输在起跑线上",这是在社会上普遍流行的一句话,反映了中国家长的普遍心态。教育的第一站——幼儿园无疑是孩子接受教育并开启人生竞争的第一步。一方面,近年来多种因素造成了家长对幼儿教育的重视程度持续增长。家长们普遍认为,一个孩子只有上了好的幼儿园才能上好的小学,才能逐步进入好的中学和好的大学,才能在激烈的竞争中脱颖而出。另一方面,我国的义务教育并不包括幼儿教育,但又并非完全的私营化。幼儿教育处在公办私营共存,政府管又不管,社会办又不办的复杂境地。近些年在中国的大部分城市,尤其是一线城市,入园难成为社会的焦点问题。每年幼儿园报名时,全家总动员在幼儿园门口连夜排队为孩子报名成为经久不衰的新闻。而近两年频繁出现的校车事故更让民众为之愤怒。人们不禁疑惑,幼儿教育为何如此困难?

笔者在 2012 年夏季前往内蒙古自治区包头市实地走访观察当地幼儿园的生存状况。通过在多家幼儿园的实地走访和随机访问,我们发现这里"入园难"的问题也曾经存在。一些孩子家长,用朴实通俗的语言概况了包头市幼儿入园难的困境:"入园难,难于考公务员;入园贵,贵过大学收费。"近年来,随着包头市城市化的发展,一种新型幼儿园模式——社区民营幼儿园正在迅速发展,越来越受到家长的欢迎,特别是外来务工人员以及平改地区家庭的欢迎。笔者在走访了部分社区幼儿园后,总结了它们的优势和不足,探索其可行性和发展趋势,认为这种发展模式具有一定的可推广性,较为符合目前的城市发展需求,符合幼儿教育的发展规律。

---

① 作者简介:贾倩(1988—),女,河北廊坊人,中央民族大学民族地区公共行政管理 2011 级硕士研究生,主要研究方向:社会管理、公共政策。

一、包头市区位特点

包头,地处内蒙古高原的南端,阴山山脉横贯该市中部,形成北部高原、中部山地、南部平原三个地形区域。该市居住着蒙古族、汉族、回族、满族、达斡尔族、鄂伦春族等31个民族,[1] 汉族人口主要是"走西口"的移民和新中国成立后鞍钢支援包钢的工人,是一座典型的移民、多民族城市。

据全国第六次人口普查数据,包头全市常住人口265.0364万人,市区人口210.71万人。包头城市建成区面积360平方公里,市中心区面积315平方公里,为全国特大城市。[2] 与东部大城市相比,城市用地并不紧张,人口密度较低。

之所以选择包头作为本次调研的地点,与包头市这种独特又具有代表性的区位特点有着直接的关系。包头的区位特点对于东西部地区而言都具有一定的借鉴意义。

二、包头市幼儿园生存现状

(一) 公立幼儿园

目前包头市公立幼儿园在整个幼儿园体系中所占的比例很小,现有公立及在教育部门注册备案的幼儿园共计154所,公立幼儿园44所,其中自治区示范性幼儿园15所,市级示范性幼儿园10所,其他级幼儿园为19所。民办幼儿园多、公办幼儿园不足是一个突出问题。[3] 据了解,在家长们心目中,育才、新时代、蒙幼等几所幼儿园因为位居市中心、条件优越等因素而被家长们列为理想的选择。然而想要进入这样的幼儿园往往需要家长费好大一番力气。

据统计,包头全市的适龄孩子应该在5.8万人左右,以目前全市有44所公立幼儿园,每所容纳400名孩子的标准计算,也只能解决不到1.8万孩子的入园问题,相当于三个孩子要争取一个进入公办园的指标。[4]

---

[1] 百度百科—包头. http://baike.baidu.com/view/2777.htm [EB/OL]. 2012-08-11/2012-08-23.

[2] 百度百科—包头. http://baike.baidu.com/view/2777.htm [EB/OL]. 2012-08-11/2012-08-23.

[3] 王欢,王婷:《解决入园难问题 包头市3年要建66所公立幼儿园》,[EB/OL]. http://inews.nmgnews.com.cn/system/2011/10/20/010665908_01.shtml. 2011—10—20/2012—08—25.

[4] 新华网:《包头市艰难破解入园"难与贵"社会各界给出多种建议》,[EB/OL]. http://news.163.com/12/0425/11/7VUD0SD700014JB5.html. 2012-04-25/2-12-8-25.

为解决包头市适龄幼儿入园难问题，2011—2013 年包头市计划新建、改扩建 66 所公立幼儿园。这些公办幼儿园均为普惠性幼儿园，收费低廉。每所幼儿园可以容纳 180 名至 360 名幼儿。

据介绍，2013 年规划建设的 66 所公办幼儿园建成以后，按照教育部门的规划，大概有 60% 的孩子能够进入公立幼儿园接受教育。但这一的数据并不包括流动人口及城乡结合部的适龄儿童。事实上，在公办幼儿园和民营幼儿园的数量比较中，民营幼儿园占据绝对的优势地位。

（二）民营幼儿园

从上面的介绍中可以看出，即便政府如此大力度地发展公立幼儿园，也仅能满足 60% 的需求，并且完成全部规划也需要一些时日。从现实状况而言，包头市多数孩子还是就读于民营幼儿园。概括起来，是以下几个主要因素促成了包头市社区民营幼儿园的发展：

首先，包头市迅速的城市化进程让很多农村人口变为城市人口，幼儿园的客观需求大量增加。

其次，包头市的形成是以工业为基础的，重工业占工业绝对比重。第三产业人员主要来自外地，外来务工人员带来一定数量的儿童入园需求。

再次，包头市地价并不贵，幼儿园所需房租较为便宜。目前，一个底商租金大约为 8 万元/年，一个幼儿园需要两个底商，租金还是很划算的。而且从现实状况来说，往往底商主人即为幼儿园的经营者。

最后，熟人社会的安全感。开设幼儿园的也许就是自己的邻居、同事等熟人，相对较为了解，放心将孩子送到那里。

包头市民营幼儿园的发展状况是较为复杂的，多种种类、多种面貌并存，越来越受到社会的欢迎，但一些小型幼儿园也存在多种问题。

我们走访了昆区世纪星幼教中心，这是一所具有很强实力的大型民营幼儿园，占地 10 余亩，建筑面积 5600 余平方米，硬件设施好，师资力量雄厚，是目前包头市为数不多的大型民办幼儿教育园之一。相对于公立幼儿园，这里学费较为昂贵，但不存在报名难的问题。

在包头，我们可以看到许多小区里都有一些规模不大的民营幼儿园。他们大都是以楼房一层的一套或两套住宅或是几间平房为办园场地，借用邻近屋外的一些空置场地放置滑梯等游乐设施。

社区幼儿园模式具有以下优势：

首先，入园容易。社区幼儿园的服务对象即为社区中的适龄儿童，社区规模的大小也就决定了社区幼儿园适龄儿童的多少。因此，在入园问题上不存在明显竞争关系。尤其是那些外来务工人员的子女，由于没有当地户口，很难进入公立幼儿园，社区民营幼儿园的开设为他们的子女提供了方便。

其次，方便安全。这是显而易见的优势。就近入园本应是幼儿教育的题中之意。近年来，我国幼儿园校车事故屡屡发生，校车成为社会焦点问题。据悉，目前我国超过80%的校车没有达到国家安全级别。社区幼儿园能使孩子就近入学，交通负担很低，接送孩子上下园非常方便。

再次，节约成本。目前一辆达到国家安全标准的校车售价通常在30万元左右，校车运营的费用也是比较高的。而这些成本都将计入幼儿入园的费用。另一方面，远离市中心的社区房屋租金较低，比起社区集中的中心地带运营成本要低很多。

最后，更容易形成家长与幼儿园的互动。社区幼儿园让家长有更多机会走到幼儿园，与幼儿园形成互动，更好地把家庭教育和学校教育连接起来，帮助孩子健康成长。

社区幼儿园毕竟是一种比较新的发展模式，存在许多不足，让家长担忧。笔者通过走访观察包头市一些民营社区幼儿园，总结出以下几点问题。

第一，卫生状况堪忧。目前，一些社区幼儿园在日常管理中对卫生保健工作不重视，幼儿园周边环境差、设施不消毒等现象普遍存在，无法达到规定的卫生标准。

第二，噪声扰民。许多居民反映，小区幼儿园里的孩子们在外面玩时会影响他们的日常生活。

笔者所调查的武银福小区里一位业主反映，他每天一大早都会被幼儿园里的孩子们吵醒。因为每天早晨都会有许多家长送孩子过来，到了固定时间孩子们还要到室外活动。

第三，师资力量薄弱。目前许多社区幼儿园存在基础设施、师资力量等方面的不规范问题。教师学历多为大专，甚至不曾受过专业的幼儿师范教育。园内配套设施少、简陋，许多社区幼儿园里只有一个不大的滑梯供孩子玩耍，并且师资流动性大。

第四，占用公共用地。在场地有限的情况下，不少民办幼儿园开始圈占公共用地，以扩大孩子的活动场地。在城乡结合部和市内的小区或沿街商铺，这种现象尤为突出，其安全性存在隐忧。在包头市武银福村内及其周边，至少有两三家这样的民办幼儿园，它们或在门前围起栅栏当做自己的活动场所，或是占用公共用地，以扩大幼儿园的活动空间。在一家名为"阳光幼儿园"的门口，一米多高的铁栅栏将仅仅10平方米左右的公共用地圈占，里面放置一个小滑梯作为户外设施供孩子们玩耍，可是这么狭小的空间、简易的设施如何保证孩子们的安全呢？

第五，费用较高。包头市幼儿园收取保教费的标准为：自治区级示范园每个学生每月150元；市级示范园每个学生每月130元；其他园每个学生每月110元，上浮不超过10%。① 各个民营社区幼儿园的收费为400元左右，虽然不是太高，但是没有形成统一标准，随意性强。

总的来看，虽然社区幼儿园存在这样那样的问题，但是这些问题都可以通过正确的管理予以解决，以充分发挥其方便安全的优势。在目前公立幼儿园严重不足的背景下，合理引导社区幼儿园的发展是必然的选择。

三、如何建设完善社区幼儿园

（一）严格制定办园标准

据了解，多数社区幼儿园由于并不具备办园资质，为了节省开支并没有在教育局注册。现存的一些社区幼儿园存在环境差、设施简陋、卫生不符合标准等问题，主要由于在申办幼儿园时相关部门并没有做好审批、检查工作。

为此，相关的教育、卫生等部门应该制定严格的幼儿园等级标准，详细规定不同等级幼儿园在办园面积、配套设施、教育人员、管理人员、后勤人员、卫生检查等方面的标准，认真逐项地做好审批检查工作，同时提供相应的指导帮助，做到早预防，保障孩子们的安全。

（二）政府要正确认识社区幼儿园的重要补充作用，在政策、资金等方面予以照顾

政府一定要扭转对社区民营幼儿园的看法，将其作为公办幼儿园的必要补充，并予以政策照顾。

目前，包头市对于不具备办学资质的社区幼儿园采取"一刀切"的政策，不合格的强制关园。因此社区幼儿园在面临检查时就会临时放假来逃避检查。对于社区幼儿园，政府应该重视其客观作用，给予有效的帮助，合理引导。对于社区幼儿园发展过程中出现的困难，政府应积极帮忙协助解决。

社区幼儿园在发展过程中面临一些问题，主要体现在税费名目的混乱、保险体系的不健全、手续的审批等。这些都需要政府政策、资金各方面的引导和帮助予以解决。

（三）规范社区幼儿园的收费标准

据了解，包头市相关部门并没有为民营社区幼儿园制定统一的收费标准。相关部门应该像规定公立幼儿园的收费标准那样为民营幼儿园制定相应的准则，规定合

---

① 《包头市中小学校、幼儿园收费项目、收费标准公示表》，[EB/OL]. http://www.tyqjyj.cn/Article/ShowArticle.asp?ArticleID=722. 2010-09-11/2012-08-24.

理的收费事项和范围。

（四）社区幼儿园的发展应与社区居委会、村委会等形成良性的互动

目前，社区居委会并不认可社区幼儿园的存在现状。幼儿园乱占公共用地和噪声污染给居委会增加了许多工作。站在居委会的角度，他们并不希望社区幼儿园出现，因为在现实工作中他们常常面临左右为难的局面。如果居委会能够和幼儿园形成良性互动，在儿童活动场所、安全保障、伙食方面提供帮助，将会大幅度提高目前的办学质量。

四、社区幼儿园的推广可行性——以北京为例

适龄儿童入园难的问题已经发展成为一个城市普遍存在的问题，政府也一直致力于解决这个问题，社区幼儿园是一个很好的发展趋势，既能解决社区内孩子入园难的问题，也为家长省下了不少时间和精力。

在目前全国城市化迅速发展的形势下，城市公共设施如幼儿园不足是客观存在的现象，社区幼儿园作为公立幼儿园的重要补充应当得到承认和合理的引导，使其健康发展，帮助幼儿健康成长。社区幼儿园模式符合幼儿教育规律，给家长和社会都减轻了负担，是未来幼儿园的发展方向之一。

在全国一线城市中，不但人口密集，而且交通拥堵状况普遍十分严重，将孩子送到路程遥远的幼儿园就读耗费大量精力，赞助费等名目繁多的收费内容也给家长增加了较大的经济负担。

近些年，幼儿教育在某种程度上已经异化，望子成龙和相互攀比的心态带来了对幼儿园教育的过度重视。这其实是入园难问题的重要内生原因。家长若能端正对幼儿教育的态度，社区幼儿园的发展将会面临更加广阔的前景。

北京作为一线城市，人口数量多，外来流动人口多，导致其适龄儿童入园难的问题尤其显著，另外，北京城区面积大，交通拥堵更加剧了家长接送孩子上幼儿园的困难。面对这种状况，社区幼儿园在北京是很有前景的，也是可以很好地解决入园难这一社会难题的。

家长对社区幼儿园的呼声高。在北京这样一个大城市，上班族每天花在交通上的时间很长，有些甚至要倒好几次车，如果孩子的幼儿园与工作地点是反方向的，就为家长增加了很多烦恼。有车一族也不得不面对早晚高峰堵车这一现实问题。虽然许多幼儿园已经开设班车，但是最近频频出现问题的校车使得家长颇为担心。社区幼儿园的开设则为家长解决了这些烦恼。家长每天只需要在上班前将孩子送到小区里的幼儿园，下班再顺便将孩子从幼儿园领回家。

北京有许多外来人员，这些人员的子女由于没有当地户口，进入幼儿园更是难

上加难。社区幼儿园就可以在接收新生时以居住地为划分类别，只要可以证明为此社区居住人员，适龄儿童便可以进入幼儿园。尤其是一些外来务工人员的子女，他们自身没有太多时间照顾孩子，又没有本地户口，社区幼儿园的开设为他们解决了孩子入园难的问题。

社区幼儿园的兴建对于周边地段具有明显的拉动作用。近几年将是我国又一个生育高峰，社区幼儿园的兴建对于新建楼盘的销售和地段的升值都有推动作用。

因此，笔者认为，包头市的社区幼儿园模式在北京有推广的可能性，可以作为解决首都适龄儿童入园难问题的一个有效途径。

新媒体时代下政府公共沟通艺术

——以"微博问政"为例

段　钰[①]

[摘要]　新媒体时代的到来打破了信息传递的空间和时间限制，改变了传统媒体对事件的报道格局，也对社会舆论导向带来了机遇与挑战。政府与民众的沟通模式及公共沟通双方的地位发生了巨大变化，由原来政府对传统媒体进行管制、垄断控制信息而广大公众只能作为受众转变成为双方的双向互动，原子化的公众开始借助新媒体产生的巨大舆论压力来影响政府公共政策过程。随着微博的迅速发展，越来越多的党政机关及其工作人员开通了"政务微博"，并呈现出快速发展态势，在社会管理创新、政府信息公开、新闻舆论导向、倾听民众呼声、树立政府形象等方面起到了积极的作用。分析微博的方式和特点，结合相关案例，从正负两方面分析"微博问政"对政府部门公共服务模式的影响，寻求与新媒体环境相适应的政府沟通艺术，建立公民、媒体和政府的良性互动关系，是解决沟通困境，获得公众信任和支持，实现我国公共政策科学化和民主化目标的有效途径。

[关键词]　新媒体；公共沟通；双向互动沟通；"微博问政"

一、绪　　论

微博作为互联网的一种新应用，深刻改变着传统舆论格局，其传播快、影响大、覆盖广的特点日益显现，已经成为网络信息传播的重要平台。"亲，你大学本科毕业不？办公软件使用熟练不？英语交流顺溜不？驾照有没有？……"2011年8月初"外交小灵通"发布的这条轻松幽默的淘宝体招聘信息在网络热传。短短三小时，该微博被转发了4800余次。[②] 作为我国第一个部委开通的微博，"外交小灵通"以其亲切、人性化的特点，受到广大粉丝的喜爱。截至2012年3月21日，其新浪微博粉丝已达1868482名，累积发布微博3320条。政务微博悄然走红，新媒体已成为政府机构、官员和民众互动的新平台。2010年被称为中国微博发展元年，微博网站呈井喷式发展态势，在2010年社科院出版的《社会蓝皮书》中，微博被

---

① 作者简介：段钰，女，云南人，中央民族大学2011级公共管理硕士研究生，主要研究方向：公共政策分析、公共财政。

② 新浪网：《2011年新浪政务微博报告》，2011年12月。

评价为"杀伤力最强的舆论载体"。"政务微博"在短时间内已发展成为网络问政的热点和趋势,"微博"这种崭新的沟通方式,成为议政的新媒介。经过一年多的酝酿发展,在2012年"两会"期间,"微博问政"不但成为代表委员参政议政时问政于民不可或缺的平台,更成为普通民众在中国政治经济生活中行使知情权、参与权、表达权和监督权的重要渠道。"微博问政"也进一步拉近了"两会"与网民的距离,是民主政治信息化表达的一种创新。

"微博问政"的发展是官民沟通的一种新方式,它要求政府工作方式实现重大转变,要求政府部门从等事情向主动找事情、解决事情转变,这也是在网络化环境下对新的执政方式的有益探索。因此,有必要利用"微博问政"的契机,提高领导干部运用网络的水平,提高网络化时代执政能力和科学决策能力,在新的形势下,以新思维解决新问题。

二、认识"新媒体"

(一) 何为"新媒体"

清华大学熊澄宇教授认为:新媒体是一个相对的概念,"新"相对"旧"而言。在媒体发生和发展的过程中,我们可以看到新媒体伴随着媒体发展在不断变化。广播相对报纸是新媒体,电视相对广播是新媒体,网络相对电视是新媒体。通过对国内外各种观点的比较,笔者认为,新媒体的概念有狭义和广义两种:广义的新媒体是依托于数字化、网络化信息处理技术和通信网络的新型信息媒介的总称。狭义的新媒体是指形成于"二战"以后,基于计算机技术、互联网技术和无线传播等技术,通过互联网、无线通信网等信息传播渠道,以电脑、手机、电视等设备为传播终端的媒体。本文所指新媒体侧重于狭义的概念。

1. 从技术层面看,新媒体的特点有:

数字化(Digital):依靠信息化手段。

互动性(Interactive):论坛、贴吧、博客、播客、网络杂志、手机报等,新媒体的传播渠道多样。

超文本(Hypertexual):依靠信息化手段,体现便捷特征。

虚拟化(Virtual):意见隐匿、自由。

网络化(Networked):传播渠道多元、共生、交互。

模拟性(Simulated):体现内容海量、散乱。

2. 从非技术层面看,新媒体特点有:

偶发性(Haphazard)。对于大多数传统媒体而言,内容出版是有时间设置的,所以电视台电台、节目都被称为program,一种可以事先设定的程序。但由于新媒体的UGC成分相当重,因此它的内容发布显得没有规律。

碎片化（Fragmental）。碎片化的内容特点是由去中心化造成的。看上去很多信息只是零碎地堆砌在一起，而没有得到有效的整合。新媒体对于传统媒体的所谓"颠覆"就是指其碎片化特点。但事实上，去中心化这个态势是长久不了的。由于人类大脑接收信息的需要，会导致那些重新整合信息的中心化渠道出现。搜索引擎是极好的例子。

个人化/个性化（Personalized）。Blog 是最显著的例子。一个提供博客架站程序的 wordpress，由于开放其代码架构，使得网上有成千上万数不清的模板可供使用。于是，每一个 Blog 都显得与众不同，如果 blogger 自身还有模板开发能力的话，还可以造就全世界只有他/她这一块的模板。当然，不是所有的新媒体都有很强烈的个人化色彩（比如 BBS），但的确有相当多的新媒体形式赋予了用户尽可能展示自己的工具。这种个人化的特征，显示互联网的重心开始由数据（信息）向人转变。

连续的议程设置性（Continuous Agenda-Setting）。由偶发性和碎片化两个特征合力形成。议程设置是传播学中的经典理论，这个理论简单总结起来就是：媒介不仅可以告诉我们想什么，还可以告诉我们如何想（判断什么事情是重要的）。媒体的议程设置效果是得到实证支持的，但媒体很少对一个议程进行连续的设置：A 电视台就 B 电台的内容进行跟踪，然后 C 报再跟进（在中国，这种情况不是没有，但很少见，如"十七大"报道算一个连续的议程设置）。但新媒体喜欢连续式地进行议程设置，呈现出"链式传播"态势。每一个节点的影响力都有限，但合起来的力量是巨大的。

互动性（Interactive）。网络媒体天然具有互动的功能，但很多互动完成于媒体之内，比如在某篇文章下发表一个评论。但新媒体提供了跨平台互动的技术，比如 Blog 的 trackback 和 pingback 功能。但截至目前，至少在中国，跨平台的互动还没有成为大规模的态势。

（二）"新媒体"种类

新媒体种类很多，目前以网络新媒体（互联网）、移动新媒体（手机终端）、数字新媒体（网络信息）等为主。融合的宽带信息网络，是各种新媒体形态依托的共性基础。终端移动性，是新媒体发展的重要趋势。数字技术是各类新媒体产生和发展的原动力。比较热门和具有较大影响力的新媒体形态主要有：QQ、MSN 等即时通信工具、博客、播客、论坛、电子邮件、手机短信、微博等。其中，微博在近两年广泛传播，其热度已经超过论坛和博客。

三、新媒体传播的特点

目前新媒体的主要传播介质是手机和网络，先进的传播媒体可以让人们实时编辑和报道、远距离获取信息，并能快速地处理信息，其便捷程度高、信息量庞大、传输速度快以及传播范围的广大都是传统媒体所不能比拟的。在微博平台上，每个普通人都是媒体，每个普通人也可以成为新闻源头。微博的直播、转发和评论，巧妙地将个人的声音放大到了社会空间，将个人的行为放大成为社会行为，并通过微博这一公共空间获得影响社会的能力，进而影响整个社会的舆论走向。微博作为一种新的传播平台，有着独特的传播特性，只有了解和把握其不同于其他网络应用的特性，才能够发挥出"微博问政"的最大功效。

（一）微博的传播方式

微博是通过人与人之间的"关注"、"被关注"网络，将自己或自己所关注的人所发布的信息，通过"转发"，层层对外传播开来。这种裂变式的传播效应，一旦成功发起就会四下蔓延，快速复制，并在极短的时间内获得极大的传播效果。

1. 背对脸交互。与"博客"上面对面的表演不同，"微博"上是"背对脸"的跟随，移动终端提供的便利性和多媒体化，使得"微博"用户体验的黏性越来越强。

2. 点对点关联。"微博"是"多点对多点"的传播，一条是"发散路径"，信息一旦发布，所有关注者的页面都能在第一时间自动显示该条信息；一条是"转发路径"，一旦有一位关注者转发或者评论某条信息，他的所有关注者也同样可以实时接收该信息。另外，微博用户之间的互粉，让事件的最新消息得以最快传播，让消息在转载和评论中保持长久热度。用户之间相互的关注渐渐结成一张庞大的网络，每个节点成为大小不一的传播中心，使得信息通过这张网络能够在短时间内被大规模复制和转发。

3. 无缝时效传播。由于微博短小精悍，无需花费大量时间进行文字或图片处理，其时效性远远高于传统媒体。

4. 微博参政。即"微博政治参与"，就是"微博博主"和接收者通过"微博"传播，参与政治交流和沟通，这是推动我国政治文明进程的极为重要的变量。

（二）微博的传播特点

1. 信息公开。网络传播为公共沟通过程中的信息共享提供了一个便利的平台，几乎所有的信息资源都是公开的。个人和机构可以很容易地通过网络发布信息，充分表达自己的思想。同时，还可以得到海量的信息，包括现场网民的实时报道、图片、各种专家的评论以及受众的反馈等。

2. 传播迅速。传统媒体的信息发布需要一个制作周期，而新媒体则可以更加迅速地进行信息发布和广泛传播。现场目击者或亲历者可随时肩负起公民记者的责任，只要随身携带手机，就可以随时随地用新媒体对事件进行最先报道，提高了报道的时效性。如2008年5月12日汶川地震的消息就是由一名中国网友通过Twitter

发布的。

3. 双向互动。这是新媒体较之传统媒体最大的一个优势。传统媒体的受众只能被动地接收信息，很难进行有效的信息反馈。而新媒体使得信息传播者和接收者之间的界限变得模糊，受众不再是被动的接收者，同时也兼任信息传播者及信息发布者的角色。新媒体传播中的转发机制和评论机制使得信息如原子裂变一样迅速地扩散。

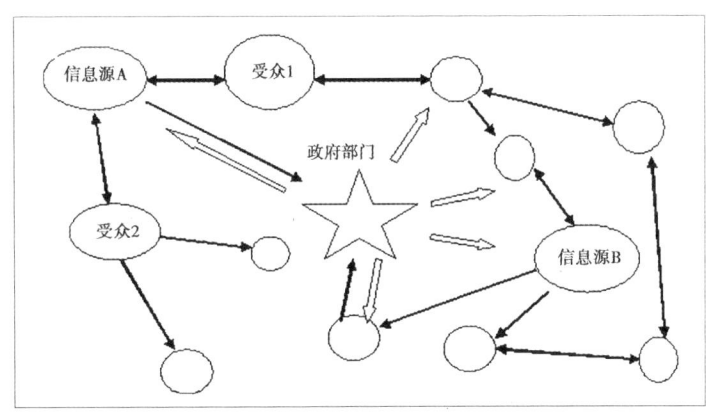

图1 新媒体信息传播简图

如图1所示，现代社会人与人之间呈现"原子化"状态，在新媒体传播媒介下，信息的传播已经由政府部门对外传播的单向模式转变为政府与民众之间的互动模式。图1中，信息源A可能既不是媒体记者也不是名人，他只是一名普通的公民记者。在他目击或亲历了某事件后，在第一时间发布了消息。此时，他的受众（QQ好友、微博粉丝等）1、2……同时收到了该条消息，受众1、2可以对其信息进行评论反馈，并有可能将该信息转发。这种转发模式在人际传播的基础上又带有典型的群体传播特点。受众1、2……对该信息进行了转发或者评论后，受众1、2……的受众又接收到该信息（有时会存在一人同时接收到多人转发传播消息的可能），通过网友的相继转发以及在此过程中另外一些信息源（如亲历者B）的补充，该危机事件迅速地扩散。

A也可以通过政府信息公开平台将信息直接传递给政府部门，政府部门对该信息进行回复。而且，政府对该信息的确认及发布更加具有权威性以及可信性，传播的范围及幅度会更广。

四、新媒体时代政府公共沟通的困局

发展中的新媒体是一把"双刃剑"，在充当事件报道先行者、危机化解助推器以及监督者的同时，也有可能成为危机言论的诱发器以及不良言论的放大器。2005

年 7 月，上海合作组织阿拉斯塔纳峰会通过的《元首宣言》首次提出，"在大众传媒领域建立应对新挑战和新威胁的有效机制"①，以便在民众中采取预防性措施，进行相应解释工作，以抵制错误引导社会舆论的企图和行为。各国政府及国际组织都充分认识到新媒体给公共沟通主体带来的冲击和影响。传统的地方政府公共沟通模式在新媒体下陷入了困局。

一是信息垄断和控制力失效。信息社会，信息借助互联网平台扁平化和不受控制的传播，正如尼古拉斯·尼葛洛庞帝所说的，"每个信息可以经由不同的传输路径，从甲地传到乙地。正是这种分散体系结构使互联网能够像今天这样三头六臂。无论是通过法律还是炸弹，地方政府都没有办法控制这个网络"② 网络这一特殊的舆论平台，充当了信息公开的助推器及危机化解的监督者，媒体、政府、公众都可以将其作为信息公开的途径。例如，2010 年 7 月，从乌鲁木齐起飞的一架飞机因收到藏有炸弹的警告而紧急迫降兰州，事后并未发现炸弹。当时在飞机上的乘客 Leon-wong 等人通过新浪微博直播了整个迫降过程。在媒体无法报道的突发情况下，成为公众获取这一事件消息的重要渠道。

二是信息的真实性难以保障。由于发布信息的便利以及普通网民新闻专业知识的缺乏，使很多消息在未经核实的情况下便在互联网空间传播，甚至有别有用心者利用微博来发布谣言，使微博成为危机事件中谣言传播的载体以及不满情绪的导火索。在这种情况下，如果来自政府和媒体的权威信息缺失，公众就倾向于从非常规的渠道来获取危机事件的信息。例如，国内一门户网站于 2010 年 6 月 8 日在新浪微博发布微博："广州白云机场，金鹿航空 737 起落架放不下来，现在要开始迫降了"。此微博一经发布便被网友紧急转发，网友纷纷表示对乘坐此次航班乘客的安全的担忧。事后，白云机场向媒体澄清该传言是误会，当日白云机场所有航班均运行正常。

三是原子化的公众产生凝聚力，形成舆论场。新华社总编辑南振中曾提出"两个舆论场"的说法。他认为社会上存在两个舆论场，一是传统媒体的官方舆论场，一个是网络舆论场。③ 网络信息发布的低门槛与渠道多样化，使得话语权进一步下放，越来越多的普通民众利用网络平台表达自己的心声，民间舆论场进一步扩大。此外，由于网络是一个网友晒心情、发牢骚的即时互动娱乐平台，在一定程度上为人们的日常生活、工作压力的释放提供了一个宣泄的窗口，所以不满情绪聚集，容易形成一定的社会问题。在重大危机事件中，若相关部门处置不当，很容易造成群众不满情绪的蔓延，再经过网友的转载和评论，很可能激起众怒，从网络上的不满进一步演变成现实中的大规模群体事件等。

---

① 《上海合作组织成员国元首宣言》[EB/OL]，新华网，http://xinhuanet.com.2005。
② 尼古拉斯·尼葛洛庞帝：《数字化生存》，海南出版社，1997，第 74 页。
③ 赵艳丽：《网络舆论监督：打造同一个舆论场》，《青年记者》，2007。

四是民主参与意识急剧提升，对政府监督加强。新媒体通过互动，使知识的生产去中心化，并且使舆论的形成更加民主化。这样的去中心化使得技术能够通过管理信息的流动阻止权威。[1] 网络等新的技术手段和传播形式激发了公众的参政议政热情，特别在危机事件中，公众的参政热情会极大地高涨。有学者指出，网络的每个终端用户都可以发展成为政策制定的信息源。地方政府和民众之间的直接互动不断推进。在2012年"两会"期间，广大群众通过新闻媒体和信息网络，给地方政府提出了很多意见和建议。微博成为代表委员网络互动的一大亮点。通过"围脖"晒提案议案、晒关注话题、与网友沟通交流，成为许多代表委员的新选择。

五、双向互动沟通模式的提出与实践

2012年2月29日，上海一名中学教师秦岭在网上发布了《一个癌症晚期病人家属致上海市市委书记俞正声同志的公开信》，向俞正声反映了身患癌症的父亲秦金培看病难的问题。他在公开信中提出四点诉求：为癌症晚期病人提供一个有尊严、稳定而安全的就医环境；完善对癌症晚期病人的用药保障，减轻患者家属的经济负担；支持和鼓励社会力量对癌症晚期病人及家属进行心理辅导、陪护等慈善服务或志愿服务；严厉打击非法医托和高价医护用品推销给病人带来的二次伤害。上海市政府新闻办官方账号"@上海发布"注意到了这条敏感的信息。2月29日19:9分，俞正声通过"@上海发布"，以一页A4纸的扫描件在新浪微博上给秦岭复信。除第一段安慰之后，俞正声还许诺："我们大家会尽力帮助你，更重要的是同志们都赞成你的四点诉求，特别要在癌症晚期病人的关怀上，争取在制度上有所前进。"3月1日，上海市卫生局发布消息，称2012年拟在全市设立"舒缓疗护"病区，配备专职医护人员，专门接诊收住癌症晚期患者。[2]

表1 "@上海发布"影响力分析

微博	认证时间	粉丝数	微博数	关注数	日均发布数
@上海发布	2011-11-28	1003139	2390	763	20.6

资料来源：新浪微博，时间截至2012年3月23日。

---

[1] 陈中润：《互联网与政治沟通》，上海交通大学，2007，第26页。
[2] 孙炯：《秦金培的最后四天》，《南都周刊》，2012（10）。

表2 "@上海发布"的微博

发布时间	内容	转发量	评论数
2月29日19:00	【上海市委书记俞正声同志给市民秦岭的回信】#最新#昨天下午,网友@元气娘路西花 告诉上海发布,市民秦岭给上海市委书记俞正声同志写了一封公开信,诚恳道出一位癌症患者家属的艰难心路。今天,俞正声同志给秦岭回信,并授权上海发布公开发表。下附回信全文。	11287	2568
2月29日19:24	【俞正声同志的回信(一)】"秦岭同志:看到你的公开信后,心情很沉重。谁都有父母、谁都有亲人,当眼见有养育之恩的亲人于病危之际而无力相助之时,又遭遇一些制度缺陷的伤害,心中之痛,不言自明。"(待续)	1653	342
2月29日19:24	【俞正声同志的回信(二)】"我们大家会尽力帮助你,更重要的是同志们都赞成你的四点诉求,特别要在癌症晚期病人的关怀上,争取在制度上有所前进。我不能保证问题都能很快解决好,但我相信,你的心痛也是大家的心痛,大家(包括医院同志们)的共识会推动我们前进。俞正声2月29日。"	1146	384

在这个事件中,上海市政府的公共沟通实现了由单向沟通向双向沟通的转变,双方在信息对称的基础上平等对话,互相理解、互相信任。舆论普遍对上海市政府的人性化关怀和快速应对给予了肯定。在整个沟通过程中,呈现出双向互动沟通模式,即沟通主体之间的两两互动。由于政府与社会团体、政府与大众媒体、政府与公众、政府与学者专家之间的平等互动与沟通,信息的自由流通及共享,政府与公众之间能够实现相对平等的对话与博弈,从而推动并监督了公共政策的制定、实施过程。

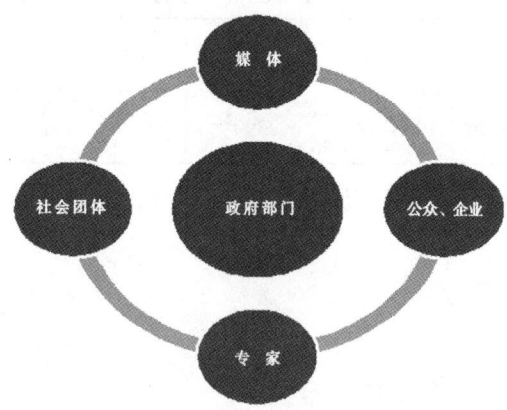

图4 双向互动沟通模式简图

随着社会经济的发展进步,公众文化素质的提高以及公民意识的增强,信息需求和公民参与国家管理活动的意愿逐步增强。沟通的时滞会引起公众猜疑,导致谣言流传,引发政府的信任危机。此时,政府应该主动改变与公众的沟通方式,及时掌握并引导社会舆论。可喜的是,当前我国政府已经越来越重视网络平台上的公共沟通。目前我国官方微博已达1300多个,这些官方微博一出现便受到网民热捧,拥有了大量粉丝,在政府日常舆论引导与信息公开中发挥着重要的作用。

从现代互联网下的行政生态环境来看,新媒体带来的信息传递和共享方式必然带来政府公共沟通模式的转变、地方政府组织结构的扁平化以及公共权力的重新配置等一系列变革。加之我国正处于一个社会转型期,各个领域突发危机事件不断。如何抓住网络新技术带来的契机,应对危机事件是关系到经济发展、社会稳定以及和谐社会建设的重大议题。针对当前我国新媒体发展的现状,我们必须通过掌握公民的媒介使用习惯了解网民心理,创新舆论引导模式,加快地方政府公共沟通双向互动模式的转变,树立起良好的政府形象,增进社会公众对政府的认同感和信任度。这对于提高地方政府执行力、公共问题的解决程度和政府合法化程度,公众对政府的满意度、促进沟通型政府的建设和民主社会的实现都具有十分重要的意义。

[参考文献]

[1] 新浪网:《2011年新浪政务微博报告》,2011年12月。
[2] 《上海合作组织成员国元首宣言》[EB/OL],新华网,http://xinhuanet.com.2005。
[3] 尼古拉斯·尼葛洛庞帝:《数字化生存》[M],海南出版社.1997:74。
[4] 赵艳丽:《网络舆论监督:打造同一个舆论场》[J],《青年记者》,2007。
[5] 陈中润:《互联网与政治沟通》[D],上海交通大学,2007:26。
[6] 孙炯:《秦金培的最后四天》,《南都周刊》[J],2012(10)。
[7] 安世民:《试论政府公关的理论基础和性质》[J],《理论研究》,1999(1)。
[8] 吴玉宗:《论加强政府公共关系》[J],《社会科学研究》,2003(6)。
[9] 蒋宏、徐剑:《新媒体导论》[M],上海译文出版社,2006。

人力资源管理

少数民族干部社会资本增加的阻碍与对策

高校为新疆跨越式发展提供人才保障相关政策研究

少数民族干部社会资本增加的阻碍与对策

陈丽琳[①]　任　婷[②]

[摘要]　社会资本能够通过促进协同、提高社会效率来影响区域经济的发展。少数民族干部作为特定民族区域的管理者，其社会资本存量的高低直接影响着民族地区经济发展的速度和质量。社会资本在民族治理中具有重要作用。少数民族干部社会资本存量的增加有利于人力资本存量的最大化。然而，各种因素导致的封闭和"等、靠、要"等观念以及不良的行为习惯等成为阻碍少数民族干部社会资本存量增加的主要因素。从信任、规范和网络等社会资本生成机制的要素等方面探讨少数民族干部的选拔和培养，是提高民族干部素质的新途径。

[关键词]　社会资本；民族治理；干部培养；阻碍与对策；区域发展

长期以来，由于特殊的地理、历史等原因，少数民族地区内部、外部的交流不如其他地区那么频繁，同时，又由于教育、生产生活水平落后，社会资本存量相对于其他地区来说比较少。人们思想观念守旧，整体素质不高，制约了少数民族地区的经济增长。少数民族地区的发展很大程度上依赖于建设一支素质精良、富有朝气的干部队伍。所以，积极探索新形势下少数民族干部选拔的途径和能力培养的新方式，以最大限度地调动和挖掘每一位干部的优点、长处和潜力，并把他们整合起来，凝聚民心，实实在在地为民族地区的社会稳定和经济发展作出贡献成为值得研究的重要课题。

20世纪90年代以来，社会资本理论逐渐成为学界关注的前沿和焦点问题，社会学、政治学、管理学、经济学等许多学科从不同的角度对社会资本进行了研究，社会资本已经成为用来解释经济增长和社会发展的新元素。我国关于少数民族干部的研究已有很多成果，但大多是从少数民族干部选拔制度、用人政策或者少数民族干部培养的角度展开的。从社会资本理论层面来思考，以少数民族干部社会资本存量的增加为视点来研究民族干部选拔和培养的还几乎是空白。本文从社会资本理论的角度来探索民族干部的选拔和培养问题，通过对社会资本生成要

[①]　作者简介：陈丽琳（1956—），女，西南民族大学管理学院教授，人力资源管理系主任，研究方向：行政管理、人力资源管理。

[②]　作者简介：任婷（1984—），女，西南民族大学管理学院硕士研究生，研究方向：人力资源管理。

素与民族干部社会资本存量增加的研究，试图为民族干部培养提供一种新的思维角度，期待着进一步提升少数民族干部的人力资本水平、促进少数民族地区社会的稳定和经济的增长。

一、社会资本及其与少数民族干部培养的关系

（一）社会资本在民族治理中具有重要作用

科尔曼把社会资本界定为："个人拥有的社会结构资源"，他将社会资本看做是个体试图将他们的个体资源最大化、人力资本存量最大化的时候，与周围的人或事物相联系，从而产生的各种各样的社会关系网络。布迪厄认为："社会资本是现实或潜在的资源的集合体，这些资源与拥有或多或少制度化的共同熟识和认可的关系网络有关，换言之，与一个群体中的成员身份有关。它从集体拥有的角度为每个成员提供支持，为其成员提供获得信用的'信用状'。"普特南则通过刻画社会特征的资源来定义社会资本，他认为，"社会资本指社会组织中能够通过促进协同，提高社会效率的各项特征，如信用、规范和网络等"。在他看来，社会资本指的是社会组织的特征，比如信任、规范和网络，它们能够通过推动协调和行动来提高社会效率。社会资本提高了投资于物质资本和人力资本的收益。普特南不仅关注社会资本在经济发展中的作用，而且关注社会资本在形成公民参与的民主社会中的作用。他认为公民参与的网络有利于促进社会信任，有利于解决集体行动的困境。林南认为社会资本是投资在社会关系中并希望在市场上得到回报的一种资源，是一种镶嵌在社会结构之中并且可以通过有目的的行动来获得或流动的资源。林南定义社会资本时强调了社会资本的嵌入性，它存在于一定的社会结构之中，人们必须遵循其中的规则才能获得行动所需的社会资本，同时该定义也说明了人的行动的能动性，人通过有目的的行动可以获得社会资本。

综合学者们的研究，我们认为，社会资本是个人拥有的社会结构性资源，通过信用、规范和网络等，从集体拥有的角度对社会形成影响。社会资本是从社会网络中动员了的社会资源。那些嵌入个人社会关系网络中的资源，如权力、财富、声望等，必须与他人发生交往才能获得。有效地利用社会资源，不仅是个人实现其目标的有效途径，对于促进协同、提高社会效率、促进经济发展也具有重要作用。

1. 社会资本的特征在民族治理中的体现

尽管各位专家学者对于社会资本的定义有不同的见解，但社会资本的几项特征都通过不同形式体现在他们的观点里了，总结社会资本的特征主要有：社会性、持续的经济影响、存量可以通过社会因素的互动来增加。通过这些主要特征，我们认为，社会资本作用于少数民族地区的治理可以通过充分调动社会积极性、促进人们之间的互动增加社会活力，而社会活力的提高意味着社会资源流通的提速，社会的

加速运转又可以提高社会资源的利用率，增加社会资本存量，从而实现经济的持续发展。同时，这也为国家的民族治理政策提供了新的视角：既然社会资本可以通过人们的互动产生，那么，民主社会中公民的参与可以提高社会资本的存量，所以，实现民族地区的自治，提高民主化程度也是促进民族地区发展的重要途径；同时，国家需要加大对少数民族地区人力资本的投入力度，以人力资本带动物质资本的高效利用和增长。

2. 社会资本的要素在民族治理中的体现

信任、规范与网络是研究者们认同的社会资本的三大构成要素。干部是一个地区公共资源的代管者，同时又归属于一个地区的人民群众。对他们来说，拥有人民的信任，是拥有社会资本的一个重要方面。干部自身素质的提高，个人行为的规范意味着可以提高公共资源的管理水平，带给人民更多的利益，同时促使干部个人人力资本的增值。公民广泛参与形成的社会网络有利于促进社会信任和解决集体行动的困境。加快民族地区干部选拔的民主化进程，选出人民拥护的干部有利于解决民族地区人民之间的内部矛盾。镶嵌在社会结构之中的社会资本可以通过有目的的行动来获得或流动，所以，提高民族地区的社会资本存量是可以通过主观的行动去实现的。同时，社会资本也可以通过人们有意识的活动去作用于社会实践，促进经济增长和社会发展。

（二）民族干部社会资本存量增加的重要性

少数民族干部是民族的成员，生活在特定的民族共同体之中，具有一定的民族意识。很多固有的内在因素，使少数民族干部同本民族人民群众有密切的联系，懂得本民族群众的思想、感情、需求，具有使本民族摆脱贫困，走向富裕生活的强烈愿望。这些内在的因素，使民族干部具备了在本民族地区做好工作的客观条件，能起到其他干部不能替代的作用。民族干部在少数民族中，相对来说是综合素质较高、能力较强的杰出代表，是少数民族地区优质的人力资源，同时，他们在各族群众中拥有比较高的威信，在社会资本网络上属于重要节点。

怎样通过这些重要节点的触动，形成整个社会网络的顺畅运转？怎样才能从根本上实现民族兴旺和地区稳定？怎样才能带领少数民族人民走向富裕生活？这是民族干部培养乃至国家有关职能部门必须思考的问题。节点的重要性要求民族干部自身具备较高的素质和较大的社会资本存量。与本民族的天然联系使得他们具有一定存量的社会资本，但是要适应新形势下民族地区新的需要，还应增加社会资本存量。缺乏信任度、缺乏规范，没有形成良好的网络节点的干部是低效率的，不能适应当前政治与经济发展，不是称职的干部。

社会资本的增加是期望拥有者与相关因素互动的结果。社会资本的增加有利于物质资本和人力资本收益的提高。同时，社会资本的存量也可以在人力资本增值过程中形成和增加。那么，在选拔和培养少数民族干部的有关政策中增加社会资本的有关因素，在提高他们的人力资本存量的同时，也为我国少数民族地区区域经济的增长和民族地区的稳定作出了贡献。

另外，干部队伍作为一种社会的人才资本，无论是在政策的制定还是在社会的治理上，都发挥着重要的作用。干部队伍素质的高低直接影响着当地社会、经济的发展速度的政策制定的水平。高觉悟、高管理水平的少数民族干部队伍是政府联系少数民族群众的桥梁和纽带，也是带领各少数民族发展经济、构建和谐民族关系的关键力量。所以，选拔高素质的民族干部，通过教育、培训、实践等方式努力提高民族干部的思想、文化、科技等水平，是增加民族地区社会资本存量的重要方式，也是顺应民族地区经济发展和社会稳定需要重要举措。

二、阻碍民族干部社会资本存量增加的主要因素

（一）各种因素导致的观念阻碍，使得领导力降低

传统观念是民族地区一笔凝重的历史遗产。总体来看，少数民族干部身上不利于民族与地区发展的传统观念突出表现在以自然经济为基础的因循守旧和小农经济思想，平均主义和"等、靠、要"依赖心理与懒惰思想，以及淡薄的法律意识。这些思想观念使其领导力下降，造成地区自我发展能力欠缺。守旧和惰性观念既不利于个人人力资本的提升，更不利于实现社会资源的丰富化及效用最大化。

1. 地理环境导致的民族封闭、安于现状的价值观念

由于少数民族的生活环境和民族地区生产生活方式的影响，一些少数民族干部思想观念比较保守、封闭。少数民族大多处于边远地区，地理环境和生产生活条件较差，生产力水平低下，交通不便，与外界的接触和交流有限。这就造成少数民族同胞视野不够开阔，思想保守，观念落后。同时，一些少数民族干部受到生活习惯等的影响，形成安于现状，不思进取，传统守旧的个性，这种个性也间接阻碍了他们走向现代物质文明、实现经济发展的进程。

2. 区域经济的欠发达导致的"等、靠、要"等依赖观念

少数民族地区一般处于经济欠发达地区。近年来国家对少数民族地区提供了大量资金、技术和政策上的支持，同时，选派发达地区干部支援这些地区。在这样的环境下，一些少数民族地区经济的发展比以往加快了许多，企业进来了，房子建好了，道路修通了，城市发展了。不少地区的少数民族干部和群众都视国家、外来干部为救命的"活菩萨"，久而久之一部分当地干部在工作上丧失了主动性，等待国家援助资金，靠上级财政拨款，索要扶贫资金而不是自力更生。同时，由于上级关怀过度，或者由于对市场经济的不甚了解，当地干部决策的自主权慢慢丧失，也丧失了竞争的斗志。再者，我国的公务员制度缺乏竞争和激励机制，"能上不能下"，以资格、年龄、学历等为指标，实质性的竞争名存实亡。

3. 宗教教规和家族家法的治理习惯导致的法律意识淡薄

宗教一直是传统文化的重要组成部分，历来都与法律并存。在一些少数民族地区，宗教的教义、戒律成为维护该地区社会生活的共同道德规范，时刻影响着人们的日常生活。另外，几千年深刻的家庭本位观念在少数民族地区体现明显。建立在血缘与情义基础之上的宗族有严格的族规、家法，对每个家族成员均具有很高的权威性，从内部作用于成员的一言一行。他们认为教规、家法比强制性的法律更具人性，更适宜于解决民间纠纷。因而，公民意识和法律意识淡薄，导致一些民族干部在处理纠纷时出现违法乱纪行为，甚至当重大事件发生时，往往顾此失彼，不能正确处理少数人利益与地区发展甚至国家和谐的关系。

（二）行为习惯的阻碍，使得信任度降低

少数民族地区发展相对落后，教育水平比较低，少数民族群众受教育的条件较差，教育质量不高，这在很大程度上影响了少数民族干部知识和能力素质的培养。同时又由于"天高皇帝远"的思想作祟，导致民族干部工作中出现一些不良行为，比如，选举中作弊、贪污受贿、欺骗民众、用暴力解决纠纷等。这些行为进而导致民众对干部的信任度降低，直接影响了地区的稳定，影响了社会资本的效用和存量的增加。

国家内部的暴力冲突往往会破坏国家的社会结构，冲突也会分裂群众，毁坏人与人之间的信任，摧毁为提供公共产品而采取合作、集体行动的规范和价值观，削弱社会资本的价值。国家之间的冲突会带来更大的社会资本的破坏。如果社会资本无法恢复，将阻碍经济和社会的发展。要加强民族团结，反对民族分裂，从根本上维护社会稳定，干部必须形成良好的行为规范，才能提高民众的信任度，促进区域稳定和经济增长。

（三）"官本位"意识造成社会关系的网络结构畸形化

社会网络应该是由各个节点相互串联的扁平化结构，各个节点之间是互动和相互作用的。民族干部在民族地区的社会网络结构中应该是密切联系群众的节点，然而，受"官本位"等传统意识的影响，一些干部在"做官"心理的作用下，与民众之间形成了单向性的垂直联系，干部对民众的疏远使得社会网络异变为垂直的等级结构，从而减少了社会网络中的互动，降低了社会资本存量。

三、建立增加少数民族干部社会资本存量的合理机制

（一）社会资本在干部培养中的生成机制

少数民族地区处在一个内部个体间、外部与其他地区和国家主体交往中形成的

相互依赖、相互影响、相互作用的多元网络组织环境中。怎样才能促进少数民族干部社会资本存量的增加？这需要从社会资本生成要素方面进行分析。

1. 信任——社会资本网络中的连接线

信任属于认知型社会资本，是社会资本网络中各个节点的连接线。社会中的个体或者组织之间通过获取认同和信赖，交换信息，发生各种联系，以达到节省成本的目的。信任已被学者公认为社会资本的基本要素之一。

一般来讲，少数民族干部来自于少数民族群众之中，懂得本民族的语言和文字，了解本民族的历史和现状，熟悉当地的政治、经济和风土人情，善于理解和反映本民族群众的情感、愿望和存在的问题。他们与少数民族群众的这种联系使他们容易得到群众的信任和爱戴。少数民族干部本身也是少数民族地区不可多得的人才资本。在这个层面上讲，提高民族地区干部选举的民主化程度，真正选出代表群体利益的干部，并且对选出的干部进行有效培训，以提高干部素质和能力的方式来增进民众的信任度，就是为社会资本各节点之间提供足够的网络连接线，这对于提高民族地区社会资本存量，提高社会资本的运作效率，具有重要的作用。

2. 规范——社会资本发展的方向

规范是指群体所确立的行为标准。它们可以由组织正式规定，也可以是非正式形成。公民参与的社会网络孕育了一般性交流的规则，促进社会信任的产生，这种网络有利于协调和交流、提高声誉，也有利于约束不规范交易，减少机会主义行为，解决集体行动的困境。社会资本的规范是在个体利益博弈中形成的一种平衡状态下的游戏规则。规范为人们的行为指明方向，同时，规范也可以体现这个群体的共同意志，通过把共同意志上升到政策层面等方式提供制度资本，规约集体的行为和社会活动，为社会资本的发展指明方向。

少数民族干部属于我国行政干部体制的一部分，既具有其民族性的特征，又具有干部身份的普遍特征。少数民族地区的社会网络具有复杂性。其中既有民间自发形成的无条文交易规则，又有宗教、家族等势力影响下的行为规范，同时还具有国家这个社会主体的政策、法律法规的约束。如何平衡各方利益，在众多约束中寻找到发展的机会，在制定政策时如何增加社会资本的增值机会，也是少数民族干部需要深思熟虑的事情。

3. 网络——社会资本的脉络

社会资本基于信任的社会网络关系，一个人或组织的收益多少，取决于其社会资本的存量，而社会资本的存量来自于其社会网络关系。在社会交往中，人们总是处于种种联系之中（如工作关系、亲属关系、邻居关系等）。行动的成功与这些网络关系的正确利用呈正相关，社会网络关系越密切，其摄取社会网络资源的能力越强，社会资本存量越高。

一次成功的合作就容易建立起联系和信任，也就是认知型社会资本。这种社会资本的形成有利于未来充分并连续的合作。如果干部把社会网络资源仅用谋求自身利益,那么,个人利益与集体利益和国家利益就处于割裂的状态中,是不利于整个民族和地区社会资本存量增加的。在社会网络中,由于个体利益在社会中交汇上升为集体利益,从而提高了参与者对集体利益的"兴趣"。不少干部在灾难中表现出色,为民众做了不少好事,但是由关系网络形成的社会资本本质上是长期投资的结果,不是一朝一夕、一两件事就能形成的。因此,真诚地为民众服务,并且创造机会,加强与网络内民众的交流,使少数民族群众融入社会大家庭中来,这才是少数民族干部增加社会资本存量的有效途径。少数民族干部如果能够真正代表民众利益,就把握了网络这一社会资本的脉络,个人的社会资本和人力资本存量都会得到相应的提高。

(二) 建立少数民族干部社会资本存量增加的合理机制

少数民族干部社会资本存量增加必须立足现实,做好长期准备和当前工作。从长远来看,一是要加快少数民族地区经济、社会的发展,为少数民族干部的成长提供充足的物质条件。二是发展少数民族地区教育事业,提高少数民族文化素质,为少数民族干部的成长奠定良好基础。三是继续完善我国公务员制度。当前来看,增加少数民族干部选拔制度的透明度和选拔程序的民主程度是使选出的干部更具代表性及当地群众信任度的重要途径。同时,加强对现有民族干部的培训是提高他们社会资本存量的直接措施。

1. 增加干部选拔制度的透明度,提高干部选拔程序的民主程度

干部选拔机制作为一种社会规范、一种制度形式的结构型社会资本有助于促进互惠性集体行动,从而带来社会资本的形成和增长。所以,少数民族地区干部机制的完善对于当地经济、社会的发展具有重要意义。

首先,清晰公正的执行规则可以增强人们参与的信心。人们对所在社会系统的信任可以实现资源的交换、组合,由此促进社会资本最大限度地增长。其次,少数民族地区干部选拔程序的公平、公开,一方面可以增加群众对选出干部的信任度,使选出的干部更具有代表性;另一方面可以使更多的少数民族精英参加到竞争中去,为少数民族地区选拔出更优秀的干部。另外,可以发挥"鲶鱼效应",增强民族干部的竞争意识。最后,参与和分权是为了赋予人们接管社会发展的权力,这些措施能够给予人们一种掌握自己未来的意识,一种通过合作共同建设自己的未来生活的愿景。公民参与这样一个过程,可以加强结合型和沟通型社会关系,可以保持干部与群众之间更加密切的联系。

2. 完善培训制度,使少数民族干部观念、知识得到及时更新

加大培训力度,提高培训质量是解决目前少数民族干部队伍总体素质偏低的主要途径。

就培训内容而言,首先要对少数民族干部进行价值观念的疏导,帮助他们树立正确的价值观。观念是认知型社会成本的组成部分,认知型社会资本指的是共同遵

守的标准、价值观、态度和信仰，使人们更倾向于采取互惠的共同行为。领导者正确、先进的领导观念是做好领导工作的重要因素。少数民族地区的领导干部要具备与时俱进的新观念以适应新的发展形势的需要，新观念主要包括知识经济观念、开拓创新观念、法制观念、生态保护观念等。

其次，专业素质也是认知型社会资本的组成部分，专业素质决定处理专业技术问题或专门的业务问题的效能和效率。行政领导工作本身就是一项复杂的系统工程，领导者的业务素质的高低直接影响领导效能。少数民族地区社会的复杂性又增加了当地领导干部工作的难度，这就要求他们必须具有一定的科学文化知识和公共行政专业知识，全面系统地掌握管理理论，以适应时代发展和领导工作的需要。

另外，干部的领导、管理能力是领导者各种素质的综合体现，也是行政领导者发挥领导职能的基础，可以为社会网络的规范运行提供强有力的保障。第一，领导力可以增强该地区群众的凝聚力和团结力。社会凝聚力能够提高民主治理的水平，提高行政机构的办事效率和诚信水平，提高经济政策的实施效度，同时也为该地区社会资本存量的增加提供了便利条件。第二，管理能力，诸如沟通、协调、组织、决策等都是少数民族地区干部需要培养的能力。例如沟通，与该地区内、外部的沟通能力是民族地区干部的一个重要素质。对内部群众，经常沟通可以了解群众需要和意识动向，及时化解内部矛盾。对外界沟通，可以向外界展示本地区的风貌，及时了解外界的环境变化，吸引投资，加强资金的双向流动，加快本地区经济的发展。第三，由于少数民族地区的民族差异性特别是边疆少数民族地区的复杂特性，突发事件发生的几率高，要求该地区的领导干部具备较强的应对突发事件的能力，要善于发现问题的关键，从大局出发，比较利弊得失，做出有效选择。

在培训形式方面，要推进培训手段现代化，重视学员独立思维和运用知识的能力的培养。可以采取的措施有：在职攻读学位；选派后备干部参加各级党校、干校举办的政治理论学习班、岗位业务技术培训班学习，或直接选送到上级相关部门跟班学习；加大少数民族干部上岗前挂职锻炼的力度；开展不同层次、不同地区干部的交流活动等等。

社会网络是社会资本的体现形式。在少数民族地区，民族干部是社会网路中的重要节点，是民族地区实现繁荣发展的希望。我们认为，克服由于自然地理状况、风俗习惯等形成的民族干部落后的价值观念、行为习惯等方面的阻碍，发挥民族干部的带头作用，带领民族地区人民摆脱贫困，走向富裕和谐的生活，需要增加民族干部的社会资本存量。发展当地经济，为后代民族干部的成长提供良好的生长、教育环境是增加民族干部社会资本存量的根本措施。明确民族干部需要具备的先进思想、专业技能、领导管理等方面的素质，为民族干部的选拔、培养确立方向，建立规范、民主的干部选拔机制，促进良性社会网络的形成是当前增加民族干部社会资本存量的重要措施。

[参考文献]

[1] James S Coleman. The Foundation of Social Theory. Cambridge, MA: Belknap Press of Harvard University Press, 1990.

[2] Pierre Bourdieu. The Form of Social Capital // John G Richardson, Westport. Handbook of Theory and Research for the Sociology of Education, (ed.). CT: Greenwood Press, 1986.

[3] Robert D. Putnam. The Prosperous Community: Social Capital and Public Life. American Prospect, 1993, 13.

[4] 郭毅、罗家德主编:《社会资本与管理学》,华东理工大学出版社,2007。

[5] C. 格鲁特尔特、T. 范·贝斯特纳尔:《社会资本在发展中的作用》,西南财经大学出版社,2004。

[6] 帕萨·达斯古普特、伊斯梅尔·萨拉格尔丁编,张慧东等译:《社会资本——一个多角度的观点》,中国人民大学出版社,2005。

[7] 德庆拉泽:《对加强和改进西藏少数民族干部队伍建设的几点思考》,《西藏发展论坛》,2005(5)。

[8] 马黎:《西部大开发中少数民族地区干部的思维创新》,《云南财经学院学报》,2000(4)。

高校为新疆跨越式发展提供人才保障相关政策研究

樊亚利[①]

2010年5月19日召开的中央新疆工作座谈会上，党中央、国务院就推动新疆跨越式发展和长治久安做出了重大决策部署，出台了一系列优惠政策支持新疆的建设和发展。一年来，全国19个援疆省、市确定了1300多个援疆项目，其中，700多个项目已经相继开工，2011年4月，82个富民安居、定居兴牧水利工程、民生公路等项目已集中开建。至此，新疆迎来大建设、大开放、大发展的历史机遇，"新疆效率"、"新疆精神"正在加速新疆实现跨越式发展和长治久安的历史征程。加快发展，人才是基础。面向未来，高校如何为新疆实现跨越式发展提供人才保障，这是边疆少数民族地区政府公共管理必须认真解决的大问题。

一、新疆高校基本概况

据统计，目前新疆已有按国家规定标准和审批程序批准举办的各类全日制普通高校32所，在校生23.75万人，专职教师1.6万人。其中，有6所综合性大学、11所理工院校、4所农业院校、4所师范学院、3所医药院校、1所财经院校、两所政法院校、1所艺术院校。2009年新疆高校应届毕业生已超过5.5万人。总体看，新疆高等教育已经初具规模（见表1）。

表1　2009年新疆高校基本概况一览表

项　目	学校数（所）	毕业生数（人）	招生数（人）	在校生数（人）	教职工数（人）	专职教师（人）
综合大学	6	15442	18059	65887	8332	4747
理工院校	11	14705	17264	48653	4979	3436
农业院校	4	8624	11153	39648	3775	2291
医药院校	3	2888	5368	19958	2495	1487

[①] 作者简介：樊亚利，女，新疆财经大学公共经济与管理学院教授，主要研究方向：人力资源管理。

续表

项　　目	学校数（所）	毕业生数（人）	招生数（人）	在校生数（人）	教职工数（人）	专职教师（人）
师范院校	4	9246	10515	41115	4298	2772
财经院校	1	2862	3685	14335	1641	985
政法院校	2	1298	1467	4586	683	270
艺术院校	1	825	787	3332	432	246
总计：普通高校	32	55890	68298	237514	26635	16234
高职学院	16	18719	23841	67611	7188	4932
成人院校		1181	1417	4123	5111	2920

注：表中数据源于《2010年新疆统计年鉴》。

二、新疆高校"十二五"发展目标任重道远

根据新疆维吾尔自治区高校"十二五"发展目标，到2020年新疆高等教育在校总规模、毛入学率和劳动者受教育水平等指标都将得到很大提升。其中，普通本专科在校生的规模十年将增加16.2万人，毛入学率增长16个百分点，分别比2009年增长63.8%和81.7%；同时，新疆劳动力平均受教育年限达到13年的较高水平，受过高中阶段及以上教育的新增劳动力也将由目前的30%提高到78%（见表2）。

表2　新疆高校"十二五"主要发展目标

	主要项目	单位	2009年	2015年	2020年	十年净增
1	在校生总规模（疆内就读）	万人	25.4	33.0	41.6	16.20
2	#在校研究生	万人	1.2	1.8	2.5	1.30
3	普通本专科	万人	24.2	31.2	40.0	15.80
4	毛入学率	%	22.02	32.0	40.0	17.98
5	劳动年龄人口平均受教育年限	年	9	10	11	2
6	新增劳动力平均受教育年限	年	10	12	13	3
7	受过高中阶段及以上教育	%	30	50	78	48.00

注：表中数据资料源于《新疆教育"十二五"发展规划纲要》。

未来十年，新疆高等教育将获得如此大幅度的发展，前景令人鼓舞。但同时，在欣喜之余也不免让人产生一些忧虑。因为，在目前新疆各高校专业设置与学科布局尚不尽合理的情况下，在校大学生人数的大幅增长，极有可能使目前已经日益凸显的大学生就业结构性余缺问题进一步放大。

三、专业结构和培养层次难以满足新疆新型工业化对科技人才的需求

以机械化、电器化、自动化、重化工化、城镇化、小康化、信息化为典型特征的新型工业化，需要培养众多掌握高技能的普通劳动者，更需要一大批系统接受高等教育，熟练掌握工业化、信息化理论与先进技术的创新型科技人才。但是，目前新疆高校的专业结构及人才培养能力尚难以承担如此重任。

（一）新疆优势资源转换战略实施中工程技术人才瓶颈问题突出

新疆是我国的资源大区，未来十年新疆优势资源的科学开发、深加工和有效利用，需要大量补充资源勘探开发、石油石化、煤炭开采与煤化工、电力及清洁能源、纺织工程、机械制造、信息网络、交通运输、公路建设、铁路建设和双语教学等领域的中高级专业技术人才。但是，目前新疆高校本科以上培养工程技术类紧缺人才的专业设置不全，培养能力严重不足。由此形成的人才瓶颈，已经严重影响到新疆跨越式发展和新型工业化的专业技术人才供给。

（二）新疆高校学科门类不全，特色专业比例偏低、人才紧缺

2000年以来，新疆各高校由于前期准备明显不足，所以在大幅度扩招中主要是在原有专业设置的基础上扩大招生规模，或者在部分进入门槛低较的短、平、快专业方面尽可能地扩大招生数量，造成部分文科专业重复设置，不仅浪费了办学资源，也使一些长线专业出现了就业难问题。而新型工业化急需的石油石化、勘探设计、光伏材料、煤炭化工、矿产资源开发、电力工程和各种高新技术类紧缺专业的增设和扩招相对不足。在这种情况下扩招，最直接的不良后果：一是无法满足新疆新型工业化发展对工程技术人才的需求；二是扩招后的毕业生就业结构性余缺问题突出。若专业结构、学科门类不能跟随新兴产业发展和社会需求的变化而及时调整优化，那么，随着"十二五"新疆高校招生量的不断扩大，不仅紧缺人才的供给不能保证，大学生就业的结构性余缺问题必将更加突出。

（三）新疆高校缺少工科类本科院校，工程技术人才培养层次普遍偏低

目前，新疆的工业与工程技术类院校以培养专科人才和高职层次的技术人才为

主，而且，专业设置、学科门类、生源质量、培养方案均难以满足未来十年新疆跨越式发展和新型工业化发展的人才需求。

四、高校为新疆跨越式发展提供人才保障的政策建议

百年大计，教育为本。鉴于新疆高校目前在人才培养质量和专业设置方面存在明显的结构性和教学质量问题，特提出以下几点政策建议：

（一）立足本地，大力培养服务于新疆跨越式发展和新型工业化的科技人才

近年来，随着我国中东部地区建设发展速度的全面提升，内地各省区对中高层次工程类专业技术人才的需求也在不断加大。新疆新型工业化进程中急需的资源勘探开发、石油石化、煤炭与煤化工、通信信息、网络工程、纺织工程、交通工程、电力与清洁能源技术、机械制造与自动化等专业技术人才在内地各省区也相对比较紧缺。加之新疆地处边疆少数民族地区，交通不便，人均收入在全国处于较低水平，因此，新疆新型工业化进程中急需的大量紧缺人才引进难度大、成本高、稳定性差。从长远发展来看，立足于新疆高校自身专业结构的优化、调整，使专业技术人才培养逐步实现本地化，将是未来十年新疆实现跨越式发展人才需求的根本保障。为此：

1. 建议自治区人民政府和教育主管部门将新型工业化科技人才培养的本地化作为未来新疆高校发展的总体战略方针，借助国家的引智援疆政策，在院校整合的基础上，集中人、财、物力创办一所高水平的、能满足新疆优势产业发展对紧缺专业中高级工程技术人才需求的新疆工业科技大学或新疆理工大学，以完善、优化新疆高校理工类本科层次的学科门类和专业结构。立足本地，大力培养新疆跨越式发展和新型工业化急需的各民族高层次科技人才，使高校为新疆区域经济发展与社会文明进步作出更大贡献。

2. 建议自治区教育主管部门在"十二五"期间，依据新疆跨越式发展对各类专业技术人才的现实需求，下决心调整目前新疆高校不尽合理的专业结构，加大石油石化、地质勘探、煤田开发、煤化工、电力能源、光伏材料、光伏应用、半导体、机械制造与自动化、交通工程、纺织工程、环境工程、双语教育、地边贸易等紧缺专业的学科建设力度，尽可能地使扩招新增大学生真正成为新疆经济与社会发展急需的有用人才，从根本上解决新疆工业化的人才需求和大学生就业的结构性余缺问题。

3. 制定出台紧缺专业高层次人才引进的优惠政策，在住房、薪酬、职业发展等方面加大对国内外优秀人才的吸引力度，以便在人才引进方面更加积极、主动并具有可操作性。

（二）倡导高校民汉一体化教学模式，提高少数民族大学生的就业能力

高校民汉一体化教学是确保少数民族大学生教学质量和就业竞争力的前提和保障，而提高"双语教学"水平则是实现高校民汉一体化教学基础的基础。

1. 为了确保有更多的优秀高中毕业生积极投身于新疆"双语教学"的伟大事业，建议政府制定并出台免学费、特岗特薪等优惠政策，以激励更多的年轻人积极报考并长期从事双语教学工作。

2. 加快少数民族聚居地区招聘具有双语教学能力青年教师的步伐，要尽快将具有较高双语水平的大中专毕业生补充到基层中小学教师队伍中去；同时，加大现有教学一线少数民族中小学教师的汉语培训力度，通过培训让现有中青年一线教师达到规定的双语教学水平，以确保新疆民汉一体化教学能够真正做到从中、小学生做起。

3. 在高校民汉一体化教学模式的推进中，部分40岁以上的高校少数民族中老年教师的职业发展遇到了前所未有的困难，关心爱护高校少数民族中年教师的职业成长，及时制定出台有利于少数民族大学教师积极申报课题、参与科研工作的相关政策，激励他们勇于克服困难、不断进取，将思想政治工作做到实处。

（三）改进高校教师的考核、晋升与激励机制

随着本科教学评估、专业评估、学科建设等一系列课外工作量的日益加大，随着高校教师职称晋升评定条件的不断提高，在超额完成教学工作量的同时，高校教师需要大量参与科研工作，职业发展和工作压力日益加大。据问卷调查和访谈，目前新疆高校教师中的亚健康状态、职业疲劳和厌倦情绪非常普遍，在职教师没有阳光工资，横向比较中怨言较大，职业满意度下降，主要是感到薪酬水平与劳动付出不对等。长此以往，必然影响到广大高校教师的工作积极性和队伍的稳定性，甚至会影响到教学工作和学生的情绪。希望政府及教育主管部门能够及时针对新疆高校目前在考核、晋升与激励机制等方面普遍存在的问题，尽快制定出台合理的薪酬政策，以便及时化解高校教师的消极情绪。

（四）意识形态领域的反分裂必须从娃娃抓起

为了抵制非法宗教对青少年的不良影响和思想渗透，建议未来十年，在援疆省、市和国家财力的大力支持下，通过试点在少数民族聚居的边远贫困地区率先普及12年免费义务教育，让孩子们都能够有学上，有一技之长，有生存的本领，有开辟未来美好人生的能力。哈密地区伊吾县率先推行12年免费义务教育的政策，为此全县每年增加100万元教育经费，花小钱、办大事，经验可贵，值得推广。在

未来的跨越式发展中，若能够让边疆各族人民更多地享受到国家义务教育的优惠，不仅现实意义重大，而且历史意义深远。利国利民，必将深得民心。

五、结 束 语

未来十年，是新疆经济社会实现跨越式发展的十年，也是新疆新型工业化快速推进的十年。教育优先发展是党和国家提出并长期坚持的重大方针政策，也是贯彻落实科学发展观的基本要求。

虽然，以上政策建议尚不够成熟，但基本的认识和出发点是客观、积极和建设性的。希望政府及有关部门能吸收其中有价值的部分，有针对性地制定相关政策，从而使新疆高校在跨越式发展中能够充分发挥其人才保障的积极作用。

教育经济与管理

楚雄师范学院公共事业管理专业建设探索

楚雄师范学院公共事业管理专业建设探索

谭 斌 胡 东[①]

[摘要] 楚雄师范学院公共事业管理专业自办学以来，取得了一定成效，同时也存在一些困难和问题。对这些问题进行深入探讨，促进该专业的良性发展，必将为边疆民族地区公共事业的发展提供强有力的人才支持。

[关键词] 公共事业管理；人才培养；课程体系；师资力量

随着我国事业体制改革的不断推进，科技、文教、体育、卫生、环保等部门将逐步实现社会化管理，公共事业管理专业将迎来难得的发展机遇。据不完全统计，自1999年云南大学、东北大学首批招收公共事业管理专业本科生以来，全国已有300多所院校开设了公共事业管理专业，该专业在较短时间内呈现出井喷式发展状态。但与此同时，公共事业管理专业设立时间还不长，国内很多院校对该专业的培养目标、课程体系设置、实践教学环节等方面的认识模糊。而在新建本科院校中开设公共事业管理专业必然会遇到更多的困难和问题。

一、楚雄师范学院公共事业管理专业的办学现状

作为一所地处民族自治地方的新建本科院校，楚雄师范学院顺应社会发展要求，设立了公共事业管理这一新兴专业，经过几年的不懈努力和探索，在各方面都取得了一定的成绩。

（一）建立了专业实践教学基地

2008年学校与鹿城镇人民政府和8个城市社区建立了公共事业管理专业的9个实习、见习基地，保证了师生实习实训和社会实践的顺利进行。现已顺利完成2005级、2006级和2007级本专业学生的见习、实习工作，学生在动态的公共事业管理与服务环境中接受了熏陶、经受了锻炼，促进了学生理论与实践的结合、知与行的统一，并受到实习单位的一致好评。

---

① 作者简介：谭斌（1963.12—），男，云南楚雄市人，楚雄师范学院政治与公共管理系主任，教授，硕士生导师；胡东（1976.1—），男，云南昭通人，楚雄师范学院政治与公共管理系教师，主要研究方向：公共管理（含行政管理）、中国政治。

（二）完成了专业课程体系的设置

为培养学生良好的政治素质、职业道德和综合职业素质，设立了以下课程：（1）必修课程：马克思主义基本原理；毛泽东思想概论；邓小平理论与"三个代表"思想概论；思想道德修养与法律基础。（2）选修课程：比较政治制度；中国政治思想史；行政法学等。

围绕培养学生坚实的学科和专业基础理论知识开设的课程有：（1）必修课程：管理学原理；行政学原理；公共事业管理概论；公共关系学概论等。（2）选修课程：人事行政学；行政组织学；社会保障概论等。

培养学生的学习能力、应用能力、创新精神和实践能力的课程包括：（1）必修课程：管理心理学；公共政策概论；社会学概论；领导科学概论；宏观经济学；微观经济学等。（2）选修课程：社会调查理论与方法；比较政治制度；人事行政学；人口学；劳动法与社会保障法；行政法学等。

培养学生职业技能的课程包括：（1）必修课程：人力资源开发与管理；公共财务；应用统计等。（2）选修课程：地方政府学；社区概论；公文写作等。

确定"民族性和地方性"为专业办学特色。依据我校所处楚雄彝族自治州这一区位特点和民族资源环境，我们把《马克思主义民族理论与民族政策》、《民族政治学》、《民族自治地方公共行政》作为专业课来开设，并对我院省级重点学科"民族学"与公共事业管理专业进行资源整合，从课程设置、学术研究和学科建设等方面体现和培养民族性、地方性特色。

（三）形成了具有一定教学、科研实力的师资力量

公共事业管理专业现有专业教师9人，其中副教授两人，占专业教师人数的22.2%；讲师3人，占专业教师人数的33.3%；助教4人，占专业教师人数的44.4%；硕士8人，占教师人数的88.9%。专业课教师先后获得各种教学科研奖励10余项，承担各级各类科研课题16项（省部级课题两项，地厅级课题3项，院级课题11项），累计发表论文100多篇。

（四）明确了专业的培养目标

公共事业管理专业把培养德、智、体、美全面发展，具有较高的政治素质、道德素质、科学文化素质、专业素质和良好的身心素质，具备现代管理理论、技术与方法等方面的知识，具有运用这些知识的较强的实践能力和创新能力，能在文教、体育、卫生、环保、社会保险等公共事业单位行政管理部门从事管理和科研工作的高素质专门人才作为专业培养目标。学生就业领域是党政部门、各类企事业单位、社区管理和文秘工作、公共事业管理专业的教学工作。

(五) 该专业学生考研工作取得了较好成绩

2006 级政治与公共管理系共有 38 名参加全国硕士研究生考试，报考率为 33.04%，共有 19 名考生达到国家复试线，上线者占学生总数的 16.52%。其中 9 名为公共事业管理专业的学生，报考的学校分别是云南师范大学（C）、云南大学（C）、中央民族大学（A）、东北师范大学（A）、中南大学（A）、重庆大学（B），报考专业主要是行政管理和教育学原理。

2007 级公共事业管理专业 53 名毕业生，32 名学生参加了全国硕士研究生考试，报考率为 60.4%。其中，16 名学生上国家复试线，报考的专业有教育经济与管理、新闻学、思想政治教育、社会保障、行政管理、民族文化产业，报考的学校有中山大学（A）、陕西师范大学（B）、兰州大学（C）、华中师范大学（A）、中央民族大学（A）、西南交通大学（B）、西南民族大学（B）、西南财经大学（B）、云南师范大学（C），有 14 位学生通过了面试，录取率达 43.8%。

二、楚雄师范学院公共事业管理专业发展中存在的问题

由于楚雄师范学院是在原楚雄师专的基础上构建起来的新建师范类本科院校，师范类专业有较长办学历史，积累了较丰富的办学经验，而对于非师范类专业则来说，无论是在办学经验、人才培养、专业特色培植等方面都存在不少困难，加之是新建本科院校，又地处经济社会发展相对落后的民族地区，有限的办学资源在一定程度上向传统的具有相对优势的师范类专业倾斜，进一步加大了新兴非师范类专业的办学难度。简言之，在民族地区新建师范类高校中办好一个新兴的非师范类专业难度大，制约因素多，导致专业人才培养质量不高，竞争力不强。

(一) 师资力量薄弱，缺乏高水平的专业教师

人数偏少，职称学历结构偏低，专业教师缺乏，"先天不足"是本专业师资目前的基本现状。该专业教师主要为近年来新引进的硕士，虽年富力强，但在教学管理、学术科研等方面都还需要较长时间的锻炼和积累。该专业教师队伍以讲师和助教为主，缺乏专业办学的领军人物，重大科研项目的申报也困难重重。由于在硕士和博士阶段不设公共事业管理专业的全日制学位，只设置培训性质的 MPA 学位，因此行政管理专业的硕士生或博士生就成为本科公共事业管理专业的直接师资来源。而现有 9 名教师中，只有 4 人所学专业为行政管理，教师队伍的专业化程度有待提高。

(二) 专业课程设置不够合理，选修课程和实践课程需进一步充实

搞好专业课程体系的设置是办好专业、实现培养目标、办出专业特色的基础。

到目前为止，该专业共制定了两个培养方案，其中 2005 级、2006 级、2007 级和 2008 级学生使用老培养方案，从 2009 级学生开始，使用新的培养方案。

表 1　公共事业管理专业学分学时构成表（老培养方案）

类别	理论教学（含实验课）		实践教学		课外教学		合计
	必修	选修	必修	选修	必修	选修	
学分数	115	34	12	0	4	0	165
占总学分比例	70.3%	20%	7.3%	0	2.4%	100%	
学时数	2229	612	11 周	0	2 周	0	2841
占总学时比例	78.5%	21.5%	0	0	0	0	100%

表 2　公共事业管理专业各类课程教学学时学分构成表（老培养方案）

课程类型		学时数	占总学时比例	学分数	占总学分比例
必修课	通识课程	915	32.2%	42	25.5%
	活动课程	2 周	0	4	2.4%
	专业必修课	1314	46.3%	73	44.2%
	实践性环节	11 周	0	12	7.3%
选修课	公共选修课	180	6.3%	10	6.1%
	专业选修课	432	15.2%	24	14.5%
合计		2841	100%	165	100%

表 3　公共事业管理专业学分学时构成表（新培养方案）

类别	理论教学（含实验课）		实践教学		课外教学		合计
	必修	选修	必修	选修	必修	选修	
学分数	100	36	18	8	6	0	168
占总学分比例	59.5%	21.4%	10.7%	4.8%	3.6%	0	100%
学时数	1982	684	16 周	0	2 周	0	2666
占总学时比例	74.3%	25.7%	0	0	0	0	100%

表4 公共事业管理专业各类课程教学学时学分构成表（新培养方案）

课程类型		学时数	占总学时比例	学分数	占总学分比例
必修课	通识课程	864	32.4%	40	23.8%
	活动课程	2周	0	4	1.1%
	专业必修课	1118	41.9%	60	35.7%
	实践性环节	16周	0	30	17.9%
选修课	公共选修课	108	4.1%	6	3.6%
	专业选修课	576	21.6%	30	17.9%
合　　计		2666	100%	168	100%

对比上述表格，可发现该专业本科生的培养方案具有以下特点：

一是必修课的比例较大，选修课的比例较小。必修课占总学分的比例由老培养方案的78.5%下降为新培养方案的74.3%，选修课占总学分的比例由21.5%上升为新培养方案的25.7%，即必修课比例降低了4.2%，选修课的比例提高了4.1%左右。这一变化表明，在新的培养方案中，选修课所占学分和学时有所增加，但仍然没能改变必修课比例过大、选修课比例过小的状况。必修课主要是一些基础课程，适当的比例是必要的，它可以为大学生奠定良好的理论基础。但必修课比例太大，则意味着学生只能被动地接受学校的课程安排，一方面，学生无法根据自己的特长与爱好选择课程，另一方面，学生也无法根据市场需要和就业形势的变化调整自己的主攻方向。这样，学生更多的是应付考试，学习的积极性和主动性无法调动起来，教育目标大打折扣，使得高等教育服务转化为人力资本的存量较小，并且，由于所学课程的市场适应度较小，可能导致人力资本价值的实现也存在一定的难度。

二是实践课程的比例有所提高，但实际效果不明显。实践课程的学时数由老培养方案的11周增加为新培养方案的16周，占总学分比例也由7.3%上升为17.9%。这表明实践课程的重要性大大增加了。实践证明，随着社会经济发展和技术进步，用人单位对大学生的综合素质提出了更高要求，其中，动手能力和创新精神成为综合素质的重要组成部分，而这恰恰是很多大学生就业的劣势。实践课程可以将理论与现实联系起来，以加深学生对理论知识的理解，也有助于培养大学生发现问题、解决问题的实际能力。该专业以公共事业管理学、管理学、管理心理学为主，其实践性和应用性较强，更应该突出实践课的重要性。实践课程的增加得到了学生的认可和欢迎，但实际效果并不明显，主要表现在学生的实际操作能力的提高幅度有限，没有达到预期目标。究其原因，主要是实践课程的开展方式、组织管理和实习见习基地的设置还存在一些不足和问题。

(三) 人才培养方向定位不够准确，专业特色没有得到充分体现，专业培养目标还不明确

公共事业管理专业涉及的学科较多，人们对公共事业管理的学科内涵和学科属性存在一些模糊认识，对人才培养的方向未能把握清楚。教育部规定的非师范类公共事业专业的培养目标中，涉及了文教、体育、卫生、环保、社会保险等多个公共事业部门。这就造成在对学生的培养过程中，很难涵盖所有的领域，使得学校无法根据自身办学的特点与基础，形成整个专业或某一届学生具体的培养目标，从而影响到专业培养的针对性、知识结构的层次性、管理能力在具体要求上的明确性，极有可能出现那种似乎什么都懂都会，但到实际中又什么都不会的毕业生，没有自己的专长。具体到我校开设的公共事业管理专业，在这方面存在的问题则更多。该专业目前分设行政管理、教育管理、劳动与社会保障三个专业方向，没能充分体现我校地处民族自治地方的实际，导致专业人才培养为地方经济社会发展服务的能力弱化；在专业培养目标上，虽然提出培养面向基层的实用性、应用型人才，但在办学的各个层面上缺乏对此目标的有力支撑，导致培养目标与实际培养工作一定程度的脱节。

(四) 实践教学环节薄弱，与专业设置方向关联度不高

以城市社区为主的实习、见习基地已经建立，为学生实习实训和社会实践提供了平台，这是公共事业管理专业建设的一次突破。但通过2005级、2006级和2007级学生实习反映，还是存在不少问题。一是实习实训基地过于单一，主要局限于社区。社区作为一种群众自治组织，虽然也承担一定的公共事务管理职能，但很少承担真正核心和重要的职能，主要承担各级政府让渡的、边缘性的、不太重要的职能，也就是说社区所承担的公共事务的管理职能是不完善的，中国公共事务管理的核心主体是政府而不是作为群众基层自治组织的社区，这必然会导致学生在社区实习期间得不到全方位的锻炼，甚至不能较好体验和了解政府公共事务管理的一些基本情况。二是社区实习实训的基本模式与专业设置方向脱节。该专业目前分设行政管理、教育管理、劳动与社会保障三个专业方向。很明显，行政管理和教育管理专业方向的学生不适宜到社区实习，因为社区不是承担行政管理职能和教育管理职能的主要载体，而对于劳动和社会保障专业方向的学生到社区实习也只是一定程度的吻合。

(五) 就业岗位的性质与公共事业管理专业的吻合度较低

公共事业管理专业把培养具备现代化管理理论、技术与方法等方面基础知识以及应用这些知识的能力，能在各级政府机关、文教、体育、卫生、环保、社会保险等公共事

业部门从事管理工作的高级专门人才作为专业的培养目标,但学生就业岗位的性质与此目标相去甚远。以该专业 2010 届毕业生的就业情况为例(见表 5):

表5 该专业 2010 届毕业生的就业情况

岗位性质	人数	就业比例
企　业	25	53.2%
事　业	14	29.8%
行　政	5	10.6%
自主创业	2	4.3%
代　课	1	2.1%

从上表可看出,学生就业的大方向是企业,其次是事业单位和行政单位,与公共事业管理专业的培养目标关联度较低。究其原因,除了当前就业形势较为严峻,我国事业单位改革和公务员制度建设滞后等客观性、体制性因素外,毕业生自身的就业能力、竞争能力有待提高也是不争的事实。

三、促进楚雄师范学院公共事业管理专业发展的思考

在民族地区新建师范类高校中办好一个新兴的非师范类专业,无疑会有很多困难。把公共事业管理专业办成被社会认可,具有一定知名度的专业,就需要结合楚雄师范学院地处民族地方新建本科院校的实际,在以下几个方面作出努力。

(一)在体现师范特色和民族特色的基础上,确立多元化的培养方向

我校是一所地处民族地方的师范院校,因此,本专业的培养方向应该立足于教育性和民族性,体现教育特色和民族特色。从我校的具体情况考虑,可以在专业中分三个专业方向:民族地方公共事业管理、教育事业管理和社区管理。其中,民族地方公共事业管理方向立足于向楚雄州、大理、丽江、文山等民族自治地方培养具有民族特色的公共事业管理人才。教育事业管理则可发挥作为师范院校的传统优势和现有资源,立足于培养云南的教育管理人才。而社区管理则体现了专业培养目标面向基层的理念。

(二)加强公共事业管理专业的师资队伍建设,构建多元化的师资队伍体系

人才培养的重要基础是师资队伍的建设,教师队伍的质量决定了人才培养的水平。公共事业管理专业教师队伍的建设除了加大吸引高端人才的力度,改善教师待

遇外，重点可从以下三个方面入手：首先，要充分整合全校师资，打破以系为单位的教师聘任，公开在全校招聘相关专业课教师，尤其是经济学、数学、外语等本系较为弱势的专业课教师。其次，要充分利用楚雄与昆明、大理毗邻的良好区位优势和方便快捷的交通，采取校际之间联合协作的方式，跨学校进行教师聘任，教师既可以请进来教学，学生又可以走出去到其他学校上课的新的教学模式，以弥补高质量教师不足的缺陷。昆明高校云集，其中云南大学、云南师大、云南民族大学都有一批在全国享有一定知名度的本专业的高质量师资，应进一步加强与上述各校的联系，实现师资的合理流动。此外，还可与大理学院进行合作，双方都是新建本科院校，在专业的师资配置上都面临相似的问题，通过交流可取长补短。再次，要大力加强学科带头人和骨干教师队伍建设。要保持师资队伍的活力与后劲必须建设一支高水平的教学科研队伍。采取有效措施，实行政策倾斜，加大投入，通过多种方式，加速学科带头人和中青年骨干教师的培养。中青年教师培养工作坚持"四个结合"和"三个为主"的原则。"四个结合"是：提高思想水平与业务水平相结合；钻研理论与参加实践相结合；队伍的合理结构和动态平衡相结合；重点培养与普遍提高相结合。"三个为主"是：国内为主、在职为主、自学为主。创造条件将优秀青年教师推上教学、科研重要岗位，鼓励并支持他们主讲核心课程，主持参加重大科研项目的联合攻关，积极参与国际、国内学科前沿的学术研究，使他们在实践中锻炼成长。

（三）明确公共事业管理专业核心课程设置，构建合理的多元化教学内容和课程体系

课程体系是揭示学科内容及其体系的形式，应服从学科体系建设的要求。培养公共事业管理全面发展的有用人才，就必须强调课程体系的整体优化。一是重视公共事业管理的实践教学内容。公共事业管理是一个实践性很强的专业，在课程体系的设置上，应该增加必修课的实践性，坚持理论和实践相结合。公共事业管理专业的毕业生要在公共事业领域内从事各种具体的管理工作，因此，管理理论和技术的实际应用能力就显得尤为重要，学校应根据公共事业管理专业各个方向的不同特点组织该专业学生开展社会调查、社区服务实践、课堂模拟实践以及模拟管理团队等丰富多彩的实践活动，也可与相关机构或企业加强互动，为该专业学生提供实践平台，以提高该专业学生的管理能力和专业技能。二是课程设置与培养定位要突出特色。目前，公共事业管理专业的课程设置体系庞杂，包括政治、法律、经济、管理、教育、社会保障、社区服务等多门类的课程，这虽然有利于学生扩大知识面、扩充知识结构，但从另一角度看，也不利于学生把握专业方向和专业知识的积累，也可以说进入社会的门槛值不高，表现为课程设置面大，涉及多个学科门类，却缺乏核心课程的引领；学的东西多但缺乏深度，专业化程度不高。所以，课程设置必

须处理好主干课与辅修课、专业课与专业基础课之间的关系，既要将素质教育与专业教育有机结合起来，也要注重理论与实践的结合。这样才有利于学生的全面培养，才能作到既专又博。

（四）加强实践教学基地建设，探索多元化、联动性的学生实习模式

通过努力，建立多元化的实践教学基地：（1）行政机关。让学生到一些行政机关进行常规性管理实习，了解并熟悉行政机关管理的基本运作程序，以扩大就业范围。结合前文提出的设立民族地方公共事业管理、教育事业管理和社区管理三个专业方向，实习基地重点考虑的行政机关主要包括综合行政部门（如政府的办公室）和教育系统、民政系统等相关行政职能部门。（2）事业单位。为开拓学生视野，可联系一些事业单位进行管理实习，如妇联、青联等单位，以丰富学生阅历，增加学生实践，争取为社会、为国家多作贡献。（3）公共事业企业。为了让学生了解公共产品和公共服务供给的相关情况，可安排学生到一些非营利的公共事业单位实习，如自来水厂、公交公司等。

此外，还应该采用联动性的实习模式，即实习基地不是固定的，学生应该在相互关联的实习基地之间流动。比如政府—社区联动实习模式：学生可先到政府实习一段时间，了解宏观或中观层面的公共管理，然后再到社区实习，了解和从事一些微观而具体的相关工作。这种模式对于开拓学生的视野，深入而全面地把握公共产品和公共服务供给的每一个环节及其整个过程，培养学生各个层面的工作能力有很大帮助。

借鉴与比较

企业财务管理目标的精神裂变与认祖归宗

试论主权与人权的关系及国际人权保护

欧洲债务危机产生的原因、影响及我国应采取的对策分析

企业财务管理目标的精神裂变与认祖归宗

周喜革[①]

[**摘要**] 由利润最大化的种种缺陷所引发的财务管理目标的讨论以及由此出现的诸多观点，一方面确实极大丰富和发展了财务管理理论，另一方面则由于观点的长期不统一也使理论界和实务界陷入了诸多的困惑当中，特别是相关利益者利益最大化观点的提出，对以利润最大化为核心的各种观点形成了极大的挑战。但相关利益者利益最大化面临的操作上的困境以及现实中企业生存发展对盈利的需求，都要求我们必须换个角度去重新审视相关利益者利益最大化的含义。

[**关键词**] 企业；财务管理目标；利润最大化；精神裂变

一、引　言

几百年来，企业进行生产经营、追求最大利润一直被认为是天然的、合情合理的行为，没人详究过最大利润作为企业的理财目标是否合理的问题，这种状况直到20世纪90年代以后。针对20世纪80年代我国企业实行利润承包制所表现出的种种问题，我国理论界有学者提出：利润最大化作为企业理财的目标虽有它的优点，但也存在很多的缺陷，如：1. 利润是指企业一定时期实现的利润总额，没有考虑资金的时间价值。2. 没有反映创造的利润与投入的资本之间的关系，因而不利于不同资本规模的企业或同一企业不同期间之间的比较。3. 在市场风险逐渐增加的情况下，盲目追求利润最大化导致资本规模的无度扩张，会给企业带来财务风险。4. 片面追求利润最大化，可能导致企业短期行为，如忽视产品开发、人才开发、生产安全、技术装备水平、生活福利设施和履行社会责任等。除此之外，还有学者认为，它没有明确企业赚取利润的最终目的是什么，没有体现社会主义基本经济规律等。这一观点不仅迅速得到了业内广大学者的认同，同时也引发了寻找最佳目标的研究与热烈讨论，大家所熟知的资本利润率最大化或每股利润最大化、股东财富最大化、每股市价最大化、企业价值最大化、经营者效益最大化、利益相关者利益最大化等观点就是在这样的大研究和讨论中被先后发掘和提出的，研究成果丰硕，

---

① 作者简介：周喜革，男，西藏民族学院管理学院副教授，主要研究方向：公司财务与企业伦理。

极大地丰富和发展了财务管理理论。唯一遗憾的是,研究成果虽然丰硕,但究竟以何种观点作为企业的财务目标却并未达成共识,有些观点甚至还处于对立状态,难以调和。从目前的情况看,长期的无果争论似乎也已使人对此感到有些乏味,就连教科书中的相关部分也只能是将各种观点陈列而已。对于这种状况,笔者认为,从目前的研究和评价来看,主要是每种观点都存在一定的缺陷,未达到"完美"或"理想"的境界(如表1所示),因而观点难以统一。

表1

观点	优　点	缺　点
每股利润最大化	把企业实现的利润额同投入的资本或股本数进行对比,能够说明企业的赢利水平,可以在不同资本规模的企业或同一企业不同期间进行比较,揭示其盈利水平的差异	(1)仍然没有考虑资金的时间价值; (2)没有考虑风险因素
股东财富最大化	1. 股东财富最大化目标考虑了风险因素,因为风险的高低,会对股票价格产生重要影响; 2. 股东财富最大化目标在一定程度上能够克服企业在追求利润上的短期行为,因为不仅目前的利润会影响股票价格,预期未来的利润对企业股票价格也会产生重要影响; 3. 股东财富最大化目标比较容易量化,便于考核和奖惩	它只强调股东的利益,而对企业其他利益关系人的利益重视不够
每股市价最大化	这种观点既考虑了企业本身的风险程度,又考虑了现有的和潜在的投资者对企业每股收益的数量和时间的预期。这是因为股票(指普通股)的市场价格代表着所有的资本市场参与者对该股票发行企业价值的客观判断和评价,即以股票的市场价格代表企业的价值。这种客观判断和评价全面、充分地考虑了该企业现时和未来的获利能力、时间因素、风险程度以及与股票市价有关的其他因素	股价只是企业外部资本市场参与者的客观评价,是他们对企业经营业绩好坏、大小的看法,且影响这种看法的因素特别是不可控因素较多,因此用不可控的股价作为财务目标难于发挥"目标"的功能。另外它也不适用于非上市企业

续表

观点	优点	缺点
企业价值最大化	1. 该目标考虑了资金的时间价值和投资的风险价值，有利于统筹安排长短期规划、合理选择投资方案、有效筹措资金、合理制订股利政策等； 2. 该目标反映了对企业资产保值增值的要求，企业市场价值就越大，会促使企业资产保值或增值； 3. 该目标有利于克服管理上的片面性和短期行为； 4. 该目标有利于社会资源合理配置。社会资金通常流向企业价值最大化的企业或行业，有利于实现社会效益最大化	公司价值的大小取决于公司未来现金流量的多少、公司持续发展的时间长短和公司加权平均资金成本的大小等因素，而这些因素中的任何一个都是动态的，很难准确地计量它们。用无法准确计量的结果来评价公司的价值并将公司价值最大化作为公司财务管理的最优目标，显然是不可靠的
经营者效益最大化		1. 经理可能利用公司的资源进行在职消费或从事其他股东不愿承担的事情。 2. 迫于证券市场和公司控制权市场的压力，经理比股东更倾向于追求短期目标。 3. 经理和股东对风险的评价不同，从而在决策当中隐含着过度投资或投资不足的风险
利益相关者利益最大化	既考虑了出资人的利益，又兼顾了其他利益相关者的要求和企业的社会责任，既适应知识经济的要求，又体现可持续发展财务的特征	财务管理将会失去明确的中心，失去努力追求的核心目标，导致企业在制定发展战略和做出决策时缺乏内聚力和一致性

与此问题相联系的另一个有趣的现象是，我们都知道财务管理的目标既是财务理论和实践的逻辑起点，又是检验财务活动成果的终结点，而我们的企业在实践中却是一直在"起点和归宿点"都不明确的情况下进行着财务活动。

二、财务管理目标的精神裂变

从利润最大化作为企业财务管理的目标到资本利润率最大化的提出，再到每股利润最大化→股东财富最大化→每股市价最大化→企业价值最大化等观点的提出（这些观点提出的时间顺序已无从考证，笔者在这里强调的主要是一种变化），笔者以为，这些观点无论哪一个，都没有弱化企业追求最大利润的基本精神，它们的提出只不过是希望企业在追求最大利润的同时也考虑风险、资本结构、资金的时间价值以及企业的长远发展等因素，希望目标更加完善，在逻辑上它们都与利润最大化存在着密切的正相关关系。如表2所示：

表2

观点	简单表达式	逻辑关系
资本利润率最大化	$R = \dfrac{\text{净利润}}{\text{自有资本}+\text{借入资本}}$	在自有资本与借入资本不变的情况下，企业净利润越大则R越大
每股利润最大化	$\text{每股利润} = \dfrac{\text{净利润}}{\text{企业发行的股票数量}}$	在企业发行的股票数量不变的情况下，企业净利润越大则每股利润越大
股东财富最大化	$S = \dfrac{\text{企业各期平均净利润}}{\text{风险报酬率}}$	在风险报酬率不变的情况下，企业各期平均净利润越大则股东财富越大
每股市价最大化	$\text{每股市价} = \dfrac{\text{每年固定股利}}{\text{投资必要报酬率}}$	在投资必要报酬率不变的情况下，每年固定股利越大则每股市价越高
企业价值最大化	$V = \dfrac{\text{企业各期平均净利润}}{\text{风险报酬率}} + \text{负债} \times \text{所得税率}$	在风险报酬率、负债与所得税率不变的情况下，企业各期平均净利润越大则企业价值越大

从上表中我们可以看出，无论哪一个观点作为财务管理的目标，我们都必须以追求企业利润最大化为核心思想，这是企业生存与发展的根本，也是财务管理目标实现的基础。现实中的企业也正是遵循着这样的思想在进行着生产经营活动。如表3所示：

表3

企业生产经营活动	追求利润最大化的指导思想
筹资活动	以最低的融资成本获得企业所需的资金
采购活动	以最低的价格购买到企业所需的产品和服务
员工招聘	以员工可以接受的最低薪酬招聘到企业所需的人才
生产活动	以最低的耗费生产出合格的产品
销售活动	以最低的销售费用推销出企业的产品或服务
投资活动	以最小的风险获取最大的报酬

但经营者效益最大化和利益相关者利益最大化观点的提出却使得追求企业利润最大化的基本精神发生了"裂变",企业利润仅仅成了经营者效益最大化需要考虑的一个因素,同时它也与相关者利益最大化"相抵触"。长期以来,这两种观点不仅使得企业追求利润的基本精神发生了"裂变",同时由于它们自身顽强的生命力与蓬勃发展也使得它们成了财务管理目标最重要的流派。

三、企业财务管理目标的认祖归宗

经营者效益(利益)最大化的观点衍生于贝洛和米恩斯在《现代公司和私有资产》(1932)里提出的经营者实质上控制了股份制企业。30多年后(1966年),勒纳运用贝洛和米恩斯的方法,调查了美国1963年200家最大的非金融法企业的控制类型,并与1929年这200家的控制类型相比照,发现经理控制型占85%多,由此产生经营者效益(利益)最大化目标模式。这种观点不仅在过去,即使在现在,我国理论界仍然有许多学者认为,企业财务管理的目标实际上就是在按企业实际控制者的目标运行。而利益相关者利益最大化的观点则衍生于20世纪80年代,当时美国兴起了一股公司间的"恶意收购"(hostiletakeover)浪潮,恶意收购者高价购买被收购公司的股票,然后重组公司高级管理层,改变公司经营方针,并解雇大量工人。由于被收购公司的股东可以高价将股票卖给收购者,因此他们往往同意恶意收购者的计划,不仅如此,这种股东接受恶意收购的短期获利行为也往往与企业的长期发展目标相背离。在这一背景下,美国许多州从20世纪80年代末开始修改《公司法》,允许经理对比股东更广的利益相关者负责,从而给予了经理拒绝恶意收购的法律依据。1989年,宾夕法尼亚州议会提出了新的《公司法》议案,其中最引人注目的一项条款就是赋予公司经理对相关利益者负责的权利,而不像传统《公司法》那样只对股东一方负责。到了20世纪90年代初全美已有29个州采用了类似的《公司法》,其核心思想是:公司经理应对公司的长远发展和全部相关利益者负责。由此,也就提出了相关利益者利益最大化的目标模式。

通过对这两种观点产生的背景与过程进行简单的回顾,我们可以发现,我们虽然可以通过调查证明大多数企业财务管理的实际目标是经营者效益(利益)最大化,但这并不能证明它是合法的,也不能证明它是符合道德规范的,因此现实存在的未必就是合理和应该的,提出经营者效益(利益)最大化作为财务管理的目标显然缺乏法理依据。而相关利益者利益最大化目标的提出则与企业的生存与长远发展息息相关,过去我们许多学者常常习惯于将相关利益者利益最大化与企业的生存和长远发展割裂开来看,把思想主要集中在"反对出资者单方享有企业剩余索取权与剩余控制权"的制度安排,强调企业的所有权应由出资者、债权人、职工、供应商、消费者等利益相关者共同分享,强调企业的财务行为与财务关系应围绕着相关利益集团的不同要求而均衡展开,并最终达到利益相关者权益增加的目的。在这种思想主导下，相关利益者利益最大化观点常常被引导理解成是一个无解的、难以操作的多元化目标模式。对此笔者以为，我们首先应该打破传统的和惯性的思维模式，从概念上认识到相关利益者利益最大化与企业追求利润并不矛盾，因为企业是各利益相关者结合的纽带和谋取利益的平台，没有企业，一切利益相关者的利益都将无从谈起，因此企业追求利润、追求发展就是在追求相关利益者利益最大化。其次我们应该认识到，这种观点的实质是要求企业的实际控制者在处理利益冲突事件时，要遵守"公平和正义"的原则，协调和平衡好各种利益关系，尽量使各利益相关者的利益最大化，即达到共赢的目的，不能把股东的利益看得高于一切。所谓"最大化"只是一种考虑问题的方式、思路或取向，是具有约束条件的，而不是破坏游戏规则的指导思想。因此相关利益者利益最大化强调的主要是企业的社会责任，相当于将股东财富最大化作为财务管理目标增加了更多的约束条件，使财务管理的目标内涵更加完善。对于这种情况也有学者把它描述为"股东利益最大化主导下的相关利益者利益最大化"或"权衡相关利益者利益条件下的股东财富最大化"。对于这种描述，笔者以为它不仅是对"相关利益者利益最大化"观点比较现实和贴切的诠释，同时它也驱散了人们对企业追求利润最大化的迷惑。企业只有盈利才能生存发展，企业发展得越好，相关利益者的收益才可能越大。

四、结束语

有关财务管理的目标争论已久，其中最令人困惑的就是"相关利益者利益最大化"观点的提出，这个观点，从概念的形成到提出在现代企业社会责任运动持续升温的背景下，开始得到越来越多的支持和追捧，尽管它在实际操作上面临着无解的困境，但却一直不乏热情的支持者。从长远的角度看，应该说企业的使命和目标就是为社会创造最大的财富，使所有相关利益者利益都最大化，但如何才能做到这一点则是值得我们研究的。

[参考文献]

[1] 陈玮：《论利益相关者利益最大化财务目标》，《会计研究》，2006（4）。
[2] 傅元略：《中级财务管理》，复旦大学出版社，2005。
[3] 何泉成：《企业财务管理目标及其重构》，《财会月刊》，2006（6）。
[4] 荆新等：《财务管理学》，中国人民大学出版社，2002。
[5] 李心合：《利益相关者财务论》，《会计研究》，2003（10）。
[6] 杨瑞龙、周业安：《企业的利益相关者理论及其应用》，经济科学出版社。

试论主权与人权的关系及国际人权保护

刘旖旎[①]

[摘要] 本文系统阐述了冷战后对人权的国际保护以及新干涉主义兴起的根源，并从理论上归纳了"人权高于主权"和"主权高于人权"两派学者的观点。论文对两派的观点都进行了具体的评述。前者忽视了对人权的滥用可能成为大国私利的借口，而后者则往往把国家本身当成目的。论文的最后提出应该通过国际组织、依据国际法实行有效的人权国际保护。

[关键词] 主权；人权；国际保护

一、冷战后关注人权国际保护的原因

主权与人权的关系问题，近年来成为国际关系中的一个热点问题。正如梁守德教授所言："冷战结束以后，国际政治中权利与权力的较量提出一个重要的理论问题，即人权与主权的关系问题，值得重视。权利政治，说到底是反对霸权主义、维护主权与人权，并予以充实完善，使两权完整地统一。可以认为，这是当代国际政治的重大新现象。"[②]在冷战时期，尽管美国自己常常以所谓的人权问题攻击社会主义国家的"阴暗面"，甚至在20世纪70年代末出现过卡特总统的"人权外交"，但由于当时美国的国家利益主要是和苏联的权力斗争，所以，美国本身就支持许多独裁国家，例如智利、韩国等。所以，美国还难以把人权问题作为自己的一个"武器"。但是，到了冷战以后，两极格局瓦解，美国的国家利益从遏制一个第二强国苏联变为遏制更多的力量弱小得多的国家的挑战，人权就成为美国外交的一个极好的借口。

"人权"对美国来说的确是一个非常有用的词汇。追根溯源，人权和主权在法理上的确认都起源于西方，对人权和主权的研究也以西方学界居于明显的优势地位。1948年通过的《世界人权宣言》，也明显的是以西方的观念和思想为主导的，表现在三个方面：

首先，作为宣言的理论基础是西方思想传统中的天赋人权论。宣言第一条宣

---

① 作者简介：刘旖旎，女，辽宁大学2010级硕士研究生，主要研究方向：国际关系。
② 梁守德：《冷战后国际政治中人权与主权的关系》，《国际问题研究》，2001 (2)。

布:"人人生而自由,在尊严和权利上一律平等。他们富有理性和良心,并应以兄弟关系的精神相对待。"① 这种天赋人权的学说贯穿于许多著名的宣言当中。其中,早在1776年,被马克思誉为第一部"人权宣言"的美国革命的《独立宣言》就提出:"每个人都与生俱来具有不可剥夺的天赋人权。"② 这样一种自然权利学说为推翻封建国家的专制暴政提供了理论依据。也就是说,自然权利学说的哲学基础是人性解放和人的存在价值,其基本目的是为了建立更合理、更承认人性尊严和更能提供幸福生活的政治制度。可以说,自然权利学说开创了西方政治思潮中的个人主义和自由主义。其次,宣言把人权简单地等同于个人权利。西方资产阶级的人权观把人权看做是人的理性和自由意志的产物,是个人反对国家的干涉和压迫的对抗权,不可侵犯,不可转让,超越于国家和社会之上。这样一种人权观,明显地忽视了集体人权,忽视了个人对社会的义务。集体人权如民族自决,直到1966年才成为《经济、社会和文化权利国际公约》的重要内容。再次,宣言把公民和政治权利作为人权的核心。近代资产阶级思想家提出人权观念时,把人权一般看做是民主政治权利。在社会主义国家的坚持和发展中国家的支持下,经济、社会和文化权利最终被写入了宣言,但是,并没有突出它们的重要位置,相比之下,公民和政治权利占据了中心位置,宣言大部分条款是对公民和政治权利的规定,对经济、社会和文化权利的规定非常简单。③事实上,公民与政治权利和经济、社会与文化权利"谁重谁轻"之争,也是明显的不同政治利益之争。在国内政治的层面上,强调政治权利,是为了防止弱者遭到强者的损害。"人权并不是权力拥有者对权力行使对象的恩赐,而是并非出于怜悯状态下,倡导防止一部分人对另一部分人的优越地位……人权是弱者对抗强者的武器。"④ 但是,在国际关系中,将公民和政治权利说成是最重要的基本人权,是西方国家借以凸显其自身的"人权优势"和制度优势。或者说,强调公民和政治权利,就是强调西方经验和西方模式。⑤ 也就是说,在国际政治和国内政治中,强调政治权利的含义是完全不同的。

既然西方关于人权的观念居于主导地位,那么人权就可以成为一个冠冕堂皇的最好不过的借口。从冷战后的"人道主义干涉"到文明的冲突,强调西方的价值观和文化的普世性成为西方国家外交政策中的一个重要特征。而美国作为一个具有强烈使命感和浓厚理想主义色彩的国家,更是利用自己的霸权地位,极力推行自己

---

① 格德门德尔·阿尔弗雷德松、阿斯布佐恩:《世界人权宣言:努力实现的共同目标》,四川人民出版社,1999,第3页。

② 约翰·米尔恩:《人论》,北京出版社,1985,第89页。

③ 张晓玲:《〈世界人权宣言〉与中国的人权观》,《中共中央党校学报》,1998(3),第57—66页。

④ R. J. Vincent, Human Rights and International Relations, Cambridge: Cambridge University Press, 1986, p. 17.

⑤ 朱锋:《人权与国际关系》,北京大学出版社,2000,第119页。

的民主、自由的价值观和发展模式。这样一种优势被一些美国学者总结为"软权力",也就是说,通过西方文化和价值观的吸引力,可以使别的国家不自觉地按美国的思路和利益办事。① 这比军事力量更为行之有效。如果和平推行这种模式遭到挫折,或者别的国家拒不接受这种价值观,美国就以"破坏人权"、"人道主义干预"为借口,进行武力干涉,从而把自己打扮成"正义之师"。这样的一种"人权的国际保护"使得人权本身所具有的保护弱者的积极意义完全走向了反面。

那么,对人权的国际保护究竟应该如何来进行呢?进行国际人权保护,势必涉及主权问题。这就提出了一个现在争论的核心问题:人权和主权究竟是什么关系?或者更明确地说,人权和国家之间存在什么关系?

二、人权和主权关系的再思考

为了便于进行"人道主义干预",西方学术界或是鼓吹"人权高于主权",或者主张"主权过时论";而我国的学者则往往反对"人权高于主权",主张主权的维护是保护人权的基础。下面我们先来分析双方的观点。

主张"人权高于主权"的观点主要有两个论点②:

1. "对国际安全的核心威胁",过去是"国家间的冲突",现在是"国家内部的暴力"。也就是说,一国侵犯别国的行为已不是国际安全的主要危险。这样的一种观点来源于这样一个事实:冷战后世界上的冲突主要发生在国家内部,而不是国家之间。的确,许多国家特别是一些相对落后如非洲的刚果等常年内乱,造成了大量伤亡。由于难民的流散以及国内权力斗争的需要使国内问题国际化,引起了国际冲突。但是,对国际安全的"核心威胁"是国家内部的暴力吗?不是。相反,许多国家的内乱往往是外部大国插手的结果。对于种族屠杀这种大规模侵犯人权的事件,国际法也是明确禁止,列为罪行的。如果真的是保护人权,那么很奇怪的是,对于卢旺达等国的种族仇杀西方国家并没有及时地予以干预,导致几十万、成百万人丧生。难道可以说这些国家的种族仇杀没有严重地危害到国际安全?在确定什么国家内部的人权问题危害了国际安全时,究竟是什么起着决定作用呢?

2. 西方一些国家鼓吹"人权高于主权"的又一个论点是,人的价值高于国家的价值。这样一种观念起源于自然权利学说。西方学者普遍认为,个人在与社会及政府权力机构的关系上,享有人的尊严和自律的原则,自1945年以来在法律上已有了很大的发展。从历史原因讲,联合国把保护人权列入责任范围内是由于第二次世界大战德国希特勒统治的历史教训。第二次世界大战中的种族灭绝都是以国家的合法名义进行的。这样,在当代,与主权观念在世界范围内加强的同时,另一种观

---

① [美]约瑟夫·奈:《美国定能领导世界吗》,军事译文出版社,1992。
② 朱穆之:《驳"人权高于主权"》,《人民日报》,2000年3月2日。

念也在逐渐形成，尤其是在西方国家中，这就是超国家的观念。根据这种观念，建立在主权国家基础上的国家关系没有能力处理人权问题，应当对此进行改革，把更高的标准应用于每一个国家。①以至于有的学者认为，1948年的《国际人权宣言》以及在此基础上订立的《公民权利和政治权利国际公约》和《经济、社会和文化权利国际公约》，对"威斯特伐利亚遗产""在范式上提出了挑战"，"这是因为《国际人权宣言》关注的是国家与自身人口之间的事务，而不是国家间的事务"。②

而主张"主权高于人权"的学者主要从两个方面驳斥了西方学者的观点③：

1. 人权的维护依赖于主权的完整。也就是说，没有主权，就无所谓人权。这种观点以近代以来西方强国对亚非拉地区进行的残酷剥削为例进行证明。在国际法依据上，1952年联大通过的《关于人民与民族自决权的决议》明确指出："人民与民族应先享有自决权，然后才能保证充分享有一切基本人权。"1955年的《亚非会议最后公报》再次重申，"自决是充分享有一切基本人权的先决条件"。1960年联大通过的《给予殖民地国家和人民独立宣言》进一步确认，所有人民都有自决权；依据这个权利，他们自由地决定他们的政治地位，自由地发展他们的经济社会和文化。

2. 国家仍然是国际社会的主要行为体，个人和其他非政府组织在国际社会中的作用仍然无法替代国家。也就是说，"主权"并没有过时，国家间的安全问题仍然是国际安全的核心问题。

从上面的争论结果来看，"主权过时论"已经基本被否定了，争论的真正核心问题只有一个：究竟是个人的价值高于国家主权，还是国家主权高于个人价值？中国学者关于人权的实现主要依赖于主权的观点虽然正确，但是却没有辨清问题的要害。即使人权的实现依赖于主权，也并不能得出主权高于人权的结论。主权和人权本身并不是矛盾的，而是相互渗透、不可分割的。④

笔者以为，人权和主权何者更高的问题，本质上是一个哲学问题，牵涉对国家产生的根源的思考。对国家产生根源，现实主义和自由主义的理论从不同的角度进行了说明。英国政治哲学家霍布斯虽然认为人由于人的自然理性和自然法而拥有人权，但他又认为，人的本性中有自私、好战的一面，所以，自然状态下的人本身无法保障自身的基本人权，只有依靠建立国家，由国家来协调和组织社会活动，人权才能得以维护。因此，在霍布斯看来，国家的职责就是要保障个人的基本权利。⑤

---

① 周琪：《人权外交中的理论问题》，《欧洲》，1999（1）。

② Allan Rosas, "State Sovereignty and Human Rights Toward a Global Constitutional Project", in Political Studies, Vol. 43 (Special Issues on Politics and Human Rights), 1995, p. 62.

③ 中国学者持这种观点的代表性文章参见吕有志：《论"人权高于主权"的本质》，《浙江大学学报》（人文社会科学版），2001（2）。

④ 梁守德：《冷战后国际政治中人权与主权的关系》，《国际问题研究》，2001（2）。

⑤ ［英］霍布斯：《利维坦》，商务印书馆，1985，第94页。

而洛克则认为人本身的自由竞争将带来社会的繁荣，"凡意图剥夺他人自由者，必然会被认为有意剥夺其余一切，因为自由是其余一切的基础"[①]。为了保障自由竞争的秩序，国家"是必不可少的恶"。因此，自由主义重视个人的权利，限制国家的权力。在洛克看来，国家与个人的关系，就是沿着对人的自然权利进行保障而进行的"权力制衡"。而马克思主义观点则往往被误解。其实，马克思同样认为国家不是目的，共产主义的最终是要实现人的自由而全面的发展。事实上，马克思和恩格斯力主批判所谓的"国家迷信"。1843 年马克思撰写的《黑格尔法哲学批判》，主题是同黑格尔所坚持的"国家是行进在地上的神"这种典型的国家主义做彻底的决裂。此后，马克思和恩格斯从未间断地这样做。[②] 一位中国学者指出，"我们反对资产阶级的自由主义是正确的，但不能因此走向国家主义。人权和国家都是经济关系的派生物和要求。从长远历史过程来看，国家本身并不是目的，它是历史发展过程中必然要消灭的东西，也是人权充分发展的障碍，是人的充分发展的障碍。当然，国家的存在和发展有其历史的必然性和进步性"，"无论国家政权对人权多么重要，都不能把人权看成是从国家权力派生出来的、完全从属于国家的"，所以，在人权"这个问题上，应摒弃实用主义倾向，以求得理论上的彻底性"。[③] 也就是说，无论是马克思主义还是西方学界的自由主义和现实主义，都主张人的价值高于国家的价值。马克思主义比自由主义和现实主义更强调国家对于实现人权的障碍作用。在马克思主义看来，无产阶级革命最终要抛弃的正是国家这一阶级统治的工具，实现共产主义。

承认人的价值高于国家的价值，历史的发展最终追求的是人的全面和自由的解放，并不意味着在国际关系中我们就必须和西方国家保持一致，就必须接受西方国家的指责。事实上，正如马克思指出的，与西方国家的民主是虚伪的民主，人权是虚伪的人权一样，我们要澄清的问题是什么样的人权才是真正和完整的人权，对人权的国际保护才是真正的国际保护？对于人权内容的论述国内学者已经有很多，而经济、社会和文化权利作为人权重要内容的观点已经成为国际法的重要内容。而承认人的价值高于国家的价值，极容易被滥用为对国家主权的任意干涉。其实，在目前的条件下，国家主权还是维护人权的一个重要途径。如果一个国家大规模地侵犯了人权，如何进行人权的国际保护，则是我们必须反思和重视的核心问题。

---

① ［英］洛克：《政府论·下篇》，商务印书馆，1982，第 19 页。
② 吕世伦：《人权理论研究的新进展——读〈人权：走向自由的标尺〉》，《兰州学刊》，1994（5）。
③ 孙国华：《人权：走向自由的标尺》，山东人民出版社，1993，第 113—114 页。

三、反思人权的国际保护途径

联合国宪章和有关国际公约明确规定，有三类情况属于人权国际保护的范围。第一，凡属帝国主义、殖民主义、霸权主义对殖民地、附属国及其他国家的民族自决权、自然资源主权、发展权以及与此相联系的个人权利的大规模公然侵犯，均应受到国际社会的谴责和反对。第二，种族歧视、种族隔离、灭绝种族、贩卖奴隶、大规模地制造和迫害难民、宣传战争、鼓吹法西斯主义等，均属于应予以禁止的国际犯罪。第三，国家间有关人权的协议一致的条约、公约所规定的各项措施，各有关参加国有义务在国内立法和政策方面采用并尊重这些规范。如果签约国违反国际条约、公约的义务而侵犯人权时，国际社会有权对该国进行干预和谴责。[①] 也就是说，从国际法角度来讲，国际习惯法在涉及人权问题如种族灭绝、奴隶贸易等问题上，"不干涉原则"基本上是不适用的。[②]

在此前提下，对人权的国际保护就归结为两个问题：首先，究竟是由什么机构来判定发生了这样的违反人权的罪行；其次，由谁来执行"人道主义的干预"？这两个问题才是关于人权问题的国际斗争的焦点。

1999 年，美国提出了所谓的"新干涉主义"，也被称为"克林顿主义"。美国总统克林顿在 54 届联合国大会上公开兜售"新干涉主义"，敦促联合国在"防止内战"和"种族清洗"等方面发挥"更大作用"，他同时强调地区国家组织"有权在其范围内通过联合军事手段制止种族大屠杀的罪行，其干预程度取决于这些国家本身的能力以及他们的国家利益"。克林顿还宣称，"国家主权"不能成为一些"践踏人权的国家"免受"国际干预"的借口，尽管"保持经济与政治压力加上外交努力"有时候可以解决问题，但在其他情况下，军事干预则是"必需"的。美国白宫官员对克林顿这次讲演作了解释，强调克林顿这次讲演主要表明两层意思：一是说有关国家在采取干预行动时可以无需联合国的授权；二是说联合国作为"不可替代的机构"在防止内战和践踏人权罪行方面应发挥更重要的作用，承担干预与美国国家利益无关的地区冲突的责任。[③] 新干涉主义的要害是第一层意思。如果一个国家，特别是当国际社会存在一个霸权国家的时候，对别的国家的内政干预无需联合国的授权，那么其后果将是非常危险的，因为对国家私利的追求是没有止境的。

不管一个人宣称他如何高尚，或者甚至他本身真的如此高尚，但是国家的权力必须存在相互的制衡以防止向独裁蜕变。而在国际社会，势力均衡长期以来被认为

---

① 吕有志：《论"人权高于主权"的本质》，《浙江大学学报》（人文社科版），2001（2）。
② 白桂梅等：《国际法上的人权》，北京大学出版社，1992，第 290 页。
③ 谷春德：《美国对外人权新战略评析》，《思想理论教育导刊》，2000（3）。

是相当于国家内的三权分立式的机制。均势局面的存在，阻止了任何一个国家过分谋求自己的霸权私利。但是，在冷战后，这种情况发生了变化。美国成为世界上唯一的超级大国，不再存在大国均势的制衡机制。如何在这种"一边倒"的情况下阻止霸权私利的恶性膨胀，是非常现实的事情，即使大多数国家都相信美国是一个有着良好的社会和开放精神的国家。美国的一些所作所为公然蔑视、违反国际法，而"人道主义干预"则成为它的辩护词。正因为如此，人道主义干预才引起许多国家的不安，担心美国通过这种手段来实现自己的战略私利。

其实，对人权的国际保护，国际人权宪章说得很明白，也存在大量的执行机制，包括联合国人权中心、联合国制止大规模侵害人权的监督和执行程序、各个公约的执行机制等。对人权的国际保护必须通过联合国来进行，必须按照各个公约所规定的执行程序来进行，而绝不能由某一个国家说了算。但是，在现实的国际政治中，联合国的作用却被大大削弱或者置之不顾了。大国理应在国际上发挥较大作用，但是这样的作用必须通过一定的程序来进行。美国可以提出自己的观点，发挥自己的影响力，促进保护国际人权的事业。在联合国决定采取行动以后，美国也应该在其中做出主要贡献，在人力、物力上给予最多的支持。这样的作用将受到国际社会的普遍欢迎。但是，如果美国绕开联合国，擅自决定谁违反国际人权法，擅自进行武力干预，是无法得到大多数国家支持的，其本身也是违反国际人权法的。

对于中国来说，我们鼓励国际人权事业的发展，促进世界的繁荣与发展。我们一方面要努力改善自己的人权状况，另一方面坚持对人权进行国际保护的合理程序。支持国际人权事业，打击大规模违反人权的行为，有利于树立中国负责任的大国形象；坚持人权国际保护的合理程序，有利于维护发展中国家和中国自己的国家利益，有利于国际社会的民主化和国际人权事业的健康发展。

欧洲债务危机产生的原因、影响及我国应采取的对策分析

王志超[①]

[摘要] 欧洲债务危机实际是全球债务危机的延续和深化，此次欧债危机产生的根源为欧元区内部财政货币政策的二元性及欧洲各国经济发展的不均衡。此次欧债危机使国际金融市场和欧元区主要经济体遭受了极大的冲击，对中国经济也产生了一定程度的影响，本文将对此次欧债危机产生的原因、对全球经济的影响以及对中国经济产生的影响进行研究和剖析，并在此基础上针对我国应如何应对提出参考性政策建议。

[关键词] 欧洲债务危机；原因；影响；对策

2009年10月，希腊政府宣布年度财政赤字将达到GDP的12.7%，远超欧盟规定的3%的上限，希腊债务危机由此拉开序幕。2009年12月，三大权威评级公司下调了希腊主权评级，随后希腊债务危机不断深化，欧元区的其他国家也随即不断陷入危机，欧元区金融与经济受到了严重的影响。因此，必须对欧债危机产生的深层次原因进行研究分析，为化解此次危机产生的不利影响及促进经济尽快恢复提供理论依据和决策支持。

一、欧债危机产生的原因

（一）主权债务问题的本质是全球金融危机的延续和深化

在整体经济较为景气的时期，私营部门债务相对较高，而在金融危机后，政府的预算赤字都将会恶化。美国次贷危机的爆发，不仅引发全球经济衰退，同时也促使欧洲巨大的债务隐藏危机显现。在应对全球金融危机时，欧元区各国为抵御经济风险均加大开支，财政政策松弛，财政赤字增长较快，使16个欧元区国家财政赤字平均水平超过6%，财政赤字过高、债台高筑直接导致了本次债务危机爆发。

[①] 作者简介：王志超（1984— ），中央民族大学2011级公共管理硕士，研究方向：地方政府治理。

(二) 主权债务问题的产生是由欧元区财政货币政策的二元性导致的

欧元区统一货币政策的运作受到了财政政策溢出效应的干扰,各国分散的财政政策和统一的货币政策导致各国在面对危机时,往往依赖具体的财政政策,而且有扩大财政赤字的内在倾向。欧元区实行的低利率政策,使希腊等国可利用低成本的借贷资金促进国内经济增长,从而掩盖了其自身劳动生产率较低但劳动成本较高的问题。但经济危机到来后,希腊、西班牙、意大利等国偿还债务的难度逐渐大加,最终导致了大规模违约现象的发生。

(三) 引发债务问题的深层次原因是欧元区各国内部经济失衡

危机最严重的几个国家内部均存在经济失衡现象,希腊长期财政赤字过于巨大,国家公务人员规模庞大,公共事业预算占国内生产总值的40%,且偷漏税现象严重,而经济危机的到来更使政府收入直线下降;葡萄牙在2000—2010年期间,经济增长率迅速降低,人均GDP仅为欧盟平均水平的2/3;意大利经济近年来发展速度缓慢,并为高税收、高失业率所困扰;西班牙的经济在高于欧盟平均水平增长10多年后陷入了严重的衰退之中,失业率在过去一年里大幅上升,其财政赤字也远远超出了欧盟所允许的上限。

(四) 欧元区内外部的结构性矛盾是引发债务危机的制度性因素

欧元区各国劳动生产率和竞争力存在较大差距,如德国、荷兰等国与希腊等危机国之间存在巨额经常项目失衡,相对来说德国和荷兰两国处于经常项目顺差,在2010年,两国的经常项目下盈余仍占到GDP的5%左右,而希腊、西班牙等危机国则出现了经常账户赤字及巨额贸易赤字现象。因为国内工会和政党竞选的压力,希腊等危机国近年来极大地提高了社会福利水平。随着国内人口老龄化速度加快,财政支出也逐年加大,单位劳动成本也逐年递增,在与劳动成本较低的亚洲国家的竞争中,希腊等危机国均处于劣势,长期积累下来导致危机国的政府债务和对外债务节节攀升。随着经济全球化的逐步推进和全球贸易一体化的逐渐加速,希腊等危机国传统的劳动密集型产业已丧失优势。而欧元区统一的货币政策则使得这种欧元区的结构性矛盾和不平衡无法通过货币贬值等手段进行纠正和调节,为刺激和维持国内经济,危机国政府只能依赖财政政策,从而加剧了财政赤字,引发了本次债务危机。

(五) 国际炒家的炒作和投机行为也是本次债务危机产生的原因

10年前,高盛公司帮助希腊政府掩盖真实债务问题,使希腊进入了欧元区,2002年起,促使希腊购买大量的CDS衍生金融产品。危机发生之后其大肆沽空投机欧元,在金融衍生品的助涨下,希腊贷款的成本飙升,危机被放大并蔓延至整个欧元区。

二、欧洲债务危机对全球经济的影响

（一）世界经济不会出现系统性风险

欧债危机对全球金融市场和经济复苏造成极大的影响，未来的全球经济发展仍然存在较大的不确定性。但总体而言，本次欧债危机将不会对全球金融机构和经济复苏产生较大的冲击，不会出现广泛经济衰退的系统性风险，对全球经济影响有限。

此次危机国经济总量占欧元区比重还不到10%，欧元区各国预算赤字占GDP的比例平均为6%，远低于美国和日本两位数的财政赤字水平。本次欧债危机与次贷危机也有本质的不同，次贷危机是金融衍生产品导致的，其杠杆率较低，传染性不强。希腊等危机国债务的主要债权方为西方发达国家，这些西方发达国家具有丰富的处理此类问题的经验。同时由于全球货币政策较为宽松，欧洲的商业银行不会遭受特别巨大的损失。

（二）欧元及欧元区国家将经受考验

现在欧元已成为仅次于美元的全球第二大国际货币，金融危机为欧元的地位提升提供了良机。但此次欧洲债务危机则严重削弱了市场对欧元的信心，是对欧元及欧元区国家的严峻考验，如不能及时解决，则会对欧元的地位及欧元区的整体稳定性造成严重的影响。

（三）世界主要经济体的经济退出策略将受影响

此前，受益于世界经济复苏和新兴经济体的快速增长，各国开始考虑经济刺激政策的退出策略。然而目前各经济体则面临两难处境，全球经济复苏趋势刚刚确立，各国的经济也开始缓慢增长，在此期间各国仍需继续采取经济刺激政策来维系经济增长的趋势，而新兴市场则因为资本的持续流入导致通胀或通胀预期增强，不得不开始考虑采取财政紧缩政策。欧洲各国持续扩大财政支出又会继续恶化债务问题，且解决债务危机仍需时日，因此各国的经济退出策略进程必将受到严重影响。

三、欧债危机对我国的影响

（一）我国金融体系受欧债危机的影响有限

我国金融体系持有的欧洲金融资产规模比例较小，本次欧债危机对我国金融体系的影响有限。我国目前持有的意大利政府债券仅占到意大利政府债券总量的4%。由于中国金融体系相对比较封闭，目前我国商业银行持有欧元资产的比例较小，目前持有欧洲政府债券较多的为中国银行，据估计，截至2011年6月底，中国银行持有的欧洲债券主要包括英国、德国、法国、荷兰、瑞士等国家政府债和金融机构债，占整个集团外币债券总额的20%左右，中国银行持有的外币债务规模为833.12亿美元；部分欧洲银行信用被降级后，中国银行已于2011年9月中旬暂停了与法国兴业银行、法国农业信贷银行及法国巴黎银行等的远期与掉期外汇业务，因此，欧债危机对我国金融体系的影响有限。

（二）我国对欧贸易受欧债危机影响较大

欧盟现为我国最大的贸易伙伴，同时也是我国最大的出口市场、第二大进口市场。欧元区国家陷入债务危机必然会严重削弱其购买力和国内需求，我国对欧洲的贸易进出口必定会受到冲击。而人民币升值也会加大我国企业的出口成本，削弱我国产品在欧洲市场的竞争力。数据显示，2011年8月我国对欧盟的出口增速环比为-2.6%，低于2000年以来每年5%的平均水平。欧债危机现在对我国经济的影响尚未完全体现，而欧债危机的解决仍需时日，我国对欧贸易压力将逐渐增大。

（三）双方产生贸易摩擦的可能性增大

随着欧债危机的逐步深化，预计欧元区国家将会采取更加严厉的财政紧缩政策，欧元区国家市场需求逐步减小。在财政和经济困难面前，欧元区国家的贸易保护主义倾向将会逐步显现。欧债危机爆发以来，欧元对美元的汇率跌幅已超过10%，而人民币名义上盯住美元，导致人民币兑换欧元汇率仍在较高水平徘徊，对我国与欧盟的进出口贸易将产生一定的影响，预计我国可能会采取一定的补救措施，以保持对欧元区国家的出口，而欧元区国家的贸易保护势力也将会采取反制措施，双方的贸易摩擦将难以避免甚至逐渐升级。

四、应对欧债危机我国应采取的应对措施

（一）高度重视和警惕，密切关注欧债危机走势并做好应急预案

因为希腊、意大利等危机国的主权债务违约风险逐渐加大，在后期不能排除危机国破产乃至直接退出欧盟的可能，因此我国应高度重视和警惕，密切关注欧债危机的走势，如欧债危机久拖不决，针对后期欧洲经济增速放缓和对华贸易保护主义抬头的情势，我国应就如何应对制定出相关预案。

（二）促进经济发展方式转变，鼓励企业积极开拓内销市场

欧盟现为我国最大的贸易伙伴，意大利、西班牙等国在我国与欧洲的贸易关系中占据重要地位。而欧债危机的发生则会影响我国企业对欧的出口，在此情况下，

我国政府应采取积极措施，鼓励这些企业扩大国内市场，而这也将有益于我国扩大内需，促进经济发展方式的转变。

（三）谨慎对待对欧投资，促进中国欧盟深层次经贸合作

受欧债危机的影响，当前危机国的违约风险仍然较大，而欧元对美元汇率仍不稳定，因此对于投资欧洲债务与欧元资产我国应该持谨慎态度。而针对欧债危机，我国应采取积极的负责任的态度参与解决，协助欧元区国家尽快摆脱危机，并推动中欧经贸合作向科技、环保等更深层次转化，从而加强中国与欧盟的战略伙伴关系，扩大合作领域，创新合作模式，提高合作层次，推动中欧贸易关系进一步向前发展。

[参考文献]

[1] 郑联盛：《欧洲主权债务问题：演进、影响与启示》[R]，中国社会科学院世界经济与政治研究所国际金融研究中心内部研究报告，2010-2-12。

[2] 沈建光：《欧洲主权债务危机：下一个拉美危机》[R]，中国国际金融公司海外市场研究部内部报告，2010-2-8。

[3] 屈绍辉：《希腊债务危机：成也高盛，败也高盛》[OL]，新华网：http://www.xinhuanet.com/，2010-3-08。

[4] 叶檀：《欧洲主权债务危机或是美国阳谋》[OL]，东方财富网：http://finance.eastmoney.com，2010-2-20。

[5] 陈伟、黄瑞玲：《欧洲债务危机对我国经济的影响与启示》，《金融纵横》，2010（9）。

[6] 杜一、星光：《欧洲的债务危机及对中国的启示，《经济导刊》，2010（9）。